首批国家高端智库试点单位中山大学粤港澳研究丛书

The Upgraded Version of the Negative
List of the Service Trade Liberalization
among Guangdong, Hong Kong and
Macao:List Plan, Policy Innovation,
Demonstration Base

粤港澳服务贸易自由化"负面清单"升级版：
清单方案、政策创新、示范基地

主　编　张光南
副主编　谭　颖　周吉梅　伍俐斌　梅　琳　阎　妍
编　委　梁东旭　陈兆凌　黎叶子　赵淑吟　庞　旗　杨　柱　周　倩

中国社会科学出版社

图书在版编目(CIP)数据

粤港澳服务贸易自由化"负面清单"升级版：清单方案、政策创新、示范基地／张光南主编．—北京：中国社会科学出版社，2018.3（2018.11重印）

ISBN 978-7-5203-1991-1

Ⅰ.①粤…　Ⅱ.①张…　Ⅲ.①服务贸易—自由贸易—贸易合作—研究—广东、香港、澳门　Ⅳ.①F752.68

中国版本图书馆CIP数据核字（2018）第013278号

出 版 人	赵剑英
责任编辑	喻　苗
责任校对	闫　萃
责任印制	王　超

出　　版	中国社会科学出版社
社　　址	北京鼓楼西大街甲158号
邮　　编	100720
网　　址	http://www.csspw.cn
发 行 部	010-84083685
门 市 部	010-84029450
经　　销	新华书店及其他书店
印　　刷	北京君升印刷有限公司
装　　订	廊坊市广阳区广增装订厂
版　　次	2018年3月第1版
印　　次	2018年11月第2次印刷
开　　本	787×1092　1/16
印　　张	20.25
插　　页	2
字　　数	301千字
定　　价	66.00元

凡购买中国社会科学出版社图书，如有质量问题请与本社营销中心联系调换
电话：010-84083683

版权所有　侵权必究

基金资助

教育部人文社会科学重点研究基地重大项目：
"内地与港澳服务贸易自由化'负面清单'升级版研究"

粤港澳大湾区研究基地项目：
"深化粤港澳重大合作平台研究"

首批国家高端智库试点单位中山大学粤港澳发展研究院资助出版

支持单位

广东省人民政府港澳事务办公室
粤港澳大湾区研究基地
香港特别行政区政府驻粤经济贸易办事处
广东省人民政府发展研究中心
国务院发展研究中心中国国际发展知识中心
广州市人民政府港澳事务办公室
珠海市委政策研究室
中国（广东）自由贸易试验区深圳前海蛇口片区
中国（广东）自由贸易试验区珠海横琴新区片区
中国人民政治协商会议佛山市委员会
佛山市南海区政府
广州天河区中央商务区管委会
香港中文大学商学院本科生校友会

目 录

第一部分 清单方案

第一章 关于CEPA"负面清单"全面升级和多领域推广的建议 …… （3）
  一 "负面清单"的国内实践：高度开放，有待优化 ………… （3）
  二 CEPA"负面清单"全面实施意义重大：合作需求、国家战略 ……………………………………………………………… （6）
  三 "负面清单"全面实施的思路：三大原则、两个维度、逐步推进 ………………………………………………………… （8）

第二章 CEPA服务贸易自由化"负面清单"升级版：目标定位、全球经验、修订原则 …………………………………… （13）
  一 "广东版负面清单"的修订目标：国内最开放、最可操作、最市场化 ……………………………………………………… （13）
  二 "广东版负面清单"修订可借鉴的国际国内经验 ………… （14）
  三 关于"广东版负面清单"的九大修订原则建议 …………… （16）

第二部分 问题对策

第三章 粤港澳服务贸易自由化"负面清单"管理的问题与对策：基于佛山港澳服务业企业的问卷调查研究 ……………… （21）
  一 粤港澳服务贸易自由化协议：CEPA升级版成效显著 ……… （21）

二　基于佛山服务贸易企业的问卷调查分析：主要问题、
　　　　使用情况 …………………………………………………（22）
　　三　政策建议：简化程序、加强监管、对标国际 ……………（27）
　　附件　《粤港澳服务贸易自由化"负面清单"管理：问题与对策》
　　　　调查问卷 …………………………………………………（31）

第三部分　区域发展

第四章　粤港澳服务贸易自由化：广东经济影响及粤港澳合作
　　　　升级版建议 …………………………………………………（45）
　　一　粤港澳服务贸易自由化取得成效：促进广东产业转型、
　　　　带动港澳经济发展 ………………………………………（45）
　　二　粤港澳服务贸易自由化面临问题：税收政策繁杂、配套措施
　　　　不足、人才流动困难、法治环境不健全、法律性质不清晰、
　　　　行政审批烦琐 ……………………………………………（72）
　　三　打造粤港澳深化合作"升级版"的战略方向 ………………（73）
　　四　粤港澳合作发展的政策建议 ………………………………（80）

第五章　穗港澳服务贸易创新发展研究 ………………………（86）
　　一　创新成就与发展格局 ………………………………………（86）
　　二　独特优势与存在问题 ………………………………………（87）
　　三　创新体制机制、创新人才管理模式 ………………………（89）
　　四　重点领域突破 ………………………………………………（92）

第四部分　示范基地

第六章　粤港澳服务贸易自由化重点示范基地：广州
　　　　天河 CBD 培育的经验、问题和对策 ………………（101）
　　一　示范经验 ……………………………………………………（101）
　　二　存在问题 ……………………………………………………（103）

三　对策建议 …………………………………………………… （105）

第七章　粤港澳服务贸易自由化示范基地：佛山南海的经验、问题和对策 ……………………………………………… （110）
一　合作基础：发展迅速、优势显著 ………………………… （110）
二　基本原则：开放创新、产研结合 ………………………… （115）
三　主要任务：高新区 2.0 建设、产业高端发展、港澳深度合作 …………………………………………………… （117）
四　保障措施：保障体系、综合管理 ………………………… （123）
五　对策研究：创新合作模式、优化营商环境 ……………… （124）

附　录

附录 1　粤港澳服务贸易自由化相关政府机构一览表 ………… （131）
附录 2　粤港澳自由贸易相关大事记 …………………………… （132）
附录 3　《内地与香港关于建立更紧密经贸关系的安排》服务贸易协议 …………………………………………………… （134）
附录 4　《内地与澳门关于建立更紧密经贸关系的安排》服务贸易协议 …………………………………………………… （184）
附录 5　《内地与香港关于建立更紧密经贸关系的安排》投资协议 …………………………………………………………… （233）
附录 6　《内地与香港关于建立更紧密经贸关系的安排》经济技术合作协议 ……………………………………………… （260）
附录 7　《内地与香港关于建立更紧密经贸关系的安排》关于内地在广东与香港基本实现服务贸易自由化的协议（建议升级版 V 2.0） ……………………………………… （272）
附录 8　《内地与香港关于建立更紧密经贸关系的安排》关于内地在广东与香港基本实现服务贸易自由化的协议（建议升级版 V 3.0） ……………………………………… （295）

第一部分

清单方案

CEPA"负面清单"的提出和实施对于提高内地与香港、澳门之间的经贸合作水平意义重大。但是,协议的签订与落地有一定差距,在实际操作中还存在一些问题亟待解决。与此同时,国家"一带一路"和粤港澳大湾区建设等重大战略对粤港澳贸易的自由化提出了更高要求,对CEPA"负面清单"进行升级,并在通过相应配套政策的支持,保证其在更大范围内的有效实施,显得更为必要和紧迫。

基于以上,本书的第一部分将详细讨论CEPA"负面清单"的修改方案,以国内最开放、最可操作、最市场化为目标,明确清单升级的修改原则,回应国家和区域发展需要。针对CEPA"负面清单"在实施中存在的问题,提出CEPA"负面清单"全面实施过程中的原则和维度。

第一章

关于 CEPA"负面清单"全面升级和多领域推广的建议[*]

张光南 谭 颖

在经济全球化背景下,"负面清单"管理模式已成为贸易自由化、投资便利化的全球趋势,已被世界主要国家广泛接受。在国家实施"一带一路"倡议和打造粤港澳大湾区的背景下,推进 CEPA"负面清单"的全面实施和多领域推广,对于我国推进改革创新、深化区域合作、实践国际战略等方面具有重大意义。

一 "负面清单"的国内实践:高度开放,有待优化

(一)国内最开放的服务贸易协定

2016 年 6 月 1 日起正式实施的《内地与香港/澳门 CEPA 服务贸易协议》(以下简称《协议》)是首个内地全境以"准入前国民待遇"加"负面清单"方式全面开放服务贸易领域的自由贸易协议,标志着内地全境与港澳基本实现服务贸易自由化。

根据中国商务部报告显示,《协议》在开放力度和水平上实现了较大突破,具有四大特点:一是开放模式新。同以往的 CEPA 协议相比,《协议》以"负面清单"为主,绝大多数部门以准入前国民待遇加"负面清单"的开放方式予以推进,个别部门继续采用正面清单的开放方

---

[*] 本章内容收录在《粤港澳研究专报》2017 年第 16 期,并被《国家高端智库报告》采用。

式。二是开放部门多、开放水平高。开放部门将达到 153 个，涉及世界贸易组织服务贸易 160 个部门总数的 95.6%，其中 58 个部门拟完全实现国民待遇；在采用"负面清单"的 134 个部门中，保留的限制性措施共 132 项；采用正面清单扩大开放的部门新增 27 项开放措施，其中个体工商户新增开放行业 84 个，累计开放行业达 130 个。三是最惠待遇明确。《协议》将给予香港的最惠待遇以协议的方式进一步明确下来，即今后内地与其他国家和地区签署的自由贸易协定中，优于 CEPA 的开放措施均将适用于香港。四是市场开放与深化改革同步推进。为切实推进自由化的工作，内地各有关部门已会同广东省对香港探索建立健全与"负面清单"管理模式相适应的相关配套制度，将为广东与香港基本实现服务贸易自由化提供制度[①]。

相比全球其他经济体间的"负面清单"协议，CEPA 框架下的服务贸易"负面清单"更具有特殊性。它的实施主体具有"一国""两制"和三个独立关税区的特点，在 CEPA 的框架下的"负面清单"确保了其开放效果高于 CEPA。

（二）在政府监管与企业应用上仍有完善优化空间

1. 政府监管的四大潜在问题

从政府监管层面看，CEPA"负面清单"的实施还在风险管理、利益协调、配套措施和执行效力等四方面存在潜在问题[②]（张光南等，2014）。

由于香港是国际化大都市，世界各国政府部门、国际组织都在香港设有分支机构。在粤港澳服务贸易自由化的推进过程中需要保障国家安全，针对涉及国家安全和国家战略性技术的军事研发、国家智库等行业在"负面清单"中应禁止和限制措施。[③] 此外，粤港澳服务贸易自由化还可能带来短期资本大规模跨境流动的风险，套利风险，对内地相对落后的服

---

① 参见中华人民共和国商务部《内地与香港 CEPA 服务贸易协议》在香港签署，2015 - 11 - 27。http://www.mofcom.gov.cn/article/ae/ai/201511/20151101196064.shtml。
② 张光南等：《粤港澳服务贸易自由化："负面清单"管理模式》，2014 年。
③ 吴哲、彭琳：《优于 CEPA 开放措施均将适用于港澳》，《南方日报》2014 年 12 月 19 日。

务业产生冲击。因此，需要在国家安全、金融风险和产业冲击三方面进行风险管理；利益协调是指中央部委同各地政府的权责协调和各政府部门间的协调；配套措施是指政府权责、政府职能、商事登记、信用体系和信息平台五方面管理模式的改革创新；执行效力"负面清单"的法律地位不明确。这四大潜在问题导致政府在"负面清单"实施过程中存在监管方面的困难。

2. 企业应用的七大主要障碍

张光南等（2016）通过以佛山市的服务贸易企业为样本的问卷调查发现：企业在粤港澳服务贸易中仍然面临税收政策、人才流动、法律监管、注册审批、知识产权保护、文化融合和配套措施七大主要障碍。

具体而言，税收政策上存在税制复杂、税种过多、税率过高、跨区域税制差异、税收优惠制度不合理等障碍；企业人才流动方面面临本地合格雇员和高端人才不足的问题；企业面临部分法律法规缺失、跨区域相关法律冲突等法律监管方面的问题；企业在注册审批程序方面主要面临程序烦琐、耗时过长和跨区行政审批程序差异带来的沟通不便等障碍；知识产权保护方面存在专利申请程序复杂、IP信息平台不完善、缺乏产权保护法律法规和侵权诉讼成本太高等问题；三地的制度和文化风俗差异导致企业面临当地商业规则难以适应、跨区域员工融合不足等文化融合问题；配套设施存在产业配套不足、经营成本过高及市政配套不足等问题。

风险管理	1	主要指国家安全、金融风险和产业冲击三方向的风险
利益协调	2	中央部委同各地政府的权责协调和各政府部门间的协调
配套措施	3	是指政府权责、政府职能、商事登记、信用体系和信息平台五方面管理模式的改革创新
执行效力	4	"负面清单"的法律地位的明确

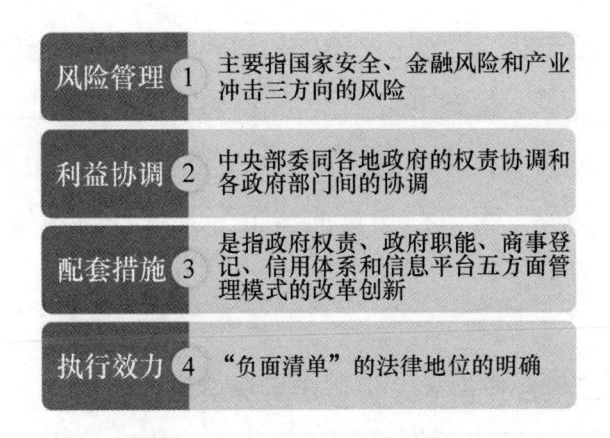

图 1-1　政府监管四大风险

资料来源：根据相关资料整理绘制。

税收政策 1	税制复杂、税种过多、税率过高、跨区域税制差异、税收优惠制度不合理等
人才流动 2	本地合格雇员和高端人才不足
法律监管 3	法律法规缺失、跨区域相关法律冲突等
注册审批 4	程序烦琐、耗时过长和跨区行政审批程序差异带来的沟通不便等
知识产权 5	专利申请程序复杂、IP信息平台不完善、缺乏产权保护法律和侵权诉讼成本太高等
文化融合 6	三地制度文化风俗差异导致企业面临当地商业规则难以适应、跨区域员工融合不足等
配套设施 7	产业配套不足、经营成本过高及市政配套不足等

图1-2 企业应用七大障碍

资料来源：根据相关资料整理绘制。

二 CEPA"负面清单"全面实施意义重大：合作需求、国家战略

CEPA"负面清单"的全面实施是适应经济全球化新趋势的客观要求，是全面深化改革、构建开放型经济新体制的重要举措。CEPA"负面清单"的全面实施具有两方面的内涵：一方面是对服务贸易"负面清单"的优化和完善；另一方面，将"负面清单"从服务贸易领域扩展到货物贸易、贸易投资领域。

（一）深化三地合作需求，促进市场深度融合

随着内地同港澳经贸合作的日益深化，双方合作需求将从基本实现服务贸易自由化上升为全面实现服务贸易自由化，从服务贸易领域开放

扩展到货物贸易、贸易投资领域开放。实现"负面清单"全领域实施是区域深度合作和湾区经济发展的内在要求。粤港澳大湾区建设中迫切需要通过体制机制的改革创新突破政策障碍和制度壁垒，实现服务贸易自由化和贸易投资便利化。实施全面"负面清单"制度，深化湾区经济合作，有利于促进湾区内要素有序自由流动、资源高效配置、市场深度融合。①

（二）助力国家重大战略，提升对外开放水平

国家"一带一路"倡议明确要求"扩大开放领域，放宽准入限制，积极有效引进境外资金和先进技术。……深化与港澳台合作，打造粤港澳大湾区。支持沿海地区全面参与全球经济合作和竞争，……率先对接国际高标准投资和贸易规则体系，培育具有全球竞争力的经济区。"自由贸易区战略明确要求"扩大对外开放，提升贸易便利化水平，形成面向全球的高标准自由贸易区网络"。因此，CEPA"负面清单"的全面实施是践行国家"一带一路"倡议的要求，推动粤港澳大湾区的建设；是对国际高标准自由贸易协定制定和实施的有益探索，为自由贸易区战略提供坚实的制度保障。

（三）对接国际经贸规则，推动体制机制创新

"负面清单"全面实施是对以习近平同志为核心的党中央关于全面深化改革的实践，是对经贸合作制度的创新，是建立开放型经济的探索，是推动政府职能的改革与完善。"负面清单"模式正在被国际社会广泛接受，实施全面"负面清单"制度，有利于中国与国际贸易和投资规则接轨，有利于加快建立与国际通行规则接轨的现代市场体系，有利于营造法治化的营商环境。②

---

① 《张光南：粤港澳大湾区市场管理可用CEPA负面清单思路》，《21世纪经济报道》2017年9月6日。

② 同上。

三 "负面清单"全面实施的思路：三大原则、两个维度、逐步推进

根据CEPA"负面清单"全面实施的内涵，可以在具体实施过程中遵循"国际规则、中国模式"，"底线思维、风险控制"和"以点带面、逐步推进"三大原则，从服务贸易"负面清单"升级和多领域"负面清单"拓展两个维度进行推进。

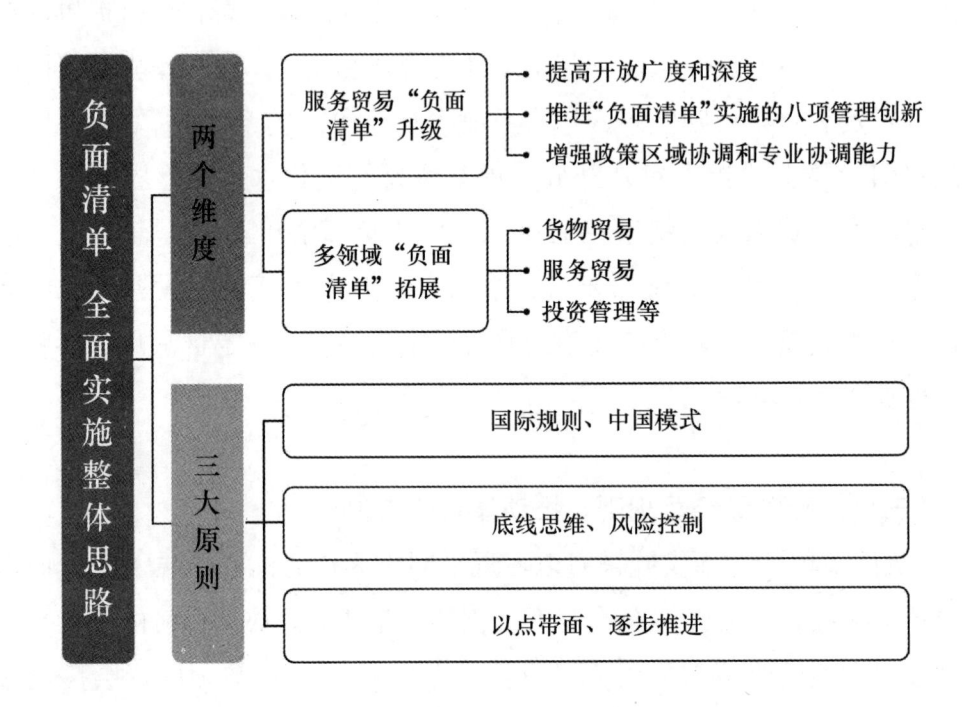

图1-3 "负面清单"全面实施整体思路

资料来源：根据相关资料整理绘制。

（一）服务贸易"负面清单"升级

服务贸易"负面清单"的升级是对原有"负面清单"的优化、完善，意在解决或缓解服务贸易"负面清单"在实践过程中所面临的问题。升级后的"负面清单"将在开放度和可行度两方面实现更大突破。

第一，提高开放的广度和深度。升级版服务贸易"负面清单"可以在2016年服务贸易"负面清单"的基础上，向更开放、更透明和更国际化的方向发展。一是拓展开放的广度。政府可以根据内地同港澳服务贸易的实际需要，适度开放一些部门或行业，删减原来服务贸易"负面清单"的部门或子部门，使其成为完全开放部门，或者适当调整服务贸易"负面清单"一些部门的限制条件和准入标准，向部分禁止或限制部分过渡。二是增强开放的深度。在服务贸易"负面清单"升级中去除规定不明确的条款。对于仍需要加以限制的部门，在限制条款数量不变的情况下，可以进一步细化和明晰限制条款的规定，使"负面清单"更易执行、更能落地。通过上述调整方法使服务贸易"负面清单"的开放程度接近《北美自由贸易协定》（NAFTA）中美国对加拿大和墨西哥两国所列示的"负面清单"。

第二，推进"负面清单"实施的八项管理创新。张光南等（2015）研究认为，考虑到服务贸易"负面清单"的顺利实施还需要相关的制度创新、政府职能调整、机构改革等配套政策保障，因此对"负面清单"的管理提出八大创新措施：一是借鉴《美国—韩国自由贸易协定》对政府职责的限定，推进政府权责界定"正面清单"管理模式；二是借鉴香港工贸署和贸发局在管理机构设置方面的经验，将政府职能区分"管理"与"服务"；三是借鉴上海自贸区和深圳商事制度改革的经验，推进政府商事制度改革；四是借鉴深圳企业信用信息平台建设的成功经验，推动信用体系建设；五是借鉴《北美自由贸易协定》争端解决机制运行的成功经验，建立争端解决模式；六是借鉴《美国—韩国自由贸易协定》透明度的规定和珠海横琴的"市场主体违法经营提示清单"的成功经验，完善程序信息透明；七是借鉴香港贸发局对政策与商务推广的经验，完善政策与商务推广；八是借鉴香港贸发局及香港行业协会在行业标准与行业研究服务的提供方面的经验，完善行业标准与行业研究。

第三，增强政策区域协调和专业协调能力。一是增强政策的跨区域协调性。服务贸易"负面清单"的政策实施范围实现了从在粤港澳三地试点到内地与港澳的扩大，而政策范围的扩大需要政策具有跨区域实施的协调保障机制,加强内地不同省份、区域之间的协调和内地各个区域同港澳的协调。二是增强专业的协调性。港澳和内地在专业认证、行业标准上都存在一定的差异,随着服务贸易"负面清单"实施,开放程度的不断扩大,这种专业差异性的矛盾将更加突出,对"负面清单"政策效果的影响也将更为明显。因此,由政府或商会、协会牵头并主导地区间专业协调性方面的建设就显得尤为重要。

(二)货物贸易、服务贸易、投资管理等多领域"负面清单"全面实施

随着内地同港澳经贸合作的日益深化,除服务贸易"负面清单"外,还需要在CEPA框架下实现货物贸易、投资管理、技术管理等方面的"负面清单"的管理模式。

第一,借鉴服务贸易编制规则,推进货物贸易,投资管理和技术专利等在编制上遵循"国际规则、中国模式"和"底线思维、风险控制"的原则。"国际规则、中国模式"是指在"负面清单"编制的过程中可以参考国际上成熟的贸易协定的编制规则,但同时要结合中国的实际情况制定具体的内容限定,开创具有中国特色的模式。① 货物贸易的"负面清单"的编制可以参照《日本—新加坡自由贸易协定》。贸易投资的"负面清单"可以在《自由贸易试验区外商投资准入特别管理措施(负面清单)》的基础上,参考美国《双边投资协定2012年范本》,采用国际通用行业分类进行编制。2017年《国务院发布关于扩大对外开放积极利用外资若干措施的通知》中规定服务业重点放宽银行类金融机构、证券公司、证券投资基金管理公司、期货公司、保险机构、保险中介机构外资准入限制,放开会计审计、建筑设计、评级服务等领域外资准入限制,推进电信、互联网、文化、教育、交通运输等领域有序开放。上述服务业中外资重点放宽领域在CEPA投资管理中完全放开。

"底线思维、风险控制"是指应用"底线思维"限定"负面清单"

---

① 《张光南:粤港澳大湾区市场管理可用CEPA负面清单思路》,《21世纪经济报道》2017年9月6日。

的开放程度和开放领域。在具体范围的投资、贸易的便利化与国家经济安全的维护之间的平衡可以通过完善国内相关法规来控制风险。

第二，在实施上遵循"以点带面、逐步推进"的原则。在实施区域和开放领域两方面进行逐步推进政策的落地。一是在实施区域上采用"先试点、后推广"的操作方法。可以将国家设立的自贸区、服务贸易示范基地或者是广东省作为试点，推行货物贸易、贸易投资领域"负面清单"的管理模式，在条件成熟后向全国范围推广。二是在开放领域上采用"先部分、后整体"的开放方法。首先拟定货物贸易、自然人流动、贸易投资和信息流动上最大范围、最低开放程度的"负面清单"。其次根据实施的具体效果逐步放开，循序渐进的推进"负面清单"的开放程度。三是将实施区域和开放领域叠加组合，创新"负面清单"实施模式。考虑实施区域的基础条件设定实施不同类别或不同程度的"负面清单"。例如，考虑到自贸区已经有实施投资"负面清单"的基础，可以考虑在自贸区试点实施较高开放程度的贸易投资"负面清单"。

实现粤港澳服务贸易自由化和贸易投资便利化是粤港澳大湾区建设的重要内容之一，广东省在CEPA"负面清单"的实施上积累了丰富的管理经验和人员准备，并且有广东自贸试验区作为改革创新平台。因此，在具体实施路径上可以将广东省作为CEPA"负面清单"全面实施的试点，充分发挥自贸区作为战略平台的功能作用。其中，针对改革力度大、创新性强的政策可以先在广东省三大自贸区或者粤港澳服务贸易自由化省级示范基地内探索，利用其制度优势进行先行先试，为CEPA"负面清单"全面实施积累经验，在条件成熟后开始向全省、全国范围推广[1]。

参考文献：

[1] 南方日报记者吴哲、实习生彭琳：《优于 CEPA 开放措施均将适用于港澳》，《南方日报》2014 年 12 月 19 日。

[2] 张光南等：《粤港澳服务贸易自由化："负面清单"管理模式》，2014 年。

---

① 《张光南：粤港澳大湾区市场管理可用 CEPA 负面清单思路》，《21 世纪经济报道》2017 年 9 月 6 日。

［3］《张光南：粤港澳大湾区市场管理可用 CEPA 负面清单思路》，《21 世纪经济报道》2017 年 9 月 6 日。

［4］中华人民共和国商务部：《内地与香港 CEPA 服务贸易协议》在香港签署，2015 年 11 月 27 日。http：//www.mofcom.gov.cn/article/ae/ai/201511/20151101196064.shtml。

第二章

CEPA 服务贸易自由化"负面清单"升级版：目标定位、全球经验、修订原则[*]

张光南　梁东旭　伍俐斌

一　"广东版负面清单"的修订目标：国内最开放、最可操作、最市场化

"广东版负面清单"修订的目标应瞄准国内最开放、最具可操作性和最市场化三条标准。

（一）开放程度国内最高：先行先试的意义所在

国家推行"负面清单"管理试点主要按照以下思路执行："自贸区的小区域试点对所有对象开放，但'负面清单'开放程度稍保守；特殊地区的大区域实施对港澳台等特定对象的开放，'负面清单'开放程度可以更高。""广东版负面清单"属于后者。在对港澳开放方面，国家赋予广东先行先试的政策优势，也必须探索更为开放的"广东版负面清单"，这也体现了区域先行先试的意义。而进一步开放具体应体现为在充分考虑国家安全风险的前提下，减少禁止和限制部门，以及对限制部门进一步降低限制要求。

---

[*] 本章内容收录在《粤港澳研究专报》(《港澳重大问题和紧急问题专报》)中。

(二）开放措施最具可操作性：明确规则，尽量量化表述

目前对于上海和广东的"负面清单"，由于限制性规定不明确，导致"玻璃门"现象依然明显，提高开放程度仅停留在纸面上。调查显示，粤港澳服务贸易企业在行政审批方面遇到最严重的问题是"办理流程过长"，然后依次是"程序透明度低""办事效率较低""跨区行政审批程序差异较大"等。与"负面清单"修订关系较大的主要是"程序透明度低"，其他的问题可依靠政府服务配套措施来解决。本次"负面清单"修订应去除所有规定不明确的条款，对于仍需要加以限制的部门，限制性条款必须清晰和细化，使"负面清单"更易执行、更能落地。

（三）建立最市场化的营商环境：充分竞争，激发经济活力

广东省是改革开放的排头兵，一直以来都是市场经济和民营经济最为活跃的区域之一，市场理念和竞争意识已深入人心。而"负面清单"管理本身就是要践行十八届三中全会提出的"让市场成为资源配置的核心"的理念，因此先行先试的"广东版负面清单"应促进最市场化的竞争，提供最公平和最便利的营商环境，做到"可开放可不开放的尽量开放"。

二 "广东版负面清单"修订可借鉴的国际国内经验

（一）国际经验：安全底线、灵活条款、最高开放标准

北美自由贸易协定（NAFTA）"负面清单"是当前全球实施效果较好的"负面清单"管理模式。NAFTA三个成员国开放度各不相同，其中美国开放度最高、加拿大其次、墨西哥最低。而美国的"负面清单"开放目录对于"广东版负面清单"的修订，是最具参考价值的国际经验。

NAFTA中美国的禁止开放领域仅限于核能和海外私人投资公司两个部门，限制开放领域一般分布于航运、电信和金融等。这些领域都是涉及国家安全的领域，是美国"负面清单"开放的安全底线。同时，对于已

开放的敏感领域,如新闻传媒、法律服务、少数民族事务等,美国通过设置未来限制权利保留条款(Reservations for Future Measures)以随时应对开放后可能存在的国情变化和政策调整。

简言之,NAFTA中美国"负面清单"若须设置禁止或限制性措施,基本应与国家安全明显挂钩;而未来限制权利保留条款的引入则大大降低了错误决策导致开放失误的风险。NAFTA"负面清单"管理经验无论对于发达国家还是发展中国家,无论是"负面清单"管理的探索期国家还是成熟期国家,都具备宝贵的借鉴意义。这将成为修订"广东版负面清单"的最高开放标准,也符合底线思维。

(二)国内经验:开放透明、国际化、最低开放标准

上海自贸区于2013年发布了《中国(上海)自由贸易试验区外商投资准入特别管理措施(负面清单)》("2013版"),并在2014年发布了"负面清单"的修订版("2014版")。2015年由国务院发布《自由贸易试验区外商投资准入特别管理措施(负面清单)》("2015版")。目前,上海准备在"2015版"的基础上发布新的"负面清单"修订版,计划在多个领域实现进一步的开放,并拟制定金融行业单独的"负面清单"。

上海自贸区"负面清单"的调整总体而言是往更开放、更透明和更国际化的方向发展。一是进一步取消或放宽管理措施。"2014版"相对"2013版"而言,特别管理措施从190项变为了139项,其中有14条管理措施被取消,19条管理措施条件放宽。其中服务业取消的管理措施包括"投资文化艺术业必须符合相关规定""禁止投资博彩业""禁止投资色情业""限制投资特殊和稀缺煤类勘查(中方控股)""限制投资进出口商品认证公司""限制文化产品出租连锁"等。其调整部门基本属于两大类:一类是国内法律本身不允许,在国民待遇框架下,无须再强调外资不允许投资,如取消"禁止投资色情业";另一类则是不涉及国家安全、充分竞争或者又需要引进国际先进技术的领域。而"2015版"相对于"2014版"又有新的改进,限制措施从139项进一步缩减为122项,在服务业领域则完全开放了建筑业、房地产业、软件和信息技术服务业、研

和试验发展、水利管理业等。二是管理措施更细化、更透明。"2014版"无具体限制条件的管理措施由"2013版"的55条大幅缩减为25条，限制条款的规定细化程度有了明显提升。"2015版"在限制方面条款数没有明显放宽，但更明显的变化是限制规定更细化。以金融行业为例，"2014版"仅4条管理措施限制，"2015版"变为14条限制，但这14条限制是将原4条的限制更加具体化。

基于仅对港澳开放的角度考虑，"广东版负面清单"的开放度应以自贸区版"负面清单"为最低开放标准。因此本次"广东版负面清单"的修订可以以上海自贸区版"负面清单"为最低开放标准，做到"只要上海版开放的，广东版一定开放；上海版不开放的，广东版探索论证后开放或部分开放"。

三 关于"广东版负面清单"的九大修订原则建议

以国内最开放、最可操作、最市场化的"负面清单"为目标，发挥对港澳定点开放和先行先试的优势，借鉴国内外"负面清单"管理经验，"广东版负面清单"的修订应依据以下九条原则。

（1）自贸区"负面清单"（以下简称自贸区版）中的服务业部门，完全开放的，广东版完全开放；存在限制的，广东版限制条件不得高于自贸区版；

（2）自贸区版存在限制并且在逐步开放的部门，广东版尽量完全开放或减少、放宽限制条件；

（3）自贸区版完全禁止的行业中，若不明显涉及国家安全领域，尽量开放或减少、放宽限制条件；

（4）自贸区版限制的行业中，属于教育、医疗、水利等公共事业的，尽量开放或减少、放宽限制条件；

（5）参考更开放标准，除特别规定外，广东版"负面清单"修订版开放程度不得低于之前版本；

（6）参考更透明标准，不出现限制类表述不清的条款，尽量量化表述；

（7）参考更国际化标准，国内也禁止或不存在的行业，参考国民待遇，不专门列示禁止；

（8）对于敏感领域可以引入未来限制权利保留条款来规避可能的失败风险，增强调整的灵活性；

（9）在保留的禁止和限制部门中，需遵循国家安全底线，若不涉及国家安全或者对国家安全影响较小，仍应尽量向 NAFTA 的开放度靠齐。

第二部分

问题对策

第二部分通过案例研究、理论研究、国内外经验学习的方式，一方面考察、归纳、分析了粤港澳服务贸易自由化"负面清单"管理实施以来，企业在实际服务贸易过程中遇到的具体困难；另一方面针对这些问题给予了相应的创新解决方案。研究发现，企业遇到的困难主要体现在注册审批、知识产权保护、法律监管、信息流通、税收政策、市场自由度、金融环境、人才流动、文化融合和配套措施等方面。

针对这些问题，本书认为政府管理创新应与"负面清单"相配套，才能充分发挥"负面清单"管理模式的制度优势。因此，转变政府职能，改革政府行政管理方式，实行简政放权，进行政府管理创新，提高政府行政管理服务水平，建立一套与"负面清单"相适应的政府管理体系变得十分重要和紧迫。本部分梳理出了四大政府管理改革方向和八种政府管理创新模式以供政府管理改革与创新参考。

第三章

粤港澳服务贸易自由化"负面清单"管理的问题与对策：基于佛山港澳服务业企业的问卷调查研究[*]

张光南　黎叶子　伍俐斌

一 粤港澳服务贸易自由化协议：CEPA升级版成效显著

CEPA实施十多年来，促进了内地与港澳经贸往来、互惠互利。但CEPA在实施过程中存在落实效果欠佳、准入门槛过高、配套法律法规不完善等问题，因而采取"负面清单"对CEPA进行转型升级成为粤港澳服务贸易自由化新的发展方向。粤港澳服务贸易自由化协议作为CEPA的升级版，是内地首次以"准入前国民待遇加负面清单"的形式签署的自由贸易协议。根据商务部说明，此协议具体开放部门达153个，涉及世界贸易组织服务贸易160个部门总数的95.6%，其中58个部门拟完全实现国民待遇；在采用"负面清单"的134个部门中，保留的限制措施共132项；采用正面清单扩大开放的部门新增27项开放措施，其中个体工商户新增开放行业84个，累计开放行业达130个。张光南（2014）研究认为，粤港澳服务贸易自由化"负面清单"直接界定了不予开放的部门，列明与"最惠国待遇、国民待遇、市场准入"等承诺不符的措施，除此之外均予以开放，具有开放模式新、开放部门多、水平高、市场开放与深化改

---

[*] 本章内容为广东省人民政府港澳事务办公室"粤港澳服务贸易自由化的问题与对策：问卷调查研究"项目的阶段性成果。该成果已发表：《粤港澳服务贸易自由化"负面清单"管理的问题与对策》，《港澳研究》2016年第2期，第60—67页。

革同步推进等特点。广东与港澳地区服务贸易自由化"负面清单"的先行先试为其向全国推广打下了基础。2015 年 11 月底签署的《内地与香港 CEPA 服务贸易协议》和《内地与澳门 CEPA 服务贸易协议》标志着内地将与港澳地区基本实现服务贸易自由化。

粤港澳服务贸易自由化"负面清单"的实施加强了粤港澳的金融合作和贸易投资的便利性,带动资本、人力、技术等在三地之间的流动,扩大了粤港澳三地服务贸易自由化。广东省港澳办提供的数据显示,2015 年 1—10 月,广东省为香港提供服务收入为 14210.61 百万美元,相比 2014 年同期增长了 5.39%;接受香港的服务支出为 10018.20 百万美元,相比 2014 年同期增长了 24.34%。广东为澳门提供的服务收入为 818.61 百万美元,相比 2014 年同期增长了 4.98%;接受澳门的服务支出为 264.12 百万美元,相比 2014 年同期增长了 16.87%。

然而,随着粤港澳服务贸易往来不断加深,企业在实际服务贸易过程中遇到的诸多问题也日益显著。为了解粤港澳服务贸易自由化"负面清单"管理实施以来,企业在粤港澳服务贸易过程遇到的困难与相关建议,笔者选取佛山的服务贸易企业为样本,基于问卷对企业进行问卷调查研究。虽然本研究只是针对佛山的企业调查,但是这些企业在粤港澳其他地区有业务,具有一定代表性,调查结果对粤港澳其他地区完善服务贸易自由化同样具有借鉴作用(有关调查问卷的具体信息,请参考文章后的《粤港澳服务贸易自由化"负面清单"管理:问题与对策》调查问卷附件)。

二 基于佛山服务贸易企业的问卷调查分析:主要问题、使用情况

(一)粤港澳服务贸易自由化面临的主要问题

企业在粤港澳服务贸易过程中存在诸多的问题。在本次的调查中,逾三成的企业表示在粤港澳地区服务贸易遇到行政审批程序(38.20%)、税收政策(45.60%)、人才流动(47.10%)方面的障碍。遇到信息流通(27.90%)、配套设施(27.90%)、金融环境(26.50%)、法律监管

（26.40%），文化融合（25%）方面障碍的企业超过受访企业的1/4。其余方面的阻碍见图3-1。此外，企业对这些困难按程度排序从高到低依次是人才流动、税收政策、行政审批程序、信息流通、配套设施、金融环境、法律监管、文化融合、市场自由度、登记注册、知识产权保护。调查结果与张光南（2014）对粤港澳10个城市服务贸易自由化问卷调查结果类似，说明"负面清单"管理实施后，企业在粤港澳服务贸易过程中面临的主要问题不变。

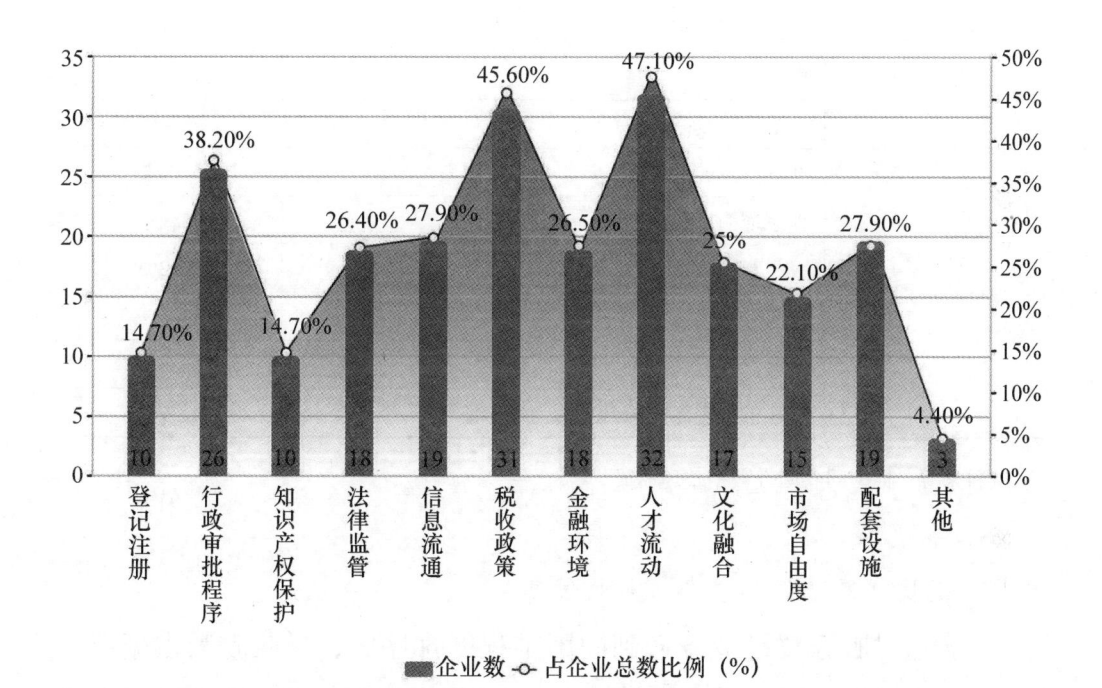

图3-1 调查对象在粤港澳地区服务贸易遇到的阻碍（N=68）

资料来源：根据问卷调查数据整理而成。

1. 注册审批：程序烦琐、流程过长

所调查企业在注册登记和行政审批程序两方面遇到的障碍都表现为程序烦琐、耗时过长等问题（见表3-1），这极大地打击了投资者进入粤港澳地区开展服务贸易业务的积极性。例如某化妆品公司表示"外资比内资注册更加困难，批文流程长，店号要拿到营业执照才可以开业，但装修上已经解决，中间会导致资金的亏损"。此外，有部分企业表示登记注册限制条件过多，而行政审批程序存在跨区行政审批程序差异带来的沟通不便。具体情况见表3-1。

表3-1　　　　　　　　　企业在注册审批方面遇到的障碍

项目	障碍	比例
登记注册	注册资本限制	33.3%
	注册限制条件过多	55.6%
	涉及部门过多	66.7%
	耗时过长	55.6%
	登记手续复杂	55.6%
行政审批	办事效率较低	31.8%
	程序透明度较低	22.7%
	服务意识较低	18.2%
	沟通渠道闭塞	13.6%
	办理流程过长	63.6%
	跨区审批程序差异带来的沟通不便	40.9%

资料来源：根据问卷调查数据整理而成。

2. 税收政策：税制复杂，税收过高

在企业对服务贸易业务遇到的困难程度排序中，税收政策占据第一位。企业在税收方面的困难体现在多个方面：税制复杂（44.4%）、税种过多税率过高（51.8%）、跨区域税制差异（29.6%）、税收优惠制度不合理（22.2%）和税收稳定性不足（14.8%）。例如某企业指出税收退税执行低效，政策落实力度有待加大。相较于张光南（2014）问卷调查结果，税收政策困难基本不变，说明"负面清单"管理未能显著改善税收问题。

3. 人才流动：高端人才缺乏，本地人才不足

人才流动问题的困难程度仅次于税收政策。在调查的企业中，逾半数的企业人才流动方面的障碍表现为本地合格雇员不足和高端人才不足，极大地限制了企业的发展。如何"引进高端人才"和"留住本地人才"是

人才流动问题的关键所在。此外还有少数企业指出粤港澳人才文化差异和就业市场不发达等问题。具体情况见表3-2。

表3-2　　　　　企业在人才流动方面遇到的障碍（N=32）

项目	障碍	比例
人才流动	本地雇员不足	50%
	跨地区招聘程序烦琐	6.25%
	粤港澳人才文化差异	21.9%
	高层次人才不足	46.6%
	就业市场不发达	34.4%
	其他	18.8%

资料来源：根据问卷调查数据整理而成。

4. 法律监管：存在冲突、部分缺失

由于粤港澳三地实行的法律体系不同，在实际开展服务贸易业务的过程中，企业面临部分法律法规缺失（35.3%）、跨区域相关法律冲突（41.2%）等法律监管方面的问题。此外，还存在依法行政观念不强（23.5%）和违法成本过低（29.4%）现象，影响了粤港澳服务贸易自由化。

5. 知识产权：申请复杂、缺乏保护

知识产权保护方面的问题主要集中在专利申请程序复杂（75%）、IP信息平台不完善（75%）、缺乏产权保护法律法规（50%）和侵权诉讼成本太高（50%）。因而有企业建议优化专利申请的流程，加大对知识产权的保障及违法打击力度。此外，还有企业表示，我国现行知识产权保护的法律相对完善，但是执行方式和力度存在缺陷。

6. 文化融合难、配套设施不足

粤港澳的制度和文化风俗差异导致企业面临当地商业规则难以适应、跨区域员工融合不足等文化融合问题。而配套设施存在产业配套不足、经营成本过高和市政配套不足的问题。具体情况见表3-3。相较于张光南（2014）问卷调查结果，配套设施方面遇到产业配套不足比例为62.5%，

远超过后者的22%。这说明相较于粤港澳整个地区,佛山市产业配套不足问题尤为严重,在"负面清单"实施近一年后仍未根本解决,值得引起关注。

表3-3 文化融合与配套设施方面的障碍

项目	障碍	比例
文化融合	当地商业规则难以适应	36.4%
	跨区域员工融合不足	54.5%
	其他	45.6%
配套设施	中介与专业服务不足	25%
	市政配套不足	25%
	产业配套不足	62.5%
	经营成本过高	56.3%

资料来源:根据问卷调查数据整理而成。

(二)企业对CEPA"负面清单"的了解及使用情况

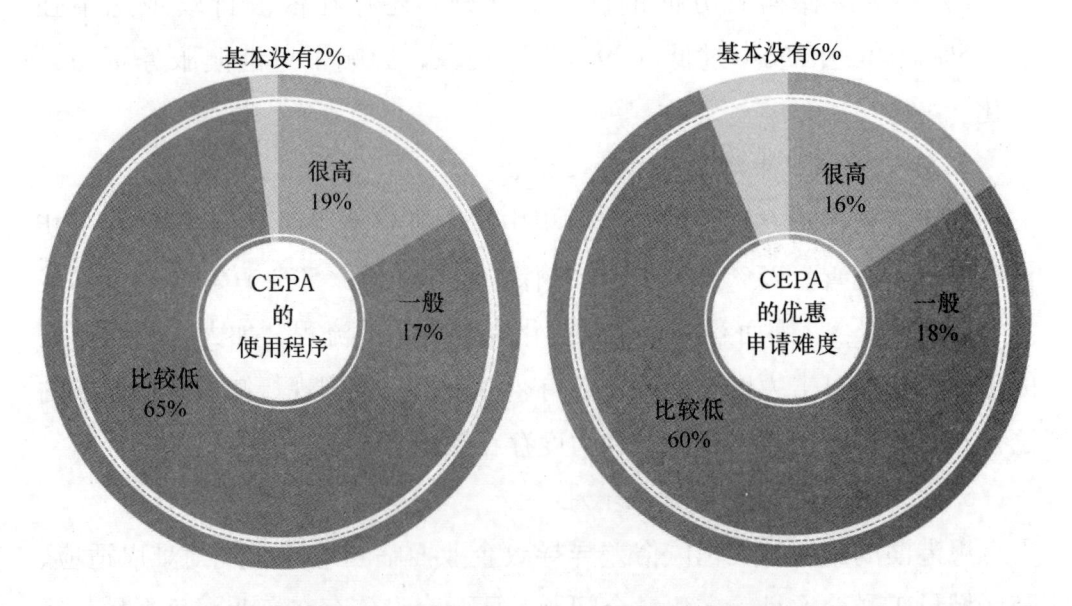

图3-2 CEPA的使用程度和优惠申请难度

资料来源:根据问卷调查数据整理而成。

CEPA"负面清单"让内地向港澳服务业敞开了大门,打破了服务业企业进入的外部壁垒,开放程度和优惠力度高于中国加入WTO承诺的水平。港澳服务贸易企业在进入内地时,近七成的企业认为其所在行业的港澳服务贸易提供者对CEPA"负面清单"的使用程度为基本没有或比较低,只有19%的受访企业认为企业对CEPA"负面清单"使用程度很高。少数企业表示CEPA"负面清单"优惠条款的申请难度很大或一般,见图3-2。这说明港澳服务业企业肯定CEPA"负面清单"的优惠条款,但是具体经营过程中使用程度较低。因而如何宣传CEPA"负面清单"协议,落实CEPA"负面清单"优惠对实现粤港澳服务贸易自由化具有重要意义。

三 政策建议:简化程序、加强监管、对标国际

总的来说,通过上述的问卷分析可以发现,企业在粤港澳服务贸易过程中面临注册审批、知识产权保护、法律监管、信息流通、税收政策、市场自由度、金融环境、人才流动、文化融合和配套措施多方面的问题。相较于张光南(2014)的问卷调查结果可知,"负面清单"与CEPA面临同样的问题,"负面清单"管理实施近一年后,这些问题并没有得到显著性的改善,有待进一步加强。接下来,笔者将对问卷调查中突出的问题进行详细分析,并提出相关政策建议。

(一)推动资格互认,促进人才流通

当前我国处于产业转型升级阶段,作为劳动密集型产业的第三产业对人才的缺乏尤为显著。人才不足体现为三个层面:高层次人才不足,专业人才缺乏,本地合格雇员不足。

首先是高层次人才的缺乏,内地缺乏国际化的高端人才。可以通过增设人才引进绿色通道、建立人才交流沟通的配套服务,引进高端人才。其次是专业人才问题,虽然香港有大量优秀的专业人才,但因为粤港澳行业

标准差异、专业资格无法互认和审批手续复杂等阻碍专业服务贸易、影响人才流动。应尽快完善专业资格互认，简化港澳专业人才到内地就业的审批程序。最后，除去高端人才和专业人才，本地人才的招聘也是企业面临的难题。建立人才信息平台、加大人才的招聘和后续服务，留住本地人才是关键。此外，完善城市建设、配套设施和生活环境等对于引进优秀人才、阻止人才外流具有重要意义。

虽然短期内引进人才可以弥补人才缺口，但人才的本地培育才是解决人才问题的关键。一方面可以加强各地人才交流，完善培训机制，提升本地人才水平；另一方面可以通过与高校、研究所合作，根据市场和企业的需求，联合培养高素质的管理人才、专业人才和创新人才。

（二）简化审批程序，实现国民待遇

企业在登记注册和行政审批过程中面临手续复杂、限制过多、效率低下等问题。具体表现为港澳企业在内地审批手续比内资企业烦琐，例如前置审批权，某港资连锁企业在增设一家店面时，需提交审批，至少三个月才能批准，这中间的时间、人力和租金等巨额的沉默成本是内资企业难以想象的。各地区对于政策制度解读的差异也进一步复杂化了申请手续。此外对于合资企业的股本比例限制和从事行业的限制也阻碍了粤港澳企业的合作与发展。

针对审批程序复杂烦琐问题，不仅要简化程序，还要提升质量，实现"简便化"与"规范化"相结合。各部门应多与企业沟通，了解企业在各项审批程序中遇到的困难，瞄准企业反映的共性问题，有针对性地改进和完善。并及时调整政策配合快速发展的商业模式。积极开展培训，帮助各部门充分理解相关政策，规范化办理程序。

（三）加强推广宣传，促进信息交流

针对问卷提到的信息流通问题、行政审批透明度低与企业对 CEPA "负面清单"缺乏了解等问题，可以加强推广宣传，促进信息流通。具体可以从以下三个方面实行，一是建立网络和实体平台，定期举行相关产品

和服务的展览，发布产品和服务信息；二是开办专业媒介，利用平面媒体或网络媒体发布相关信息、介绍有关制度；三是举行研讨交流会，邀请粤港澳政企代表参与交流，针对粤港澳服务贸易自由化过程中遇到的问题探讨改进方案，为粤港澳服务贸易自由化进言献策，共谋发展。通过这些推广宣传渠道，可以让企业及时了解最新政策动向、审批状态等，同时让有关部门了解企业面临的具体问题，消除双方信息不对称问题，促进粤港澳服务贸易自由化更好的发展。

（四）加大法律监管，保护知识产权

法治化的营商环境对促进粤港澳服务贸易自由化发展至关重要，而问卷中提到的法律监管和知识产权保护是构建营商环境法治化不可忽视的问题。

针对法律监管问题，需要广东省健全投资管理的法律法规体系。针对城市规划、土地开发使用、环境保护、建筑物管理、特定设施管理等企业投资管理的各个环节，出台一系列法律法规，确保每一个管理事项有法可依，政府部门依法办事。针对知识产权保护，需要有关部门大力推进知识产权保护立法工作，提高举报奖励金额标准，加大惩罚力度，营造尊重和保护知识产权的法制环境。加大对外商投资企业侵权行为的执法查处力度，组织例行检查和突击检查，为外商投资企业提供法律服务，切实保障外商投资企业的合法权益。针对问卷中企业提到的知识产权保护执行方式问题，应积极探索行之有效的执行方式，避免低效无用的解决方案。

（五）借鉴港澳经验，对接国际标准

粤港澳服务贸易过程中港澳企业面临因政策等因素造成的壁垒，例如问卷中所提到的营商环境、市场自由度、金融环境等。为进一步实现港澳经济高度融合、国际投资自由便利、服务贸易自由化，可积极借鉴港澳经验。例如港澳商事制度是与国际接轨的创新制度模式，广东可借鉴港澳经验，全面落实企业注册资本实缴制改为认缴制，降低企业的门槛，推进行

政审批程序标准化、企业投资备案制度管理、商事登记制度改革和投融资体制改革，降低准入门槛，简化准入程序，切实减轻企业负担，构建优质的市场营销环境，提高市场运作效率。广东省可运用地缘优势，借鉴港澳经验，为全国复制推广奠定基础。

本研究的局限性在于影响粤港澳服务贸易自由化的因素复杂多样，仅一张问卷难以全面说明企业在服务贸易过程中存在的问题。受调查样本量的限制，问卷结果分析可能有所偏差。未来可以通过加大问卷调查样本量提高问卷结果分析的信效度。此外，由于受访企业主观题回答率极低，问题分析不够深入。问卷中提出的问题背后深层次的原因以及各部门具体对策还有待于进一步的研究。

参考文献：

［1］《〈内地与香港 CEPA 关于内地在广东与香港基本实现服务贸易自由化的协议〉在香港签署》，http：//tga.mofcom.gov.cn/article/e/201412/20141200839833.shtml，2015年12月26日。

［2］卜凡：《广东自贸区"负面清单"：应全面实现粤港澳服务贸易自由化》，《21世纪经济报道》2014年12月31日。

［3］商舒：《中国（上海）自由贸易试验区外资准入的负面清单》，《法学》2014年第1期。

［4］吴哲：《今后内地签署的自由贸易协定中，优于 CEPA 开放措施的将适用于港澳》，《南方日报》2014年12月19日第A09版。

［5］张光南：《"负面清单"助推服贸自由化》，《财经》杂志，2015年。

［6］张光南：《粤港澳服务贸易自由化——负面清单管理模式》，中国社会科学出版社2014年版，第81、120—125、315—319、62页。

［7］张磊：《上海自贸区负面清单管理模式：国际经验与借鉴》，《复旦国际关系评论》2014年第2期。

附件 《粤港澳服务贸易自由化"负面清单"管理：问题与对策》调查问卷

尊敬的先生/女士：您好！

  我是《粤港澳服务贸易自由化"负面清单"管理：问题与对策》课题调查员，现正在调查 2015 年 3 月 1 日 CEPA《关于内地在广东与香港基本实现服务贸易自由化的协议》和《关于内地在广东与澳门基本实现服务贸易自由化的协议》——"负面清单"管理政策实施以来，粤港澳服务贸易自由化的发展现状与相关问题，并向政府有关部门提出改进性的政策建议。经过严格的科学抽样，我们选中了您作为调查对象，烦请您支持我们的工作。

  调查不涉及个人隐私，请您根据实际情况如实回答，所有资料只进行统计汇总。同时，我们将按照《统计法》的规定，对您的个人资料予以保密，请您不必担心。

  谢谢您对我们的支持和协助！

被访者及公司的基本情况

公司名称			
公司详细地址			
被访者姓名		被访者电话	

S1. 请问贵公司的注册地在（单选）：

香港	1
澳门	2
广东省内	3
其他（请注明：_____）	4

S2. 请问贵公司的业务地点主要在（单选）：

香港	1	
澳门	2	
广东省内	3	
其他（请注明：_____）	4	

S3. 请问贵公司在上述地区所从事的行业主要为（单选）：

第一产业	农、林、牧、渔业	1	
第二产业	采矿业	2	
	制造业	3	
	电力、燃气及水的生产和供应业	4	
	建筑业	5	
第三产业	交通运输、仓储和邮政业	6	
	信息传输、计算机服务和软件业	7	
	批发和零售业	8	
	住宿和餐饮业	9	
	金融业	10	
	房地产业、租赁和商务服务业	11	
	教育、科学研究、技术服务、文化、体育和娱乐业	12	
其他（请注明：_____）		13	

A：服务贸易企业现状评估

A1. 贵公司是哪一年注册的？
　　□□□□ 年 □□ 月

A2. 目前贵公司的组织方式为（单选）：

1. 个人独资	2. 私营有限公司	3. 私营合伙企业
4. 城镇集体企业	5. 乡村集体企业	6. 非国有控股企业
7. 部分外商投资企业		
8. 其他（请注明）_____		

A3. 请问贵公司主要从事第三产业中的哪个具体行业？（单选）

铁路运输业	1
道路运输业	2
城市公共交通业	3
水上运输业	4
航空运输业	5
管道运输业	6
装卸搬运和其他运输服务业	7
仓储业	8
邮政业	9
电信和其他信息传输服务业	10
计算机服务业	11
软件业	12
批发业	13
零售业、住宿和餐饮业	14
住宿业	15
餐饮业	16
银行业	17
证券业	18
保险业	19
其他金融活动	20
房地产业	21
租赁业	22
商务服务业	23
研究与试验发展	24
专业技术服务业	25
科技交流和推广服务业	26
地质勘查业	27
水利管理业	28
环境管理业	29
公共设施管理业	30
居民服务业	31
其他服务业	32

续表

教育	33
卫生	34
社会保障业	35
社会福利业	36
新闻出版业	37
广播、电视、电影和音像业	38
文化艺术业	39
体育	40
娱乐业	41
其他（请注明_____）	42

A4. 2013 年，贵公司一年的收入总额是（单选）：

1. 500 万元以下	2. 500 万—1000 万元	3. 1000 万—5000 万元
4. 5000 万—1 亿元	5. 1 亿元以上	

A5. 与同行业平均水平相比，贵公司的经营绩效：

与同行业平均水平相比	明显高于其他企业	高于其他企业	差不多	低于其他企业	明显低于其他企业	拒绝回答
a 经营规模	1	2	3	4	5	6
b 口碑	1	2	3	4	5	6
c 市场占有率	1	2	3	4	5	6

A6. 贵公司的竞争优势主要在于（可多选）：

1. 服务质量	2. 交付效率	3. 价格竞争力
4. 品牌知名度	5. 个性化方案	6. 管理水平
7. 资金实力	8. 雇员水平	9. 业务网络
10. 其他（请注明_____）		

A7. 目前，贵公司的雇员有多少人？_____人；

1. 少于 300 人	2. 300—499 人	3. 500—999 人
4. 1000—2999 人	5. 3000 人或以上	

B：服务贸易障碍描述

B1. 您认为，贵公司目前发展遇到的内部困难主要是什么？（可多选）【圈选选项的序号】

1. 资金实力	2. 人才水平	3. 人员规模
4. 内部管理	5. 知识产权	6. 业务网络
7. 其他（请注明_____）		

B2. 您认为，贵公司在粤港澳地区的服务贸易业务遇到的外部困难有什么？（可多选）【圈选选项的序号】

1. 登记注册	→ 转到 B3
2. 行政审批程序	→ 转到 B4
3. 知识产权保护	→ 转到 B5
4. 法律监管	→ 转到 B6
5. 信息流通	→ 转到 B7
6. 税收政策	→ 转到 B8
7. 市场自由程度	→ 转到 B9
8. 金融环境	→ 转到 B10
9. 人才流动	→ 转到 B11
10. 文化融合	→ 转到 B12
11. 配套设施	→ 转到 B13
12. 其他（请注明）_____	

注：请按困难程度，将以上提及的困难排序，最困难的一项在前，依次类推。

请按困难程度进行排序：☐ ☐ ☐ ☐ ☐

B3. 在登记注册的过程中，贵公司或所在行业遇到的障碍是（多选）：

1. 注册资本限制	2. 注册限制条件过多	3. 涉及部门过多
4. 耗时过长	5. 登记手续复杂	6. 其他

B4. 在行政审批的过程中，贵公司或所在行业遇到的障碍是（多选）：

1. 办事效率较低	2. 程序透明度较低	3. 服务意识较低
4. 沟通渠道闭塞	5. 办理流程过长	6. 跨区行政审批程序差异带来的沟通不便
7. 其他		

B5. 在知识产权保护方面，贵公司或所在行业遇到的障碍是（多选）：

1. 专利申请程序复杂	2. IP 信息平台不完善	3. 缺乏产权保护法律法规
4. 侵权诉讼成本过高	5. 其他	

B6. 在法律监管方面，贵公司或所在行业遇到的障碍是（多选）：

1. 部分法律法规缺失	2. 法律和仲裁服务缺乏	3. 跨区域相关法律冲突
4. 依法行政概念不强	5. 违法成本过低	6. 其他

B7. 在信息流通方面，贵公司或所在行业遇到的障碍是（多选）：

1. 产业资讯不足	2. 公共信息平台缺乏	3. 其他

B8. 在税收政策方面，贵公司或所在行业遇到的障碍是（多选）：

1. 税制复杂	2. 税种过多、税率过高	3. 跨区域税制差异
4. 税收优惠制度不合理	5. 税收稳定性不足	6. 其他

B9. 在市场自由程度方面，贵公司或所在行业遇到的障碍是：

1. 不公平的营商环境	2. 政府监管过多	3. 其他

B10. 在金融环境方面，贵公司或所在行业遇到的障碍是：

1. 货币资金自由流动受限	2. 贷款困难	3. 融资渠道单一
4. 信用体系不完善	5. 金融中介服务收费过高	6. 其他

B11. 在人才流动方面，贵公司或所在行业遇到的障碍是：

1. 本地合格雇员不足	2. 跨地区招聘程序烦琐	3. 粤港澳人才文化差异
4. 高层次人才层次不足	5. 就业市场不发达	6. 其他

B12. 在文化融合方面，贵公司或所在行业遇到的障碍是：

1. 当地商业规则难以适应	2. 跨区域员工融合不足	3. 其他

B13. 在配套设施方面，贵公司或所在行业遇到的障碍是：

1. 中介与专业服务不足	2. 市政配套不足	3. 产业配套不足
4. 经营成本过高	5. 其他	

B14. 贵公司对 CEPA "负面清单"（2015 年 3 月正式实施）的了解程度如何？

1. 非常了解，利用 CEPA "负面清单"（2015 年 3 月正式实施）的政策发展自己的业务
2. 一般了解，但是 CEPA "负面清单"（2015 年 3 月正式实施）的政策对自身的业务发展关系不大
3. 了解，但是没有尝试过用 CEPA "负面清单"（2015 年 3 月正式实施）的政策去发展业务
4. 不清楚 CEPA "负面清单"（2015 年 3 月正式实施）的相关政策

B15. CEPA "负面清单"（2015 年 3 月正式实施）对贵公司所在行业的促进作用主要体现在？

1. 登记注册（注册资本降低、资质条件放宽等）	2. 行政审批程序（双边审批对接效率提高等）	3. 知识产权保护（借鉴香港较为完善的 IP 保护程序等）
4. 法律监管（双边法律冲突减少等）	5. 信息流通（行业内双边交流增多等）	6. 税收政策（税收负担减少、税制更加清楚等）

续表

7. 市场自由程度（竞争壁垒减少等）	8. 金融环境（放宽股权限制等）	9. 人才流动（放宽自然人流动范围、人才认定等）
10. 业务量提升	11. 其他（请注明）_____	

B16. CEPA"负面清单"（2015年3月正式实施）对贵公司本身的促进作用主要体现在？

1. 登记注册（注册资本降低、资质条件放宽等）	2. 行政审批程序（双边审批对接效率提高等）	3. 知识产权保护（借鉴香港较为完善的IP保护程序等）
4. 法律监管（双边法律冲突减少等）	5. 信息流通（行业内双边交流增多等）	6. 税收政策（税收负担减少、税制更加清楚等）
7. 市场自由程度（竞争壁垒减少等）	8. 金融环境（放宽股权限制等）	9. 人才流动（放宽自然人流动范围、人才认定等）
10. 业务量提升	11. 其他（请注明）_____	

B17. 贵公司觉得所在行业的港澳服务贸易提供者在进入内地时，对CEPA"负面清单"（2015年3月正式实施）的使用程度如何？

1. 很高	2. 一般	3. 比较低
4. 基本没有		

B18. 贵公司觉得所在行业在利用CEPA"负面清单"（2015年3月正式实施）优惠条款进行手续申请时难度如何？

1. 很高	2. 一般	3. 比较低
4. 基本没有		

B19. 在利用CEPA"负面清单"（2015年3月正式实施）优惠条款进行手续申请时，主要遇到的困难是哪些？

1. 申请程序不清楚	2. 认证过程耗时太长	3. 优惠程度不高导致申请的热情不高
4. 涉及部门太多	5. 遭遇人为的壁垒	6. 其他（请注明）_____

C：相关建议对策

C1. 针对上述贵公司在粤港澳地区的服务贸易业务遇到的外部困难，贵公司觉得可以有什么样的改进方案？【只针对 B 部分该公司有提到的障碍】

障碍和问题	改进方案
1. 登记注册	
2. 行政审批程序	
3. 知识产权保护	
4. 法律监管	
5. 信息流通	
6. 税收政策	
7. 市场自由程度	
8. 障碍和问题	改进方案
9. 金融环境	
10. 人才流动	
11. 文化融合	
12. 配套设施	
13. 其他（请注明）_____	

C2. 针对贵公司所在行业在 CEPA "负面清单"（2015 年 3 月正式实施）中涉及的相关政策，贵公司觉得可以结合行业实际如何改进？

_____

_____

C3. 针对粤港澳服务贸易提供者利用 CEPA "负面清单"（2015 年 3 月正式实施）优惠条款的申请流程，贵公司觉得可以如何改进？

_____

_____

C4. 在目前 CEPA "负面清单"（2015 年 3 月正式实施）所涵盖的服务贸易开放领域中，贵公司觉得哪个领域的开放程度需要更加深入？

_____

_____

C5. 除了目前 CEPA "负面清单"（2015 年 3 月正式实施）所涵盖的服务贸易开放领域，贵公司觉得 CEPA "负面清单"（2015 年 3 月正式实施）还可以在哪个服务贸易领域实现开放？

_____

_____

C6. 您期待实现粤港澳服务贸易自由化后广东省的政府部门将会有什么改变？（可多选）

1. 减少行政审批	2. 提升公共服务水平	3. 相关配套法规和措施更加完善	
4. 市场监管更加有效	5. 通关更加便捷	6. 粤港澳政府间沟通协调更加顺畅	
7. 其他（请注明）_____			

注：请按重要程度，将以上提及的选项排序，最重要的一项在前，依次类推。

请按重要程度进行排序： ☐ ☐ ☐ ☐ ☐

D：个人资料

D1. 性别

1. 男	2. 女

D2. 您的出生年份是？

☐☐☐☐ 年

D3. 您的户籍或身份所在地？

1. 中国内地	2. 香港	3. 澳门
4. 台湾	5. 国外（请注明国籍_____）	

D4. 请问您在贵公司担任的职务是_____

董事长/总裁	1
副董事长/董事	2
总经理	3
副总经理/运营经理	4
地区分公司经理/地区运营经理	5
子公司经理/子公司运营经理	6
其他（请注明：_____）	99

D5. 请问对于贵公司在上述地区的生产经营业务的决策权，以下哪句话与您的情况最为相符？

我是公司最主要的决策者	1
我是公司主要决策者之一	2
我的建议是公司决策的重要参考	3
拒绝回答	99

D6. 您的受教育程度：

1. 小学及以下	2. 初中	3. 高中（包括职校、技校、中专）
4. 大专	5. 大学	6. 研究生或以上（含MBA）
7. 其他（请注明_____）		

D7. 您是否有相关的社会兼职？

1. 人大、政协	2. 工会、共青团、妇联
3. 行业协会、商会	4. 民间公益组织
5. 其他（请注明_____）	6. 没有社会兼职

第三部分

区域发展

第三部分从区域发展的角度，探讨了粤港澳、穗港澳服务贸易自由化发展取得的成绩、面临的问题，并提出了应对思路及具体的解决方案。本部分提出打造粤港澳、穗港澳合作升级版的政策建议，意在通过进一步促进粤港澳服务贸易自由化，拉动区域经济发展。具体来说，对于粤港澳深化合作"升级版"，本书给出了包括"建设有利于粤港澳服务贸易自由化的法制化营商环境""推进粤港澳服务贸易自由化省级示范基地建设""建立粤港澳服务业发展指数""设立粤港澳专业服发展基金"等在内的八条具体建议。针对穗港澳服务贸易合作"升级版"，本书从创新体制机制、创新人才管理模式、重点产业领域三个方面给出了具体建议。

第四章

粤港澳服务贸易自由化：广东经济影响及粤港澳合作升级版建议[*]

张光南　伍俐斌　庞　旗

一　粤港澳服务贸易自由化取得成效：促进广东产业转型、带动港澳经济发展

（一）粤港澳服务贸易自由化有助于广东经济结构战略性调整

2015年3月1日起正式实施《广东协议》，是内地首次以"准入前国民待遇加负面清单"的方式签署的自由贸易协议，开放模式新，开放部门多，开放水平高。在《广东协议》的促进下，粤港澳服务贸易呈现出新的发展特征，港澳投资广东步伐明显加快，资本、人才、技术双向流动的趋势增强。据广东省港澳办统计数据，2015年粤港服务贸易额达572.63亿美元，比上年同期增长17.97%，占全省比重达43.47%；粤澳服务贸易额达25.95亿美元，比上年同期增长11.47%，占全省比重1.97%。这标志着继粤港澳制造业"前店后厂"传统合作模式之后，粤港澳合作进入了全新的历史阶段（张光南，2016）。

1. 提升广东服务业的发展水平

自2015年3月1日《广东协议》实施以来至2015年年底，广东省共完成港澳服务提供者投资备案项目279宗，主要有以下特点。

---

[*] 本章内容为广东省人民政府港澳事务办公室"粤港澳服务贸易自由化：广东经济影响及粤港澳合作升级版建议"项目的阶段性成果。

（1）从投资来源和地域分布分析，据广东省港澳办统计数据，截至2015年年底，香港服务提供者通过备案系统申请新设及变更项目120个，备案金额人民币158.6亿元；澳门服务提供者通过备案系统申请新设及变更项目159个，备案金额人民币12.5亿元。香港服务提供者投资备案主要集中在深圳市，共有项目67个，澳门服务提供者投资备案主要集中在珠海市，共有项目151个。

（2）从项目数分析，截至2015年年底，香港服务提供者备案投资企业主要集中在商务服务业（34个，占28.3%）、金融业（27个，占22.5%）、批发零售业（21个，占17.5%）等领域。澳门服务提供者备案投资企业主要集中在批发零售业（37个，占23.3%）、商务服务业（36个，占22.6%）、软件和信息技术服务业（21个，占13.2%）等领域。

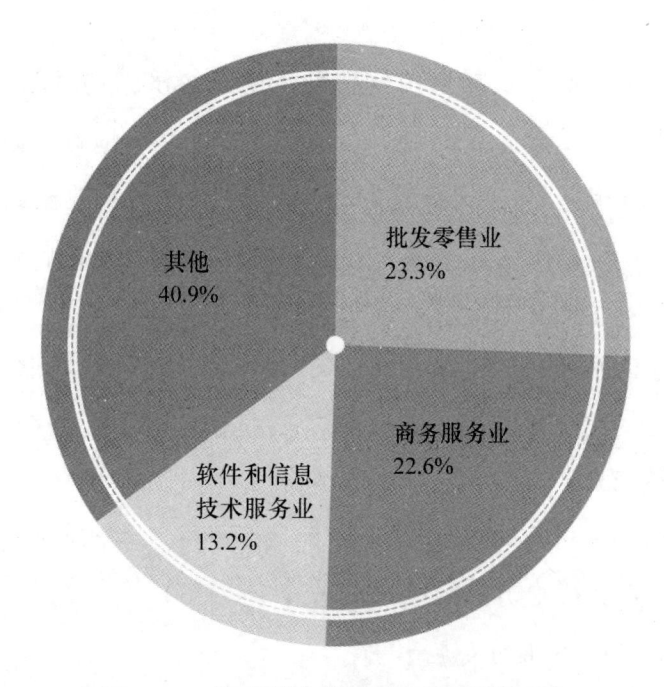

图4-1 澳门服务提供者备案投资企业

资料来源：根据广东省港澳办提供统计数据整理绘制。

（3）从投资规模分析，截至2015年年底，香港服务提供者投资企业主要集中在金融业（人民币72.2亿元，占45.5%）、房地产业（人民币

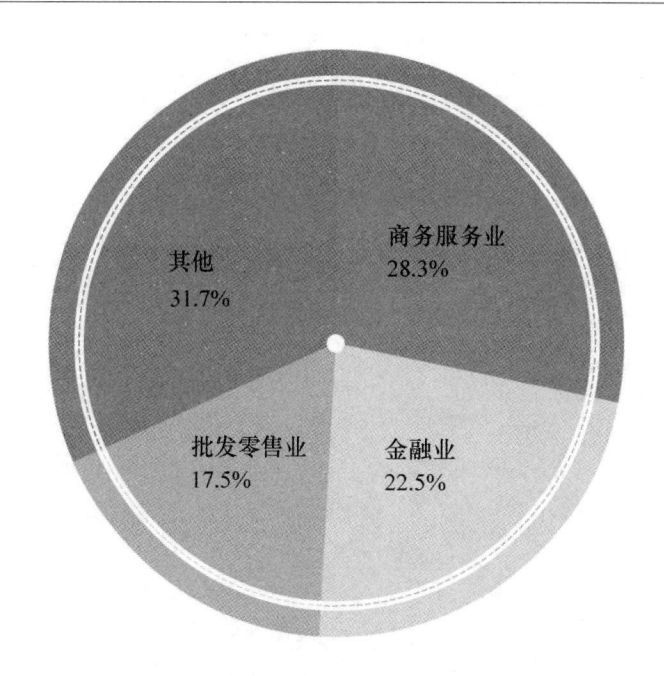

图 4-2　香港服务提供者备案投资企业

资料来源：根据广东省港澳办提供统计数据整理绘制。

40 亿元，占 25.2%）、商务服务业（人民币 15.2 亿元，占 9.6%）等领域。澳门服务提供者投资企业主要集中在金融业（人民币 3.7 亿元，占 29.6%）、社会工作业（人民币 3.7 亿元，占 29.6%）、商务服务业（人民币 1.8 亿元，占 14.4%）。

（4）从行业分布来看，在贸易及物流领域，香港、澳门共有 2000 多家企业申请利用 CEPA 及《广东协议》优惠措施投资内地。在旅游领域，目前全省港资旅行社共 19 家，其中独资旅行社 16 家，合资旅行社 3 家。在会计领域，来内地临时执业的香港专业人士达 746 人，澳门专业人士 4 人。全省共约 1190 人次香港居民、38 人次澳门居民报考内地会计从业资格证书考试；香港 QP 考生申请报考中国注册会计师有 1326 人。在建筑工程领域，香港专业人士中已有 53 名建筑师、9 名工程师、14 名房地产估价师、76 名造价工程师在广东注册执业。在医疗服务领域，截至 2016 年 3 月全省已有港澳资本的医疗机构 37 所，从投资形式上看，包括独资、合资、合作等多种形式；从类别上看，包括医院、门诊部、诊所、独立医学检验所等多种类别。在金融领域，截至 2016 年 2 月底香港 10 家银行机

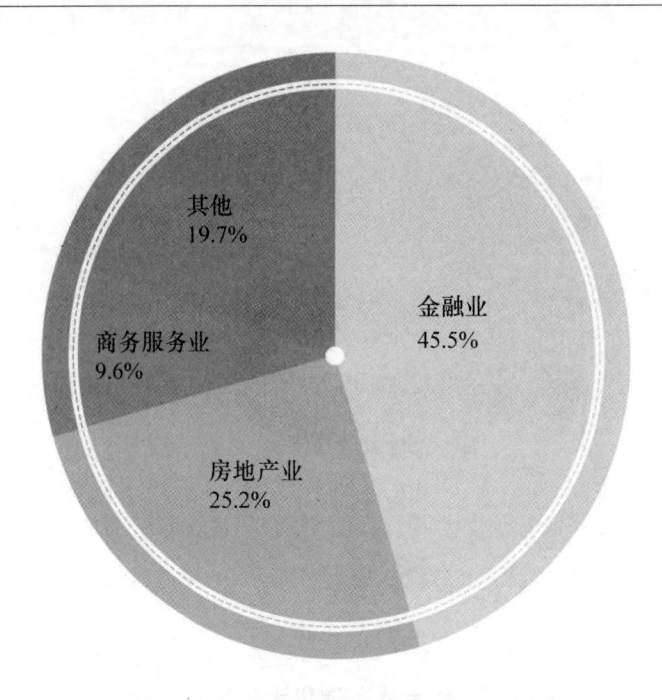

图4-3　香港服务提供者投资企业

资料来源：根据广东省港澳办提供统计数据整理绘制。

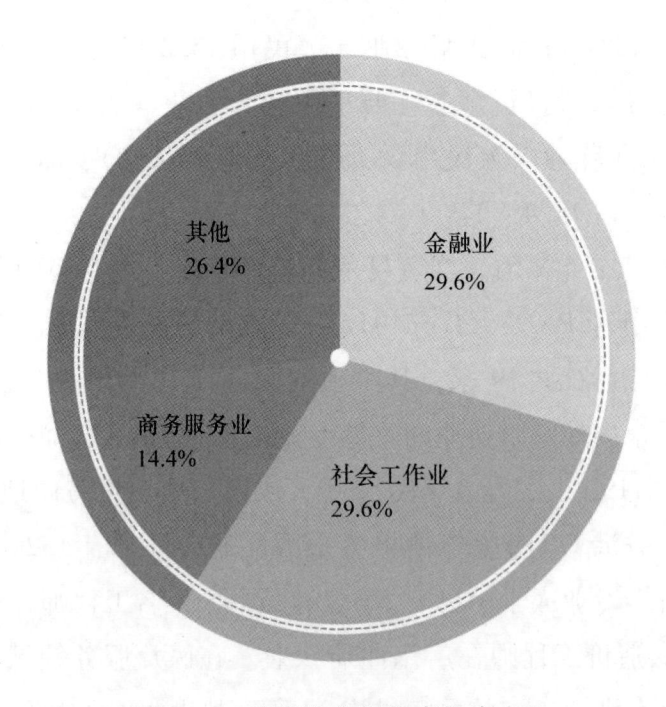

图4-4　澳门服务提供者投资企业

资料来源：根据广东省港澳办提供统计数据整理绘制。

构在广东设立营业性机构172家，其中异地支行66家等；澳门国际银行在横琴设立代表处，成为获准在横琴设立的第一家澳门银行。证券业方面，在粤港资证券机构代表处共9家，成立了国内第一家合资证券投资咨询公司（广州广证恒生证券投资咨询有限公司）。保险业方面，广东有港资背景的保险机构经营主体5家，港资入股的保险专业中介公司4家，香港保险公司驻粤代表处4家。招商银行、广发银行和东莞银行先后在香港设立分行或代表处。广东证券期货经营机构在香港共设立7家证券公司、9家基金公司、3家期货公司、1家股权管理公司。

粤港澳服务贸易自由化将会有力促进广东经济体制机制改革，优化广东发展环境，增强广东经济发展的内生动力，为广东实现产业转型升级插上了一对有力的翅膀。广东自从2012年以来，第三产业产值稳步超过了第二产业，形成了"三二一"的发展格局，见图4-5。

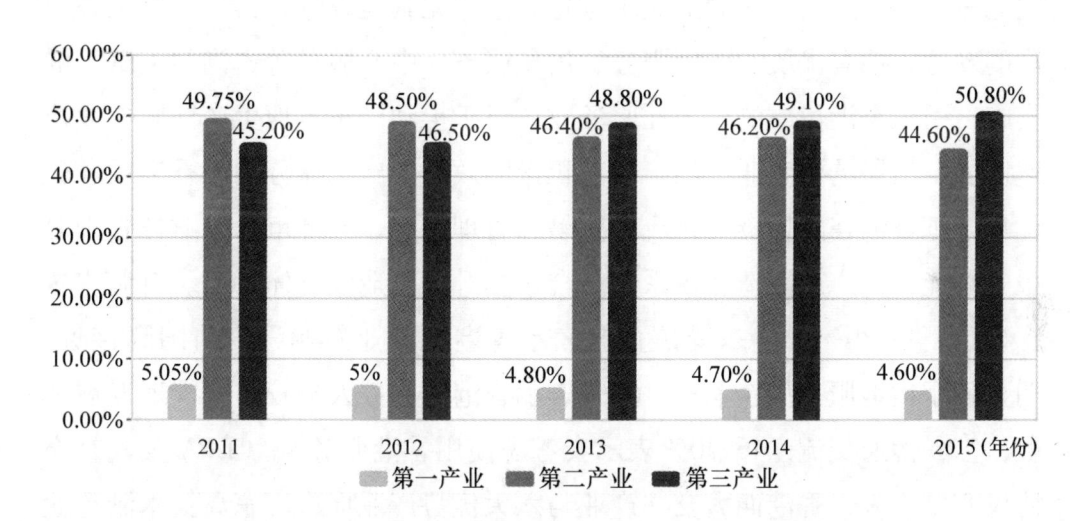

图4-5 2011—2015年广东第三产业比重变化

资料来源：根据广东省统计信息网上相关数据整理绘制。

广东经济目前已经步入了第三产业占优势的发展阶段，而第三产业主要由服务业构成，因此提升服务业的发展水平和质量是广东经济实现转型升级的方向，而粤港澳服务贸易自由化则提供了加速这一经济转型的有利契机。顺应目前广东服务业经济良好的发展势头，借助粤港澳服务贸易自由化这股东风，可以从以下方面进一步提升广东服务业的发展水平（张光南,2016)。

(1)"广东制造"优势再造:制造业服务化

随着CEPA及其补充协议的实施,港澳资企业进入广东的门槛逐年降低,依靠港澳技术、人才、专业服务、国际影响力等方面的优势,结合港澳先进生产服务业,促进新技术应用,提高劳动生产率和产品附加值,克服"广东制造"在发展中的制约和瓶颈,促进"广东制造"朝着服务化方向发展,形成"互联网+""服务业+"等新的制造业生产运营模式,促使"广东制造"优势再造,提升制造业整体素质,有助于扩大新兴市场。

制造业服务化。坚持高端发展的战略取向,打造若干规模和水平居世界前列的先进制造产业基地,不能只是依靠劳动力、土地等传统优势,需要将传统思维转变,即将价值链由制造为中心向以服务为中心转变,实现制造业优势的升级——制造业服务化。港澳尤其是香港,其生产性服务业高度发达,拥有优质的融资服务、信息服务、中介服务等,通过CEPA的实施,引入香港优质的生产性服务业,对于推动广东本地生产性服务业快速发展,拓展港资企业市场,有着积极的效应。广东充分利用香港服务业优势,把香港在融投资、物流、贸易、管理咨询、会计审计、财务管理等服务功能,与广东制造业体系相结合,提升了制造业整体素质。有调查数据显示,48.80%的广东受访企业表示香港服务业专业程度与国际接近,明显强于内地服务型企业;5.05%表示香港的服务人员较了解内地发展情况,容易沟通交流;46.40%表示会考虑使用香港服务[1]。CEPA及其补充协议实施以来,香港四大支柱产业与六大优势产业促进广东高技术制造业(如中医药、航天航空)、先进制造业(如装备制造业、石油及化学行业)形成;协助广东传统优势产业(如纺织服装、食品饮料)、高耗能产业(如非金属矿物质品、燃气)实现转型升级,促使广东制造业在原有优势基础上,逐渐转向服务型。

---

[1] 《服务业:香港与内地的共需》,《南方日报》2013年8月16日。

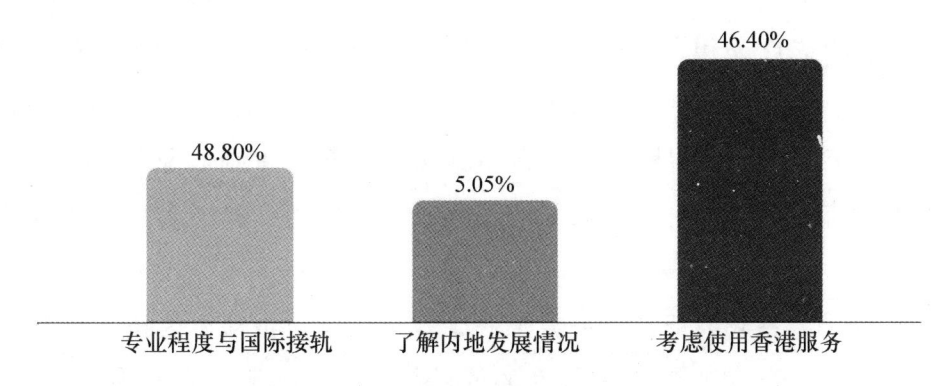

图 4-6　广东企业对香港服务业认可度

资料来源：根据广东省港澳办提供统计数据整理绘制。

(2)"广东服务"创新升级：数量增加、质量提升

《珠江三角洲地区改革发展规划纲要（2008—2020年）》指出："支持珠江三角洲地区与港澳地区在现代服务业领域的深度合作，重点发展金融业、会展业、物流业、信息服务业、科技服务业、商务服务业、外包服务业、文化创意产业、总部经济和旅游业，全面提升服务业发展水平。"《广东协议》自2015年3月1日实施以来很好地促进了现代服务要素在广东的集聚发展，加快了港澳现代服务业与广东省产业链的深度合作，高端服务业加快实现要素集聚发展。

数量增加。根据2015年广东省企业500强名单，制造业企业数量在500强企业中占比略有下降，从上年的53.6%下降到52.8%，服务业和流通业企业数占比46.4%，比上年提高了3.8%[①]。制造业基础仍然稳固，但现代服务业发展迅速，成为广东经济发展的重要推动力。

质量提升。2015年第三季度广东现代服务业增加值增长11.7%，比整体服务业高2.5%，占服务业比重为62.1%，成为推动区域产业转型升级的重要引擎。借鉴港澳服务业的成功经验，利用港澳先进的服务业管理理念、方法，打造服务业升级版——"服务业+"，让服务业融合广东的

---

① 《广东省企业500强：南方电网、平安保险、华润股份居前三》，和讯网，http：//insurance.hex。

优势产业,使第三产业带动第一、第二产业,使优势产业形成完整产品包。完整的"产品包"包括物品、服务、支持、自我服务和知识,并且服务在整个"包"中居于主导地位,是增加值的主要来源,产品包的形成提高传统优势产业的核心竞争力。例如"服务业+制造业",利用制造业优势,结合客户个性化需求,使产业形式从单纯产品或者服务供应商,向"综合性解决方案"供应商转变,减少对外依赖。

2. 促进广东服务业及相关产业投资规模增长,推动地区经济发展

据 2015 年 3 月 1 日至 8 月底的统计数据,香港服务业投资项目有以下特点。

项目投资规模较大。25 个港资新设项目投资总额达到 81.73 亿元人民币,合同外资达 41.74 亿元人民币,分别占同期总数的 92.03% 和 93.76%。同期 43 个澳门投资设立项目投资总额 7.08 亿元人民币,涉及合同外资 2.80 亿元人民币。

图 4-7 香港和澳门服务业在粤新设项目投资总额

资料来源:根据广东省港澳办提供统计数据整理绘制。

澳资
2.80

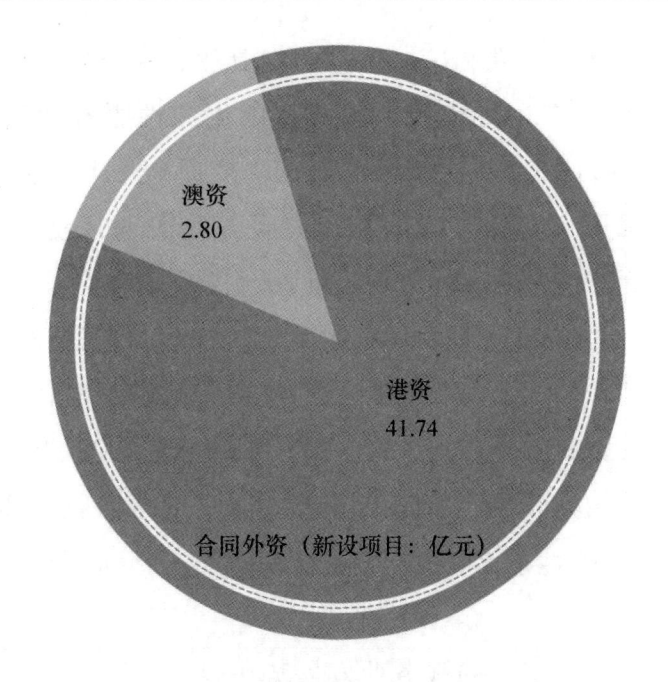

港资
41.74

合同外资（新设项目：亿元）

图 4-8　香港和澳门新设项目合同外资总额
资料来源：根据广东省港澳办提供统计数据整理绘制。

面临经济新常态，广东要实施创新驱动发展战略，加快发展现代服务业，优化产业结构，使服务业对经济增长的贡献加大。2015 年，广东在本地服务贸易优化升级和粤港澳服务贸易自由化驱动下，服务业及相关产业投资规模取得了有效增长，促进地区经济发展作用显现。

（1）以互联网为代表的新技术革命为服务业企业突破传统模式、发展新业态新模式提供了有力的支撑。

一是主导产业发展平稳。2015 年，广东规模以上服务业中三大主导行业运行平稳，交通运输仓储邮政业、信息传输软件和信息技术服务业、租赁和商务服务业分别实现营业收入 5741.6 亿元、3518.1 亿元和 2904.8 亿元，分别增长 8.7%、10.9% 和 14.8%，共同拉动规模以上服务业营业收入增长 8.6 个百分点，合计实现利润总额 2058.7 亿元，占全部规模以上服务业的九成，同比增长 12.8%[①]。

二是生产性服务业亮点突出。在一系列加快发展生产性服务业政策

---

① 数据来源：广州统计信息网。

的引领下,互联网、软件和信息技术、物流业、商务服务三新服务业快速发展。2015年,广东规模以上服务业中生产性服务业实现营业收入13145.0亿元,增长9.6%,增幅比前三季度提高1.1个百分点。其中,软件和信息技术服务业、互联网和相关服务业实现营业收入1379.6亿元和621.2亿元,分别增长17.6%和20.5%,增幅高于全省7.9个和10.8个百分点。供应链管理、国际物流、快递等行业快速发展,企业订单普遍增加,营业收入大幅增长,全年装卸搬运和运输代理、邮政业营业收入分别增长24.5%和21.0%,其中快递业增长22.8%。企业管理、咨询、广告业等快速发展,带动商务服务业实现营业收入2840.4亿元,增长14.3%。生产性服务业的较快发展成为稳定服务业增长的主要动力。

三是部分与民生相关的服务业发展势头良好。2015年,居民消费观念改变,消费层次不断提高,影视、娱乐、卫生等行业加快发展。全年电影放映业营业收入、利润分别增长37.6%和63.0%。娱乐业、卫生业营业收入分别增长17.5%和11.7%。绿色发展的理念得到深化,生态服务业发展呈现可喜势头,全年环境治理业营业收入增长44.4%,营业利润扭亏为盈。另外,受"二手房"政策放宽等影响,房地产中介市场明显升温,成交量大幅提高,全年营业收入增长48.0%,增幅居各行业首位;营业利润增长156.1%。

(2)分登记注册类型看,私营企业表现出色。在规模以上服务业中,内资企业占主体,单位数和营业收入分别占了全省的89.3%和84.2%。其中私营企业表现突出,实现营业收入3348.1亿元,增长13.8%,增幅居各经济类型首位;国有企业营业收入1581.1亿元,增长3.6%。

3. 推动广东形成特色优势示范服务业

据2015年3月1日至8月底的统计数据,香港项目投资行业以分销为主。25个港资新设项目中有11家从事批发零售业,其他分布在建设设计、管理咨询、广告、医学研发、建筑设计服务、工程顾问和咨询服务、物业管理等行业。澳门项目投资行业分布不详。

虽然香港新设项目中,其四大传统行业(金融、贸易及物流、旅游、工商业支援及专业服务）之一批发零售业占主导地位，但其他行业基本上都是其六大新兴行业（文化及创意、医疗、教育、创新科技、检测及认证和环保），对广东形成高端服务业具有推动作用。

广东省现代服务业联合会在2016年年初发布了广东省现代服务业"示范企业""示范品牌"名单并进行了表彰。广东在服务业长期发展过程中，也可以逐步培育形成自身的特色优势示范服务业，并带动其他相关服务业及相关产业的发展。目前，商务服务业、交通运输仓储邮政业、科学研究和技术服务业、房地产业、信息传输软件和信息技术服务业等生产性服务业都已经在广东形成了一定的规模，广东的优势服务产业已经有良好的发展基础。在粤港澳服务贸易自由化推动下，广东可以向从香港引进的先进服务业学习经验，借鉴成果，培育出广东自身的服务业品牌。

4. 引导广东服务业的均衡发展

服务业的均衡发展包含两个方面：一是行业的相对均衡发展，二是地域的相对均衡发展。

据2015年3月1日至8月底的统计数据，从备案部门地域分布来看，省商务厅办理2宗，广州市办理9宗、深圳市办理12宗、珠海市办理114宗。其中，港资备案项目以深圳居多，澳资备案项目以珠海居多。例如，深圳办理的12宗备案项目全部来自香港服务提供者投资，其中11宗为新设备案，涉及合同外资超过40亿元人民币。备案项目出现明显的就近投资，地域集中现象。备案项目与广东各自贸区的功能定位是否一致，值得关注。

根据《中国（广东）自由贸易试验区总体方案》规定，广东各自贸区的功能定位是不一样的。广州南沙新区片区重点发展航运物流、特色金融、国际商贸、高端制造等产业，建设以生产性服务业为主导的现代产业新高地和具有世界先进水平的综合服务枢纽。深圳前海蛇口片区重点发展金融、现代物流、信息服务、科技服务等战略性新兴服务业，建设我国金融业对外开放试验示范窗口、世界服务贸易重要基地和国际性枢纽港。珠海横琴新区片区重点发展旅游休闲健康、商务金融服务、文化科教和高新

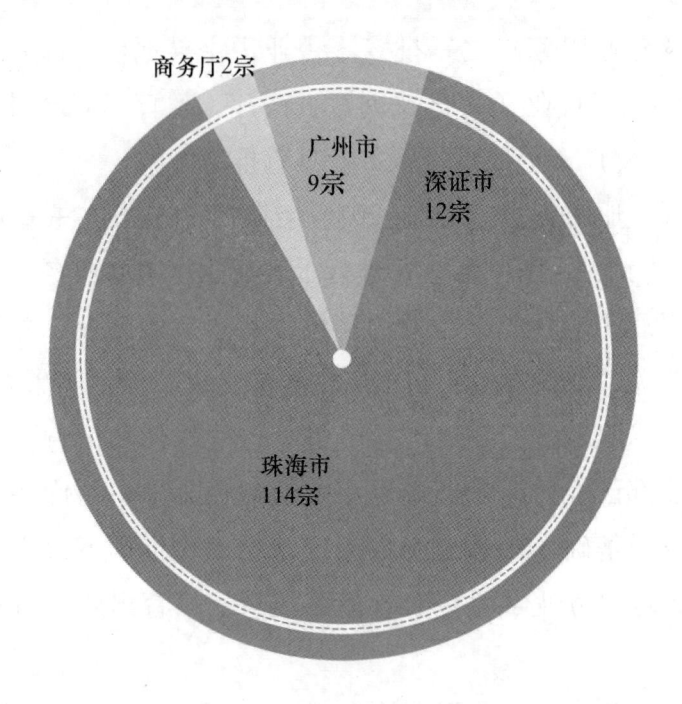

图 4-9　备案部门地域分布

资料来源：根据广东省港澳办提供统计数据整理绘制。

技术等产业，建设文化教育开放先导区和国际商务服务休闲旅游基地，打造促进澳门经济适度多元发展新载体。因此，引导港澳服务贸易项目在各功能片区形成与该片区功能定位相吻合的产业集聚效应，进而辐射周边地区，带动周边地区服务业和经济发展就可能充分发挥自贸区的经济效应，积累出可以在全省乃至全国推广的经验。

从全省来看，广东服务业的行业发展并不很均衡，地区发展更是有明显的差异，尽管区域差距近年来在缩小。图 4-10 显示的是广东第三产业发展情况，而服务业作为第三产业的重要内容包括其中，也很能说明问题。因此，粤港澳服务贸易自由化在自贸区先行先试的过程中，形成切实可行的方案，逐步推广至全省，缩小全省服务业发展的行业性、地区性差距，使全省服务业得到更为均衡的发展，进而更好地促进全省经济的均衡发展。

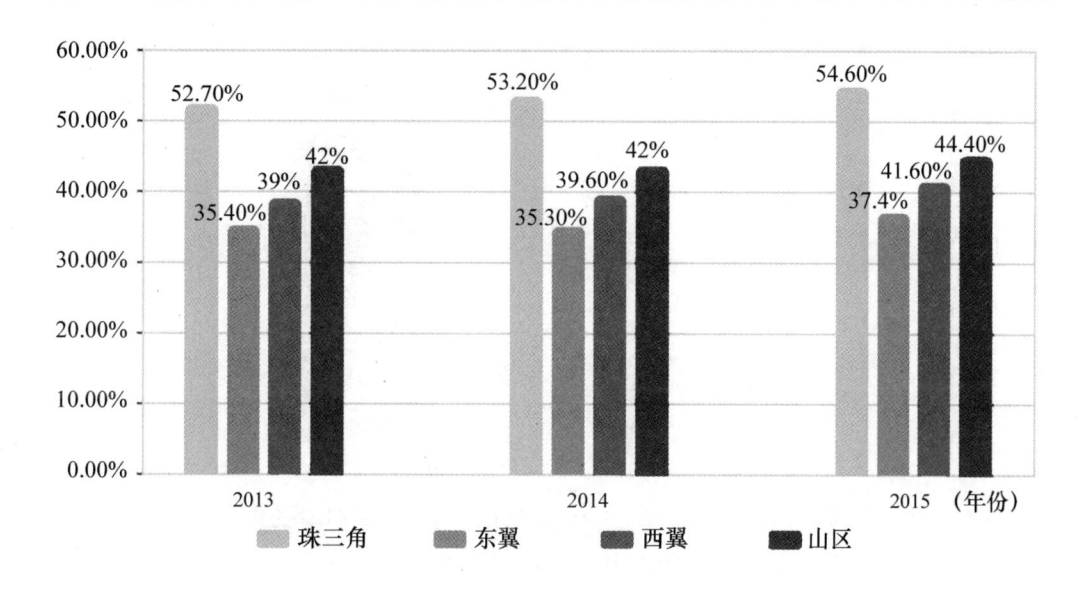

图 4-10　2013—2015 年广东省各地区第三产业比重①

资料来源：根据广东省统计信息网上相关数据整理绘制。

5. 实现粤—港、粤—澳服务贸易较快增长

2015 年广东省服务进出口达 1317.3 亿美元，同比增长 18%，出口 611.9 亿美元，进口 705.4 亿美元；其中粤港服务进出口 572.63 亿美元，同比增长 17.97%，占全省比重达 43.47%，香港仍为广东省最大的服务进出口目的地和进口来源地；粤澳服务进出口 25.95 亿美元，同比增长 11.47%，占全省服务进出口的 1.97%（张光南，2016）。

（1）广东与香港

广东省港澳办提供的 2015 年 1—10 月数据显示：广东为香港提供服务收入为 14210613480.18 美元，相比 2014 年，同期增长 5.39%；接受香港的服务支出为 10018197041.71 美元，相比 2014 年，同期增长 24.34%（张光南，2016）。见图 4-11。

---

① 注：珠三角指广州、深圳、佛山、珠海、东莞、中山、惠州、江门、肇庆；东翼是指汕头、潮州、揭阳、汕尾四个地级市，位于广东省东部沿海；西翼是指湛江、茂名、阳江三市；山区五市是指韶关、梅州、清远、河源和云浮。

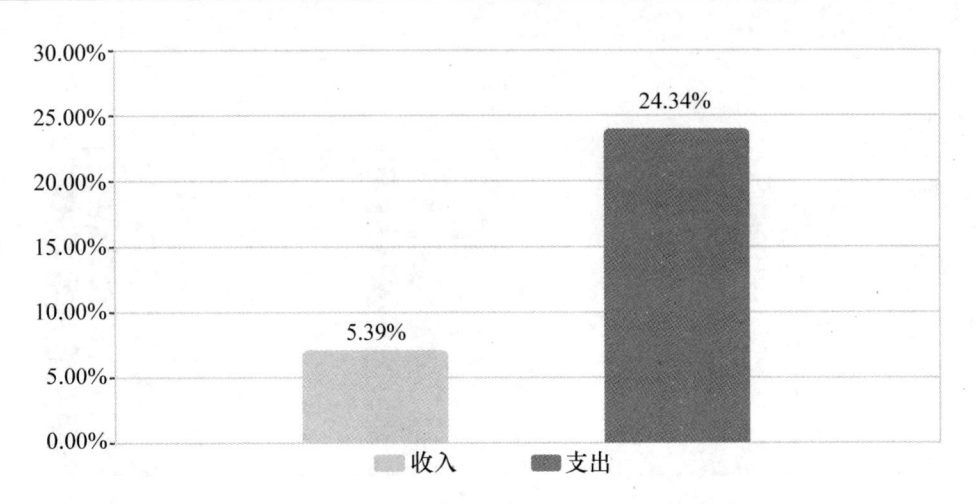

图 4-11 2015 年 1—10 月相比 2014 年同期增长率

资料来源：根据广东省统计信息网上相关数据整理绘制。

①广东为香港提供服务所得收入分析

2015 年 1—10 月，广东为香港提供服务所得收入约为 142.11 亿美元，增长主要集中在电信、计算机和信息服务，别处未涵盖的维护和维修服务，文化和娱乐服务，金融服务，保险服务等行业，增长最快的行业是电信、计算机和信息服务，其增长率高达 133.26%，而增长最慢的是其他商业服务，增速仅有 0.64%。见下图：

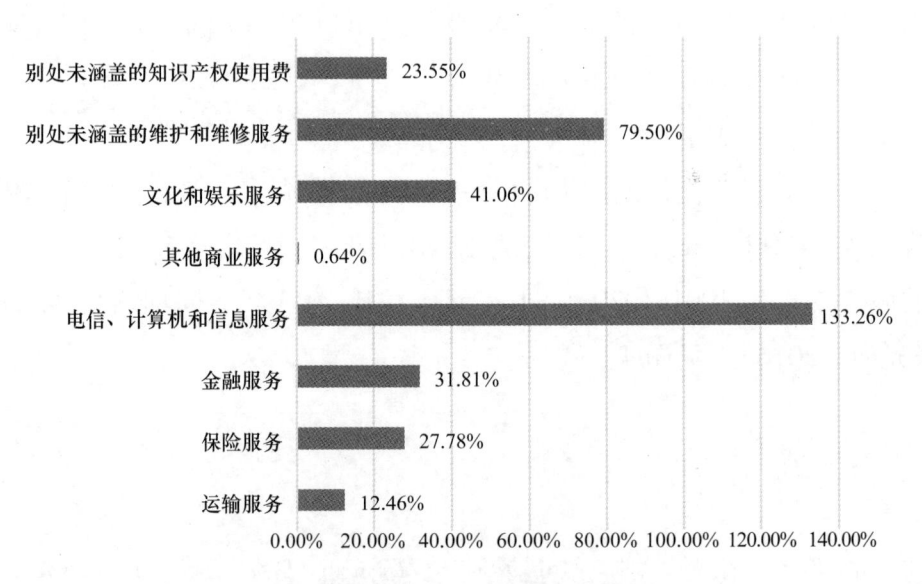

图 4-12 广东为香港提供服务收入增长行业分析

资料来源：根据广东省统计信息网上相关数据整理绘制。

然而，有一些行业也处于负增长状态，如建设、别处未涵盖的政府货物和服务、旅游的增长率为 -41.51%、-28.79%、-19.29%。广东为香港提供服务所得收入减少行业的情况，见下图：

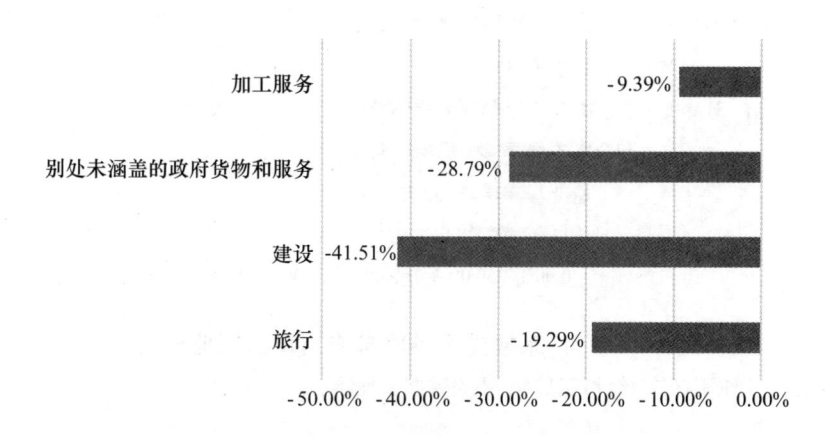

图 4-13　广东为香港提供服务收入减少行业分析

资料来源：根据广东省统计信息网上相关数据整理绘制。

相比 2014 年，2015 年广东为香港提供服务所得收入增加，则表示在服务贸易框架下，广东该行业有了较快的发展，不仅满足广东本身的需求，还继续为其他地区提供更多服务，如：电信、计算机和信息服务行业，其收入增长幅度高达约 1.3 倍。而出现负增长的行业，如建设行业，则表明广东为香港提供的该服务同期下降，其中的可能原因之一是区域间资源更合理的配置：由于服务贸易自由化，地区之间相互提供的服务趋于更加合理，各自倾向于提供自己擅长的服务，而建筑服务本身属于香港有竞争力的行业，广东为其提供服务收入将减少；可能的原因之二是香港接受了更多其他国家或地区提供的服务，减少了对广东服务的需求。

②广东接受香港提供的服务支出分析

2015 年 1—10 月，广东接受来自香港提供的服务支出约为 100.18 亿美元，增长主要集中在加工服务，电信、计算机和信息服务，别处未涵盖的政府货物和服务，保险服务等行业。增长最快的是加工服务，其增长率高达 277.94%，而增长最慢的是其他商业服务，增速为 8.09%。支出增长行业情况见下图：

```
加工服务                              277.94%
别处未涵盖的政府货物和服务    95.65%
别处未涵盖的知识产权使用费    53.90%
别处未涵盖的维护和维修服务    81.85%
其他商业服务                         8.09%
电信、计算机和信息服务          107.13%
保险服务                              87.34%
建设                                   52.95%
旅行                                   46.27%
```

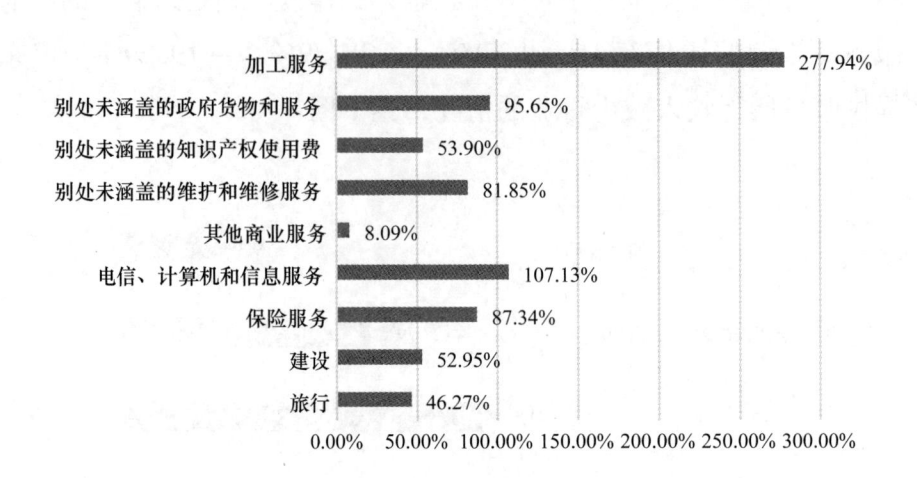

图 4-14　广东接受香港服务支出增加行业分析

资料来源：根据广东省统计信息网上相关数据整理绘制。

一些行业如金融服务、文化和娱乐服务支出出现负增长，金融服务支出下降 21.94%，文化和娱乐服务支出下降 18.07%。支出减少行业情况见下图：

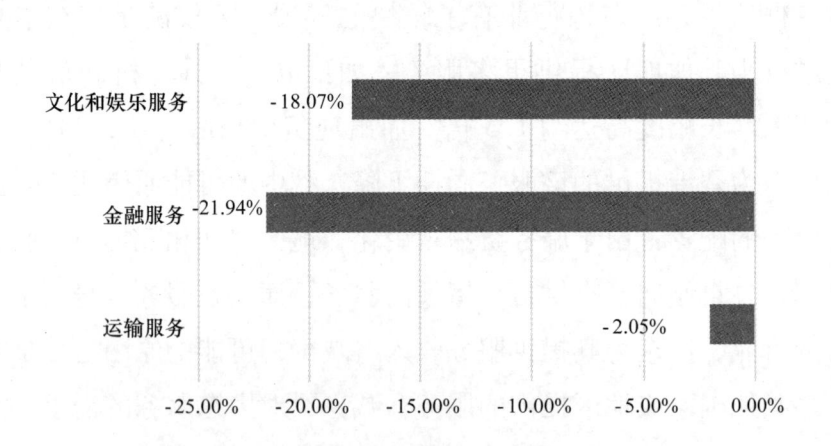

```
文化和娱乐服务   -18.07%
金融服务         -21.94%
运输服务         -2.05%
```

图 4-15　广东接受香港服务支出减少行业分析

资料来源：根据广东省统计信息网上相关数据整理绘制。

由上分析可知，广东金融服务、文化和娱乐服务、运输服务等行业在 2015 年发展较快，这些行业对香港的依赖度有所下降；而加工服务、保险服务等行业则更加多的在香港实现。

③广东与香港服务贸易收支差额情况分析

广东对香港服务贸易收支的总体情况：各服务贸易类别既有顺差，又有逆差，收支相抵后，总体仍为顺差。

从服务贸易数值的角度分析：总的来说，2015 年 1—10 月，广东对香港服务贸易产生总顺差 4，192，416，438.47 美元，服务贸易涵盖的 12 个子类别中有 7 类服务贸易产生顺差，5 类服务贸易产生逆差。顺差最大的前三个类别是：加工服务，其他商业服务，电信、计算机和信息服务。顺差值的相对比例见下表：

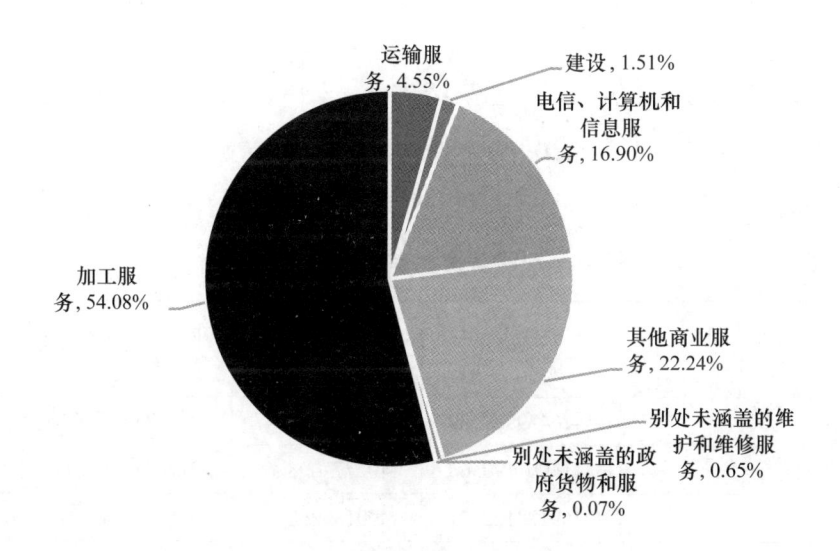

图 4 - 16　广东对香港服务贸易顺差值相对比例

资料来源：根据广东省统计信息网上相关数据整理绘制。

而逆差最大的前三个类别是：旅游、别处未涵盖的知识产权使用费、保险服务。逆差值的相对比例见下表：

从每个类别服务贸易差额同期变化率的角度分析：总的来说，2015 年 1—10 月，广东对香港服务贸易顺差的变化率为同期 - 22.74%，即同期下降 22.74 个百分点。其中运输服务由 2014 年 1—10 月逆差变为 2015 年同期顺差，增长 29.77 倍，广东从接受香港的运输服务转变为为香港提供运输服务；电信、计算机和信息服务顺差增大 1.39 倍，香港从广东接

文化和娱乐服务, 0.68%
别处未涵盖的知识产权使用费, 7.96%
金融服务, 1.44%
保险服务, 3.88%
旅行, 86.04%

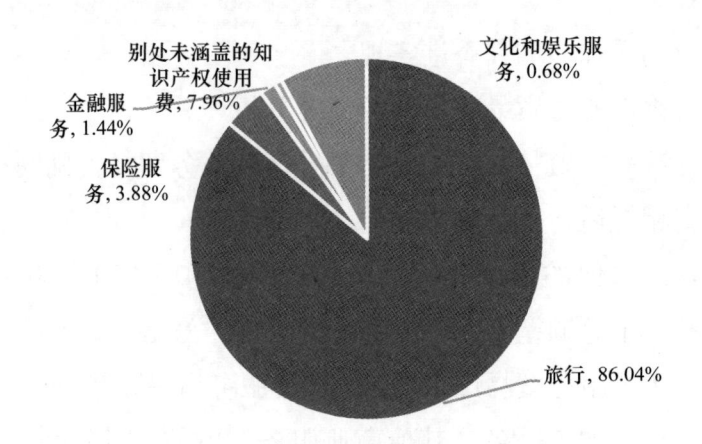

图 4-17　广东对香港服务贸易逆差值相对比例

资料来源：根据广东省统计信息网上相关数据整理绘制。

受了更多的该服务；保险服务逆差增大 3.62 倍，可见广东对香港保险服务有较大的依赖性。具体情况见下表：

表 4-1　　　　　　　每个类别服务贸易差额同斯变化率

项目 障碍	2014 年 1—10月顺差（元）	2015 年 1—10月顺差（元）	同期变化率	实际意义
服务贸易	5426439982.29	4192416438.47	-0.2274	顺差减少 22.74%
运输服务	-14001190.60	402777098.63	-29.7673	逆差变顺差
旅游	-2469122128.41	-400183260.82	0.6208	逆差增大 62.08%
建设	312295970.23	133516667.15	-0.5725	顺差减少 57.25%
保险服务	-39096319.55	-180552383.76	3.6181	逆差增大 361.81%
金融服务	-99346533.14	-66913280.79	-0.2594	逆差减少 25.94%
电信、计算机和信息服务	625506064.84	1494507623.00	1.3893	顺差增大 139.93%
其他商业服务	2047090474.17	1967247973.87	-0.0390	顺差减少 3.9%
文化和娱乐服务	-43978018.61	-31805249.43	-0.2768	逆差减少 27.68%
运输别处未涵盖的维护和维护服务服务	31866772.35	57104948.63	0.7920	顺差增大 79.2%
别处未涵盖的知识产权使用费	-226709711.64	-370169443.37	0.6328	逆差增大 63.28%
别处未涵盖的政府货物和服务	12180713.78	6034783.36	-0.5046	顺差减少 50.46%

续表

障碍 项目	2014年1—10月顺差（元）	2015年1—10月顺差（元）	同期变化率	实际意义
加工服务	5280753888.87	4782498962.00	-0.0944	顺差减少9.44%

资料来源：根据广东省统计信息网上相关数据整理绘制。

(2) 广东与澳门

广东省港澳办提供的数据显示：2015年1—10月，广东对澳门的服务收入为818，605，440.93美元，相比2014年，同期增长4.98%；支出为264，116，109.02美元，相比2014年，同期增长16.87%。见下图：

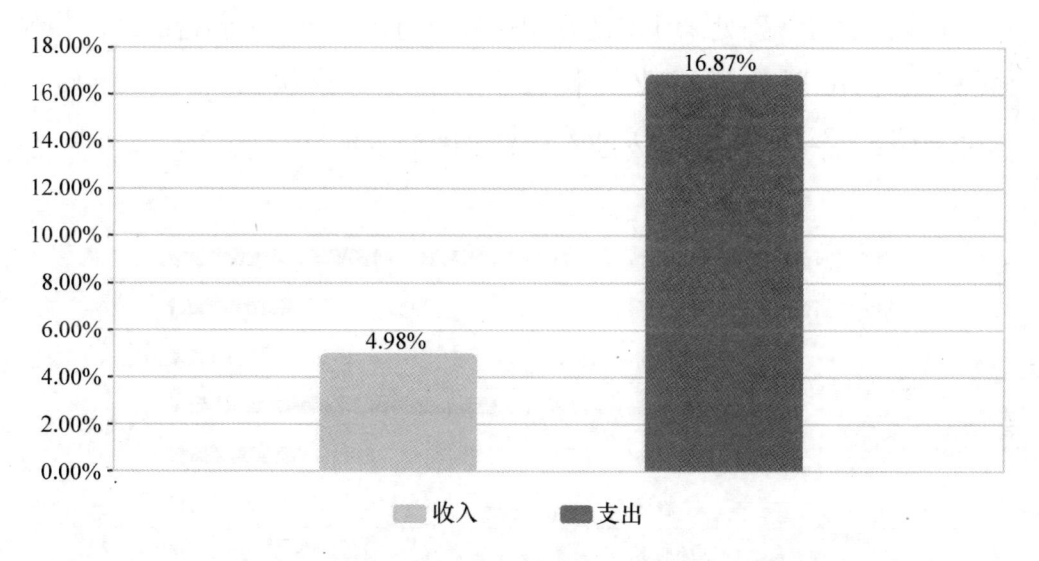

图4-18 2015年1—10月相比2014年同期增长率

资料来源：根据广东省统计信息网上相关数据整理绘制。

①广东对澳门提供服务所得收入分析

2015年1—10月，广东为澳门提供服务所得收入约为8.19亿美元，增长主要是文化和娱乐服务，电信、计算机和信息服务等行业，增长最快的文化和娱乐服务增长率为124.37%，增长最慢的为别处未涵盖的政府货物和服务，其增长率为11.62%。收入增长情况见下图：

```
加工服务          12.59%
别处未涵盖的政府货物和服务  11.62%
文化和娱乐服务              124.37%
电信、计算机和信息服务       93.86%
建设              22.21%
```

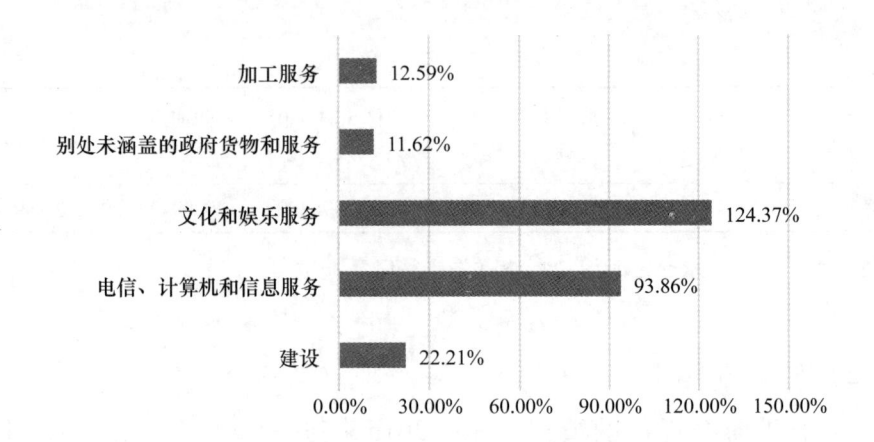

图 4-19　广东对澳门服务收入增长行业分析

资料来源：根据广东省统计信息网上相关数据整理绘制。

而金融服务、别处未涵盖的知识产权使用费、别处未涵盖的维护和维修服务、保险服务等行业的收入增长为负，依次为：-77.84%、-73.46%、-32.83%和-30.49%。见下图：

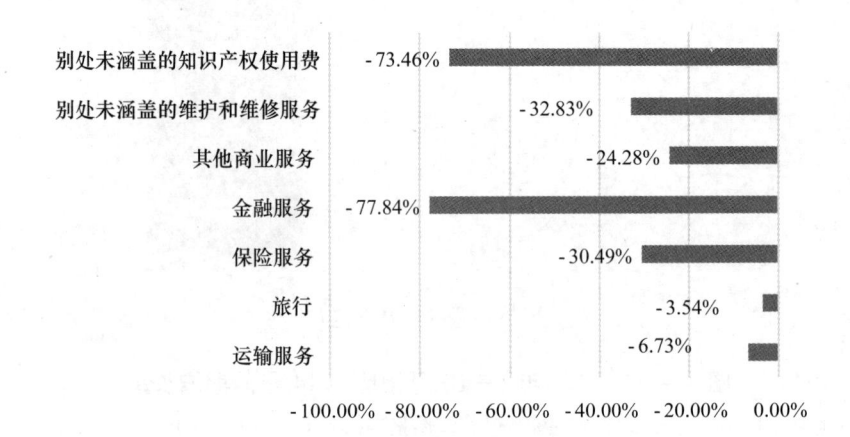

```
别处未涵盖的知识产权使用费  -73.46%
别处未涵盖的维护和维修服务  -32.83%
其他商业服务                -24.28%
金融服务          -77.84%
保险服务                    -30.49%
旅行                          -3.54%
运输服务                      -6.73%
```

图 4-20　广东对澳门服务收入减少行业分析

资料来源：根据广东省统计信息网上相关数据整理绘制。

由以上分析可知，在服务贸易自由化下，广东为澳门提供了更多的服务，如：文化和娱乐服务，电信、计算机和信息服务，这些服务本身是广东的优势行业，进一步的区域开放，使广东优势行业能够更多的惠及周边地区，如文化和娱乐服务一项，2015 年同期增长 1.2 倍。

②广东接受澳门服务支出分析

2015年1—10月,广东接受来自澳门提供的服务支出约为2.64亿美元,其中增长最快的依次为:保险服务,文化和娱乐服务,电信、计算机和信息服务等。增长最快的保险服务增长率为246.01%,增长最慢的别处未涵盖的政府货物和服务仅为1.85%。见下图:

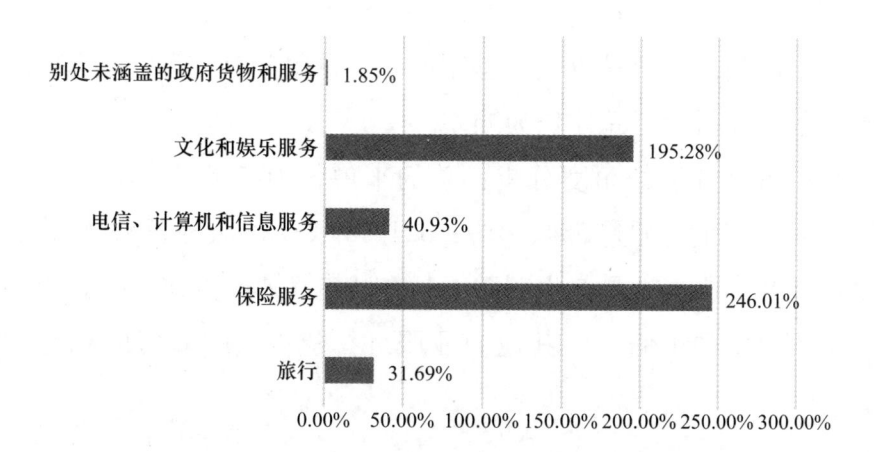

图4-21 广东对澳门服务支出增加行业分析

资料来源:根据广东省统计信息网上相关数据整理绘制。

广东接受澳门提供的服务支出减少行业包括:别处未涵盖的知识产权使用费、建设、运输服务等。支出减少最快的别处未涵盖的知识产权使用费增长率为-72.14%。见下图:

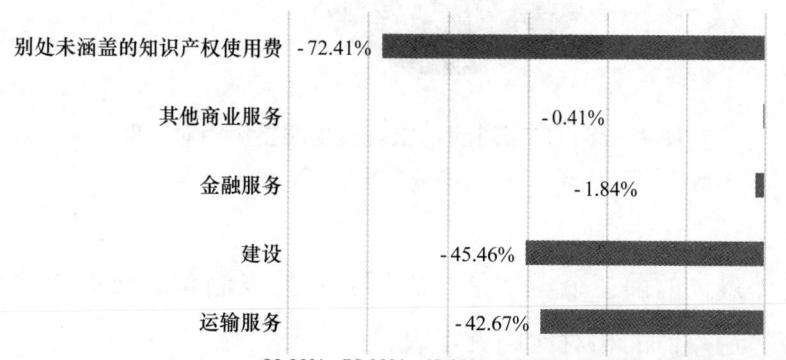

图4-22 广东对澳门服务支出减少行业分析

资料来源:根据广东省统计信息网上相关数据整理绘制。

对于文化和娱乐服务，广东为澳门提供此服务增长较快，而澳门为广东提供此服务增长也较快。由于澳门产业结构较为单一，出现这种结果也就较为合理：广东为澳门提供的文化和娱乐服务与澳门为广东提供的所含内容不同，所以才会出现两边都增加的现象。

③广东与澳门服务贸易收支差额情况分析

广东对澳门服务贸易收支的总体情况：各服务贸易类别既有顺差，又有逆差，收支相抵后，总体仍为顺差。

从服务贸易数值的角度分析：总的来说，2015年1—10月，广东对澳门服务贸易产生总顺差554，489，331.91美元，服务贸易涵盖的12个子类别中有8类服务贸易产生顺差，4类服务贸易产生逆差。顺差最大的前三个类别是：加工服务、其他商业服务、建设。顺差值的相对比例见下表：

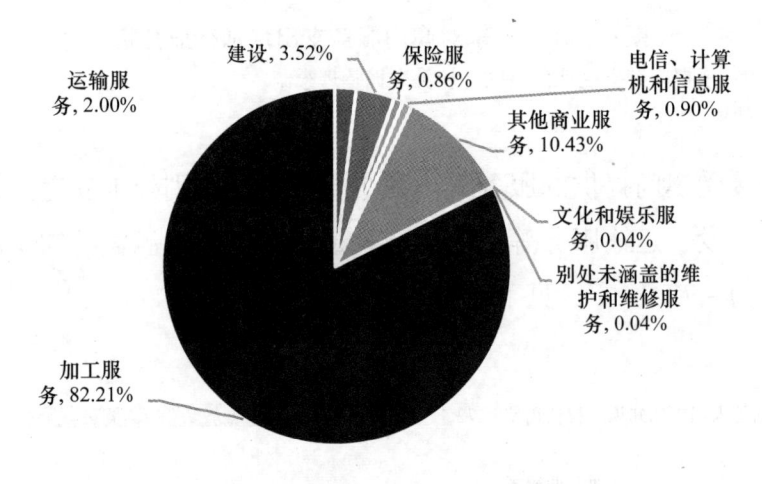

图4-23 广东对澳门服务贸易顺差值相对比例

资料来源：根据广东省统计信息网上相关数据整理绘制。

而逆差最大的前三个类别是：旅行、别处未涵盖的政府货物和服务、金融服务。逆差值的相对比例见下表：

别处未涵盖的政府货物和服务,12.72%

金融服务,0.97%

别处未涵盖的知识产权使用费,0.14%

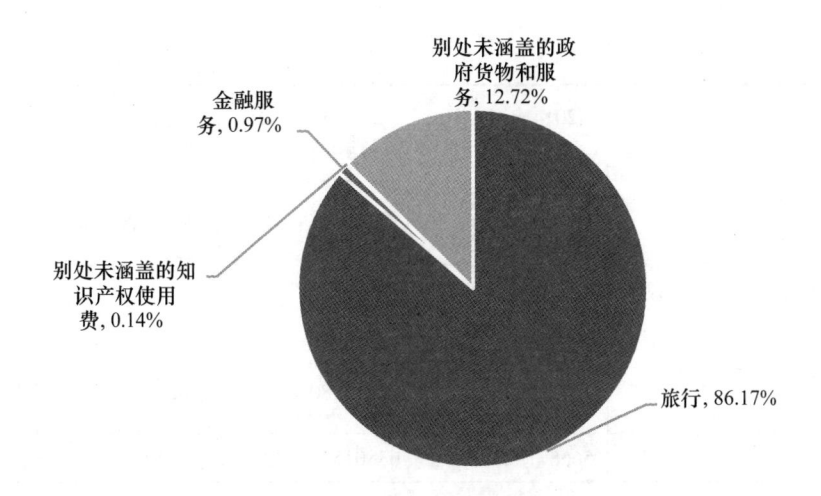

旅行,86.17%

图 4-24　广东对澳门服务贸易逆差值相对比例

资料来源：根据广东省统计信息网上相关数据整理绘制。

从每个类别服务贸易差额同期变化率的角度分析：总的来说，2015年1—10月，广东对澳门服务贸易顺差的变化率为同期0.13%，即同期增长0.13个百分点。其中电信、计算机和信息服务顺差增长约1.2倍，澳门从广东接受了更多的该服务；文化和娱乐服务顺差增长65.26%；而金融服务逆差增长约1.8倍，可见广东接受了澳门更多的金融服务。具体情况见下表：

表4-2　　　　　　　　广东对澳门服务贸易变化情况

项目 类别	2014年1—10月顺差（元）	2015年1—10月顺差（元）	同期变化率	实际意义
服务贸易	533778556.74	554489331.91	0.0013	顺差增长0.13%
运输服务	10623218.41	15533483.19	0.4622	顺差增长46.22%
旅游	-142592095.41	-190905834.89	0.3388	逆差增长33.88%
建设	21899675.79	27285407.60	0.2459	顺差减少35.01%
保险服务	10278610.02	6679614.41	-0.3501	顺差减少35.01%
金融服务	-770975.95	-2152236.18	1.7916	逆差增长179.16%
电信、计算机和信息服务	3173784.15	6974566.92	1.1976	顺差增长119.76%
其他商业服务	112574142.68	80931845.96	-0.2811	顺差减少28.11%
文化和娱乐服务	191409.00	316318.61	0.6526	顺差增长65.26%

续表

项目 类别	2014年1—10月顺差（元）	2015年1—10月顺差（元）	同期变化率	实际意义
运输别处未涵盖的维护和维护服务服务	456606.72	306715.57	-0.3283	顺差减少32.83%
别处未涵盖的知识产权使用费	-930195.76	-314001.66	-0.6624	逆差减少66.24%
别处未涵盖的政府货物和服务	-27799446.44	-28181805.94	0.0138	逆差增长1.38%
加工服务	566671823.53	638015258.32	0.1259	逆差增长12.59%

资料来源：根据广东省统计信息网上相关数据整理绘制。

可以发现，随着服务贸易自由化的实施，粤港澳的区域分工倾向于更加合理，由比较优势理论和现实数据可以得到此结论。粤港澳之间相互提供服务，使得各自本身的一些较弱行业得到发展，同时使原有的优势行业赢得更大市场。

（二）粤港澳服务贸易对港澳经济带动效应

1. 香港竞争力提升：带动支柱经济和新兴产业齐带动；超级"投资者、中介者、支援者"角色竞争力提升

香港特区行政长官梁振英表示，香港具有三大优势：一是香港和香港人在国际上十分受重视，因为香港是中国的一部分，国家国力日隆，香港水涨船高；二是香港长期以来，在国际社会建立了广阔的人脉关系和深厚的友谊；三是香港联系全中国的巨大功能。上述香港的三大优势至少有两大优势跟内地有关，而内地对香港的政策实施途径，主要通过广东实现，即服务贸易自由化、CEPA以及十个补充协议的成功签署实施。

"支柱经济、新兴产业齐带动"。香港在"一国两制"的优势下，抓住粤港服务贸易自由化机遇，针对"开放模式新，开放部门多，开放水平高"的自由贸易协议，整合自身优势，为香港社会的持续发展注入了新动力。通过集资融资平台、商贸物流促进平台、高端专业服务平台、多元旅游平台和新兴产业平台的建设，拉动金融、贸易物流、工商专业服务

和旅游业传统支柱产业的发展，利用内地（主要是广东）潜在的巨大市场，拓展自身产业范围，同时对新兴优势产业的发展也提供了强大的拉动作用。

超级"投资者、中介者、支援者"角色竞争力提升。香港拥有世界先进水平的基础设施建设、发达的服务业、稳健的金融体系和蓬勃的金融市场，信息、资金高度开放流通，国际化人才云集，企业税制简单且税率低。粤港服务贸易自由化的实施，进一步促进了香港集资融资平台、商贸物流促进平台、高端专业服务平台、多元旅游平台和新兴产业平台的建设，提升其超级投资者、中介者、支援者角色影响力，增强竞争力，助力中国尤其是广东"走出去"。

2. 促进澳门经济适度多元：产业发展空间扩大、"一中心一平台"建设初见成效

推动澳门经济适度多元化是澳门特区政府的重要工作，澳门特区政府2013年施政报告指出，"特区政府坚持全力推动经济适度多元发展"。

澳门产业发展空间扩大。自横琴新区开发上升为国家发展战略以来，深化粤澳经济合作、优化资源配置促使双方形成"合作开发横琴"模式，目前已初有成效，如横琴岛澳门大学新校区、粤澳合作中医药科技产业园、红旗村商业步行街、长隆国际海洋度假区等项目的合作实施，从一定水平上解决了澳门土地资源匮乏、人才紧缺和劳动力素质不高等经济发展瓶颈问题，为澳门实现产业多元化发展提供了全新的合作发展空间。未来，粤澳将加快推进中山翠亨与澳门共建"粤澳全面合作示范区"，研究推进澳门与江门大广海湾产业合作，适时启动实质性合作，为下一步澳门加强与粤西地区合作创造条件。

"一中心一平台"建设初见成效。澳门特别行政区行政长官崔世安施政报告表示："要抓住国家'十二五'规划和《珠江三角洲地区改革发展规划纲要》所提供的重大机遇，积极将澳门打造成世界休闲中心，建设中国与葡语国家商贸合作服务平台，主动参与区域合作，加快经济适度多元化步伐，促进区域和特区的共同发展。"2015年10月，特区政府设立"建设世界旅游休闲中心委员会"，由行政长官崔世安担任主席，标

志着澳门建设世界旅游休闲中心迈开了坚实的一步。同样在 2015 年 10 月,在"世界旅游经济论坛·澳门 2015"期间,世界旅游组织与澳门特区政府签署合作备忘录,于澳门建立"世界旅游教育及培训中心",提供教育及培训课程,合作开展旅游研究项目和提供技术实习就业机会。2015 年年底,中央确定澳门习惯水域范围,为澳门发展旅游业和实现产业多元化扩大了发展空间。在澳门建设"一中心一平台"过程中,粤澳优势互补,可互相促进。广东具有区位、资源、内地市场及政策优势,澳门具有资金、国际市场、服务体系、博彩旅游业、中葡双语人才等优势。两地共同发展休闲旅游业可实现优势互补,解决澳门空间不足的问题,承接澳门博彩旅游业带来的商业功能延伸,全面提升澳门经济的国际竞争力和可持续发展能力。澳门与各葡语国家联系紧密,粤澳两地共同合作打造中国与葡语国家商贸合作服务平台,将有利于中国与葡语国家利用各自在资金、技术、资源、市场等方面的优势,促进双方的经贸交流和合作,为内地企业"走出去"和"引进来"提供服务,加强双向投资合作。

(三)服务贸易自由化的国际经验:以北美自由贸易区为例

北美自由贸易区(North American Free Trade Area,NAFTA)成立于 1994 年 1 月 1 日,由美国、加拿大和墨西哥三国组成。NAFTA 采用列举"负面清单"方式来规定其适用的服务部门的范围,即如果一个服务部门没有被明确排除在协定调整范围之外,那么该服务部门就会自动适用。"负面清单"的服务贸易自由化制度安排方式使北美自由贸易区形成一个较为开放的服务贸易市场,在许多复杂和高度控制的服务部门取得了较大的自由化进展,其服务贸易市场的自由化程度超过了国际多边服务贸易谈判所能达到的程度。

1. 区域和双边服务贸易增长较快

NAFTA 生效前后(1994 年 1 月 1 日生效)美国、加拿大、墨西哥及整个区域集团区内服务贸易流量的变化情况见表 4-3、表 4-4。

表 4-3　　　　　　美国、加拿大、墨西哥服务贸易流量　　　（单位：亿美元）

年份 国别	1990	1994	1998	2002	2006
美国	410	469	566	712	984
加拿大	260	279	356	441	634
墨西哥	159	200	225	292	382
区域集团	829	947	1146	1445	2000

资料来源：根据相关资料整理绘制。

表 4-4　　　　　　　双边贸易流量的变动情况　　　　　（单位：亿美元）

年份 国别	1990	1994	1998	2002	2006
美—加	510	548	697	862	1236
美—墨	309	390	435	563	731
加—墨	9	9	14	21	32

资料来源：根据相关资料整理绘制。

1990 年，美国、加拿大和墨西哥间的服务贸易总额仅为 829 亿美元，1994 年，区内贸易额达到了 947 亿美元，稳步上升至 2006 年的 2000 亿美元，15 年间翻了两番。同时，三个成员国的区域服务贸易也得到不同程度的提高：美国对加拿大和墨西哥的跨境服务贸易额在 1990 年仅为 410 亿美元，NAFTA 生效当年上升为 469 亿美元，此后不断扩大，2006 年达到了 984 亿美元；加拿大和墨西哥的区内贸易额分别从 1994 年的 279 亿美元和 200 亿美元分别增至 2006 年的 634 亿美元和 382 亿美元。可见，区域服务贸易自由化不但扩大了整个自由贸易区内的跨境服务贸易，也提高了美国、加拿大和墨西哥的区内服务贸易流量。

区域服务贸易自由化也促进了双边服务贸易的发展。美加间的服务贸易额从 1994 年的 548 亿美元上升到 2006 年的 1236 亿美元，美墨的双边贸易也从 1994 年的 390 亿美元上升到了 2006 年的 731 亿美元。相比美加和美墨之间的贸易，加拿大和墨西哥间的双边服务贸易合作很少，2006 年也仅达到 32 亿美元，尽管如此，不可否认，NAFTA 对这两个成员国间的服务贸易具有很大的促进作用（纪小围，2009）。

2. 管理模式创新升级

（1）机构设置：独立、专业、灵活

北美自由贸易区的最高决策机构是自由贸易委员会，负责监督和实施北美自由贸易协定。自由贸易委员会下设 20 多个专门委员会、工作小组和其他辅助机构，以协调一致的运行方式负责日常工作和处理重要专题（宋志国，贾引狮，2012）。秘书处负责自由贸易委员会、专门委员会和工作小组的运营支持。另外，北美自由贸易区还设有劳工合作委员会、环境合作委员会、北美发展银行、咨询机构、仲裁法庭等[①]。

（2）运行机制：协商为主、尊重差异

北美自由贸易区的决策机制以协商一致为主，尊重成员国之间的发展差异，允许各成员国根据自身实际情况制定区域协调政策。[②]

（3）争端解决机制：全面、详细、完善

北美自由贸易区建立了比较全面的争端解决机制，涵盖成员国之间的一般争端、反倾销与反补贴争端、成员国与另一成员国投资者之间的投资争端、劳工问题争端、环境问题争端等。对于不同类型的争端，均设置了较为详细和完善的程序规则。

粤港澳服务贸易自由化面临问题：税收政策繁杂、配套措施不足、人才流动困难、法治环境不健全、法律性质不清晰、行政审批烦琐。

二 粤港澳服务贸易自由化面临问题：税收政策繁杂、配套措施不足、人才流动困难、法治环境不健全、法律性质不清晰、行政审批烦琐

如前文所述，根据对佛山地区的 137 家粤港澳服务贸易企业的问卷调

[①] 周文贵：《北美自由贸易区：特点、运行机制、借鉴与启示》，《国际经贸探索》2004 年第 1 期，第 17—18 页。

[②] 张光南等：《粤港澳服务贸易自由化："负面清单管理模式"》，中国社会科学出版社 2014 年版，第 303—304 页。

查，税收政策复杂、配套措施不足、人才流动困难、金融服务落后、法治环境不健全是调查对象普遍反映存在的问题①。

三 打造粤港澳深化合作"升级版"的战略方向

《广东协议》的先行先试促进了广东产业转型和经济结构调整，带动了港澳经济的发展，为全面实现内地与港澳服务贸易自由化积累了宝贵经

战略目标定位升级	1	确保广东在国家构建开放型经济新体制、推动新一轮对外开放的战略中继续走在前列
负面清单升级	2	从"基本版V1.0"升级为"豪华版2.0"
省级示范基地建设升级	3	深入推进粤港澳服务贸易自由化，吸引港澳高端服务业集聚发展
自贸试验区建设升级	4	创造经验、完善配套措施、全省推广
开放模式升级	5	从"服务贸易自由化"升级为"投资便利化"
市场准入标准升级	6	从"专门适用港澳"升级为面向全球的"国际标准"
区域经济合作层次升级	7	以与港澳深化合作为基础，建设高标准的全球"自由贸易区枢纽"
专业深度合作升级	8	从"支柱产业、大项目"拓展为共同培育支持"中小微企业"和"青年创意创业"
区域协调发展升级	9	从城市合作升级为建设"世界级竞争力城市群""粤港澳大湾区"和共同参与国家"一带一路"战略

图 4-25 深化合作"升级版"的战略方向

资料来源：根据相关资料整理绘制。

---

① 张光南、黎叶子、伍俐斌：《粤港澳服务贸易自由化"负面清单"管理的问题与对策》，《港澳研究》2016年第2期，第60—67页。

验，为内地扩大对港澳开放探索出一条新路。《十三五规划》明确提出："要提升港澳在国家经济发展和对外开放中的地位和功能，深化内地和港澳合作发展，支持港澳发展经济、改善民生、推进民主、促进和谐。加大内地对港澳开放力度，加快前海、南沙、横琴等粤港澳合作平台建设。加深内地同港澳在社会、民生、科技、文化、教育、环保等领域交流合作。"2015年11月27—28日，《内地与香港（澳门）CEPA服务贸易协议》分别在香港和澳门签署，标志着广东与港澳服务贸易自由化政策延伸到内地全境，内地全境与港澳经济合作进入了一个新的阶段。与此同时，也要清醒地认识到《广东协议》在实施过程中所产生的问题。未来，应深入贯彻党的《十三五规划建议》对粤港澳合作提出的新要求，把握内地与港澳实现服务贸易自由化的新契机，进一步深化粤港澳经济合作，打造粤港澳服务贸易自由化升级版，确保广东在国家新一轮改革开放战略中处于领先地位。

（一）战略目标定位升级：确保广东在国家构建开放型经济新体制、推动新一轮对外开放的战略中继续走在前列

国务院总理李克强在十二届全国人大二次会议上做政府工作报告时提出，要开创高水平对外开放新局面。构建开放型经济新体制，推动新一轮对外开放，倒逼深层次改革和结构调整，加快培育国际竞争新优势。

对外开放是我国的一项基本国策，广东一直是国家改革开放的先行地，对全国起着极强的示范作用。在新一轮对外开放战略中，仅是依靠经济发展不足以适应全新的国际形势，加之我国经济发展进入新常态，在增长速度、发展方式、经济结构、发展动力等方面呈现一系列新的趋势性变化，正在向形态更高级、分工更复杂、结构更合理的阶段演化[1]。转方式调结构大势已成，既有挑战，又隐含重大机遇。广东需结合紧邻港澳的优势，引进利用港澳先进经验，争取在机制改革、管理创新、服务优化等方面先行先试，牢牢把握机遇，增强战略自信，保持战略定力，认识、适应、引领新常态。同时须总结以往对外开放经验，复制成功案例，在国家

---

[1] 灵迪：《改革创新，开拓进取——代表审议政府工作报告侧记》，《人民之声》2015年2月15日。

构建开放型经济新体制、推动新一轮对外开放的战略中保持先行地的定位，做好先行地的工作，确保继续走在前列。

（二）"负面清单"升级：从"基本版V1.0"升级为"豪华版2.0"

粤港澳服务业合作广度随着CEPA开放领域逐年扩大，港澳资服务业进入广东的门槛逐年下降。截至2013年年底中央政府已与香港特别行政区政府签署十个CEPA补充协议，包括300多项实施措施、48个开放领域。总体上，专业领域服务的开放措施扩大，开放程度高，惠及会计、法律、咨询、研发、建筑设计、产品检验等领域。

以上问题形成了CEPA实施的预期效果与实际效果之间的差距。为差距缩小，一方面要升级"负面清单"管理模式至"豪华版2.0"，逐步推进管理模式的科学性、合理性、实用性、全面性；另一方面，需整合多方资源，听取相关机构、单位、企业意见，积极与国家相关职能部门沟通，从国家政策出发，争取更多优惠政策、更大开放力度、更大自主权在广东试验（张光南，2016）。

（三）省级示范基地建设升级：深入推进粤港澳服务贸易自由化，吸引港澳高端服务业集聚发展

粤港澳服务贸易自由化省级示范基地是指按照加快经济结构战略性调整和优先发展现代服务业的总体要求，在全面贯彻落实《广东协议》的基础上，集聚一定规模港澳服务贸易领域企业的广东省内重点区域。2015年10月27日省政府批复同意广州天河中央商务区等13个区域为首批省级示范基地。

省级示范基地对落实"准入前国民待遇加负面清单"管理模式、深化粤港澳合作、为广东争当全面深化改革排头兵具有重要意义。应充分利用各个省级示范基地的资源禀赋和发展特点，打造层次分明、各有侧重的对港澳服务贸易示范区域，发挥区域在信息集聚、要素集聚和资源集聚方面的示范引领作用，吸引港澳高端服务业集聚发展，进一步提高广东服务业开放水平，促进所在地区经济结构优化和产业转型升级，为实现广东"三个定位、两个率先"的总目标做出贡献。

（四）自贸试验区建设升级：创造经验、完善配套措施、全省推广

创造广东经验。广东自贸试验区在探索高标准规则体系、促进投资贸易便利化、加快政府职能转变、深化粤港澳合作以及聚集高端产业等方面，率先挖掘改革潜力，破解改革难题，推出了一系列改革举措。在投资贸易便利化、粤港澳深度合作、业务创新和事中事后监管等方面创造了广东经验。如下放省级管理权限，审批时间压缩了50%以上；实施"三证合一""一照一码"登记制度改革，企业从申请到拿到营业执照的时间由1个月变成3天；实施国际转运自助通关新模式，货物转驳时间由2天缩短为3小时；建立"放管治"一体跨境电商监管制度；设立粤港澳青年创业基地；允许在南沙、横琴注册成立并在区内实际经营或投资的企业，从港澳地区银行借入人民币资金；在前海发行全国首只符合国际惯例的公募REITs产品。广东自贸试验区在建设过程中的大胆创新为全国全面深化改革和扩大开放探索了新途径、积累了新经验。

完善自贸试验区配套措施。自贸试验区对外商投资实行准入前国民待遇加"负面清单"管理模式，结合CEPA的实施经验，制定自贸试验区总体方案的配套实施细则和管理办法，出台自贸试验区基本管理架构方案，对港澳投资者争取实施比上海自贸区更短的"负面清单"；发展国际仲裁、商事调解机制，完善国际法律服务体系；建立行政权责清单制度，建设市场准入统一平台和国际贸易"单一窗口"。

全省复制推广。现行自贸试验区地域范围较小，发展已有较大成效。2015年10月，广东自贸区公布首批60条创新经验，下一步需复制自贸试验区成功经验，选择有实力、基础较好的其他地区进行自贸试验区延展，进行省内推广，逐步扩大服务贸易等开放政策对区域经济发展的辐射带动效应，不断总结经验，弥补不足，将完善、成功的自贸试验区建设方案推广至全省。

（五）开放模式升级：从"服务贸易自由化"升级为"投资便利化"

从"服务贸易自由化"到"投资便利化"的升级，在办理程序、权

限上做到了与内地无差异（协议中规定的需核准项目除外），这将简化港澳资企业的入驻流程、手续，大大激发港澳资企业的投资热情，为业界带来实质的商机。服务贸易涉及更多的是物品、服务的买卖，在此基础上，由于三地合作交流的频率加快、范围扩大，内地需求旺盛的需求市场、优惠的企业入驻条件使港澳资企业突破发展限制，在政策上需要实现经济深度融合合作，即需要将"服务贸易自由化"升级为"投资便利化"，赢得新一轮发展机遇；港澳服务业界不仅大力发展在内地（特别是在广东省）的业务，同时亦积极为国家及广东省推动服务业发展和落实"一带一路"倡议做出贡献，发挥香港作为"超级联系人"的角色，发挥澳门的中葡商贸合作服务平台作用，为广东吸收外商投资，以及协助广东企业对外投资合作"走出去"开拓世界市场。

（六）市场准入标准升级：从"专门适用港澳"升级为面向全球的"国际标准"

CEPA 的实施对象是内地与港澳，目标是逐步取消货物贸易的关税和非关税壁垒，逐步实现服务贸易自由化，促进贸易投资便利化，提高内地与香港、澳门之间的经贸合作水平。从本质上来说，协议具有针对性，在市场准入方面仅是针对港澳，这也是协议实施以来一直遵循的原则。内地与港澳共同推进实现 CEPA 目标的过程中，根据循序渐进的原则，建立了多种制度安排、创新了多种合作模式，宽领域、深层次的合作打下了三地稳定、逐步实现贸易自由化的基础。在总结经验的基础上，秉持逐步推进的原则，可将成功的案例复制、推广到广东与非港澳地区的交流合作中去，例如开展与东盟等国际经济区域和新兴市场多层次、多方式、多领域的合作，构建多元化的国际经贸合作格局，逐步建立面向全球开放的"国际标准"（张光南，2016）。

（七）区域经济合作层次升级：以与港澳深化合作为基础，建设高标准的全球"自由贸易区枢纽"

推进与港澳更紧密合作。本着互惠互补的原则，加强与港澳的协调合作,充分发挥彼此的优势,(1)加强粤港澳基础设施互联互通,在交通、信息、能源基础网络、城市供水等方面,推进重大基础设施对接;(2)充分发挥企业作为市场主体的作用,全力支持珠江三角洲地区的港澳资加工贸易企业延伸产业链条,向现代服务业和先进制造业发展,实现转型升级,加强产业合作;(3)着力打造粤港澳优质生活圈,便利港澳服务专业人士来粤工作和生活,优化通关政策,在教育、医疗、社会保障、文化、应急管理等方面深化合作;(4)推进合作机制和内容创新,加强与港澳协调沟通,争取中央有关部委的支持,扩大粤港澳三地合作事宜进行自主协商的范围。

配合国家实施"一带一路"倡议,建设区域产能合作典范的"自贸试验区枢纽"。"一带一路"贯穿亚欧非大陆,一头是活跃的东亚经济圈,一头是发达的欧洲经济圈,中间广大腹地国家经济发展潜力巨大。重点打造粤港澳成为"一带一路"全球自贸试验区网络枢纽,开展与新兴市场及国际其他经济区域多层次、多方式、多领域合作,与有关机构建立对话协调机制和友好省州、城市关系,利用粤港澳枢纽带,强化广东作为内地对外开放窗口的作用,加强中国与全球的区域经济合作,将中国市场推向全球的同时,推动更高层次的对外开放与交流。

(八)产业深度合作升级:从"支柱产业、大项目"拓展为共同培育支持"中小微企业"和"青年创意创业"

大力支持"中小微企业"发展。三地产业合作之初,考虑到资本、影响度、带动作用等多方面风险因素,合作企业对象一般为当地支柱型产业、大项目,这些对象不仅有资本保证,其社会影响力也是巨大的,一旦获得成功,对于当地其他产业具有很强的带动作用。随着合作的深入,为进一步激发"大众创业、万众创新"活动,促进大中小微企业协调发展,根据《广东省支持小微企业稳定发展的若干政策措施》,鼓励大型骨干企业定期发布履行社会责任报告,公布与供应商(配套小微企业)协调发展等情况;支持大企业建设基于云技术的加工中心,为初创期小微企业开发试验产品提供支撑;支持大企业利用自有技术、专利创办小微企业,支持创业人员通过受让大企业技术、专利等创办小微企业①。同时在政策上，深入落实国家税收优惠政策、进一步清理压减涉企收费项目、减轻用工费用负担、规范行政检查行为、完善服务体系，切实减轻企业负担，完善企业成长环境。

帮助"青年创意创业"。青年创意创业涵盖动漫、游戏、软件、工艺、设计、音乐等促进文化与社会多元发展领域。CEPA实施后，加快了三地的沟通交流频率，思想的面对面交流，促进思想的融合进入前所未有的深度，尤其是青年群体，思维活跃、适应力强，不再局限于当地的范围，面对庞大的三地市场，利用国家的开放政策，创意创业更容易实现。当一系列的配套制度如知识产权保护、创业扶持等得到实施，三地的人才聚集可以形成更加强大的创意创业能力，为将中国智造推向国际市场，赢得国际市场取得先机。

（九）区域协调发展升级：从"城市合作"升级为建设"世界级竞争力城市群""粤港澳大湾区"和共同参与国家"一带一路"倡议

打造"世界级竞争力城市群"。随着粤港澳跨境基础设施的对接与完善，粤港澳三地合作进一步融合，大珠三角地区形成了实力强大、功能互补、辐射广泛的城市群。继续深化合作，促进粤东中西部地区优势互补、良性互动、协调发展，将泛珠江三角洲区域合作纳入全国区域协调发展总体战略，加强指导协调，不断完善合作机制和合作规划，创新合作模式，探索设立合作项目专责小组等方式，确保合作取得实效（彭少斌，2010）。推进以下五个方面的内容，形成具有世界级竞争力的城市群：（1）促进资金、技术、人才、信息、资源等要素的便捷流动，推进产业区域合作；（2）开展科技、人才、知识产权保护、旅游等方面的合作；（3）建设区域技术、人力资源、无障碍旅游区等合作平台；（4）加快信息基础设施建设，推动电子商务合作；（5）主动消除行政壁垒，建立企业信用信息共享机制、联合执法机制、维权联动机制和检测结果互认制度，支持加快形成公平开放、规范统一的大市场（汤静婷，2010）。

---

① 广东省人民政府办公厅：《广东省人民政府办公厅关于印发广东省支持小微企业稳定发展若干政策措施的通知》，2015年7月28日。

"粤港澳大湾区"与"一带一路"。2015年4月,打造粤港澳大湾区被正式写进国家《推动共建丝绸之路经济带和21世纪海上丝绸之路的愿景与行动》,当中要求"充分发挥深圳前海、广州南沙、珠海横琴、福建平潭等开放合作区作用,深化与港澳台合作,打造粤港澳大湾区"。粤港澳大湾区不仅对于粤港澳三地来说是一个机遇,也是整个国家"一带一路"倡议的排头兵和主力军。

四 粤港澳合作发展的政策建议

中共十八届五中全会提出了"创新、协调、绿色、开放、共享"五大发展理念,打造粤港澳合作"升级版",应以此为指导思想,扎实稳步

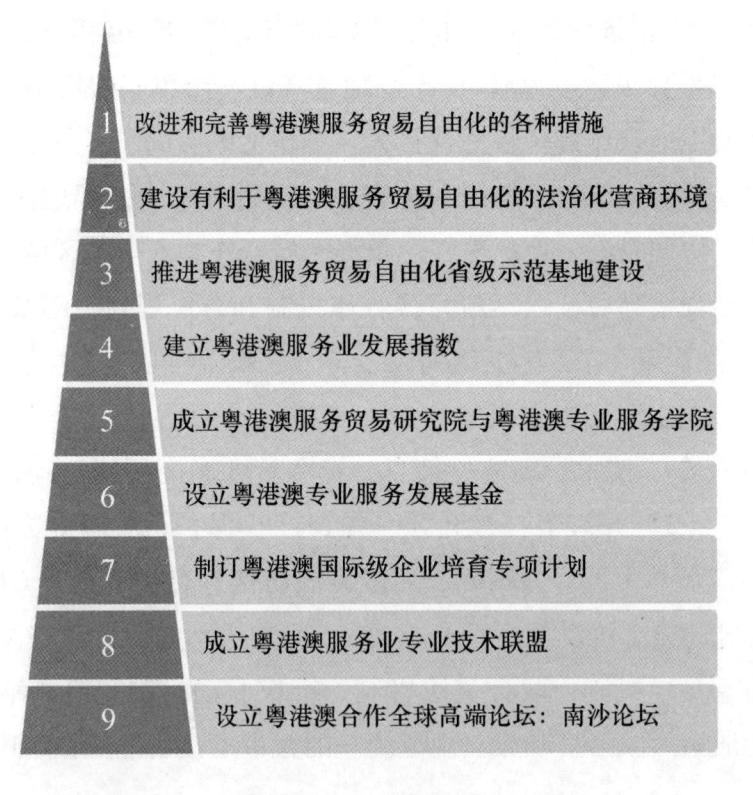

1	改进和完善粤港澳服务贸易自由化的各种措施
2	建设有利于粤港澳服务贸易自由化的法治化营商环境
3	推进粤港澳服务贸易自由化省级示范基地建设
4	建立粤港澳服务业发展指数
5	成立粤港澳服务贸易研究院与粤港澳专业服务学院
6	设立粤港澳专业服务发展基金
7	制订粤港澳国际级企业培育专项计划
8	成立粤港澳服务业专业技术联盟
9	设立粤港澳合作全球高端论坛:南沙论坛

图4-26 粤港澳合作发展策略的政策建议

资料来源:根据相关资料整理绘制。

推进。《十三五规划纲要》明确提出要深化内地与港澳合作,特别是在金融、民生、文化、教育、环保等领域的交流合作。广东应以此为契机,扩大对港澳开放力度,深化粤港澳合作,进一步促进粤港澳服务贸易自由化。

(一) 改进和完善粤港澳服务贸易自由化的各项措施

根据问卷调查反映的结果,经营成本高、社会服务不完善、人才短缺、金融服务落后等是影响粤港澳服务贸易自由化顺利推进的主要问题。针对这些问题,应加强租金市场管理,控制服务业企业经营场所的租金过快增长。优化市政建设,在水、电、气等方面给予粤港澳服务业企业充分保障。降低入户门槛,留住技能人才。推动粤港澳社会保障可携带性政策先行先试,引进港澳专业人才入粤发展。可通过财政补贴方式促进职业培训发展。学习港澳金融业发展经验,推动金融创新,促进融资便利。

(二) 建设有利于粤港澳服务贸易自由化的法治化营商环境

法治化营商环境是实现粤港澳服务贸易自由化的重要保障,但根据问卷调查发现,缺乏法治保障是粤港澳服务业企业集中反映的突出问题。为此,对于广东省具有税收立法权的领域,可通过地方立法的方式,明确税制,合理确定税率,严控向企业征收非税收性费用。加强知识产权保护,工商部门应严厉打击侵犯知识产权的各种行为,设立知识产权保护热线。规范专利申请服务市场。

(三) 推进粤港澳服务贸易自由化省级示范基地建设

粤港澳服务贸易自由化省级示范基地是下一阶段深度推进粤港澳服务贸易自由化工作的重要抓手和新时期深化粤港澳合作的新载体。

为建设好省级示范基地,省港澳办应加强对各基地的业务指导,争取国家和广东省市对基地的政策支持,搭建合作平台,如支持基地内企业参与港澳及内地的服务贸易展会,利用粤港澳合作促进会等平台举办论坛和推介活动,加强与港澳商协会的沟通联系,建立与企业家的沟通机制,建立省级示范基地联席会议机制，利用网站、报纸等媒体加强宣传推广等。

各基地应完善工作机制，明确牵头部门和配合部门及工作职责。应突出区域特色，发挥比较优势，实行错位良性发展。引进和打造一批业务突出、竞争力强的粤港澳服务贸易企业。简政放权，打造法治化营商环境。推动优质生活圈建设，在基地内构建良好的生活居住环境。

（四）建立粤港澳服务业发展指数

服务业发展指数是评价、监测和推动服务业健康、合理发展的重要工具，现行说明服务业发展状况的方法一般是服务业发展规模、分类、增长等描述性分析，表现为零散、不系统、难以比较等特征。自由贸易区建设作为国家战略，要推向全国、面向世界，需要一套切实可行、全球认可、可横向比较的评价指标，有助于我们准确了解优势与不足。同时，通行的国际标准有助于在这方面快速实现国际化，提高国际化水平。

服务业发展指数可通过服务业发展基础、成长能力、可持续性和社会贡献度四个维度以及数十个指标来描述、分析一个地方服务业的发展状况和特征。其使用和发展应遵循以下循序渐进原则：第一步是建立适用于粤港澳三地服务业发展情况的指数，在描述性分析的基础上，通过指数进一步认识示范区建设水平；第二步是全国推广，全国范围内的自贸区均应采用适合当地的发展指数体系，这有利于进行国内的横向比较，更重要的是发挥优势、弥补不足；第三步是与国际通行的发展指数体系接轨，吸入国际标准，融合国内指数体系，建立全球认可的评价指标体系，便于进行全球的横向比较，形成先进经验全球共享的共同发展局面。

（五）成立粤港澳服务贸易研究院与粤港澳专业服务学院

粤港澳服务贸易自由化，其重要的意义、成果已经体现于两岸三地经济、生活的各个方面，对于国家下一步制定政策规划也有极强的参考价值。但是，对于国外企业、机构，甚至是国内企业、机构，想要了解粤港澳合作发展最新状况、寻找投资机会，了解相关政策制度、手续流程却不够方便，对其专业性的研究报告、论文也主要集中于少数大学。鉴于粤港澳服务贸易自由化影响巨大、示范性强，建议三地联合成立粤港澳服务贸易研究院与粤港澳专业服务学院，培育更加专业、更加严谨、更加正规、更加适合的专业人才，服务于粤港澳乃至珠三角、泛珠三角的理论、实践研究，服务于全球有兴趣的企业、机构，更好地提高示范区国际化、专业化程度，赢得全球认同。因此，建议成立"粤港澳服务贸易研究院与粤港澳专业服务学院"。

（六）设立粤港澳专业服务发展基金

粤港澳三地的大力推动，服务贸易自由化政策的逐步落实，使粤港澳三地服务贸易往来日益频繁。三方的服务贸易互动呈现涉及面广、专业性强、参与度快速提高等特点，本身已有健康、稳健的成长之势。为了更好地落实服务贸易自由化政策，激发更多服务机构参与，体现政府对三地自由贸易的支持，可设立粤港澳专业服务发展基金。该基金来源可来自国家财政、三地政府税收、服务业相关组织。该基金的设立，主要为了实现以下目标：（1）引导作用。基金的使用范围应有明确的界定，使基金发挥资源流向引导作用，资源流向应符合粤港澳三地需求，符合国家宏观政策要求。（2）改善作用。改善粤港澳三地服务业发展环境，激发各类社会资本对服务业更大的投入。（3）培育信息中介。遵循高效、适当原则，建立信息中介对接匹配服务业的需求与供给，拓宽服务业信息渠道。

（七）制订粤港澳国际级企业培育专项计划

粤港澳三地的自由开放，最初表现为三地的互相投资、互为市场。但随着全球经济形势的不断变化，三地本身的经济、制度发展，这种初始的开放模式已经无法适应全新的市场环境，面临的挑战也越来越巨大。加快"走出去"成为广东乃至国家的重要发展目标。国际市场环境复杂，需要做足充分的准备，才能参与国际市场的分工。粤港澳三地作为全国开放度较高的区域，在迎接国际挑战方面具备一定的优势，结合逐步推进的思路，需要首先培育一批拥有国际标准的企业，即制定粤港澳国际级企业培育专项，优先代表示范区的建设成果参与国际市场分工，也为示范区内以及国内的其他企业提供良好的示范作用。因此,需制订"粤港澳国际级企业培育专项"计划。

(八) 成立粤港澳服务业专业技术联盟

习近平同志明确指出:"要牢牢把握国际通行规则,大胆闯、大胆试、自主改,尽快形成一批可复制、可推广的新制度,加快在促进投资贸易便利、监管高效便捷、法制环境规范等方面先试出首批管用、有效的成果。"这种可复制、可推广的新制度的快速形成,需要有专门的机构研究总结、复制推广。成立"粤港澳服务业专业技术联盟",抓住"技术"这个关键要素,形成核心竞争力,是在全国推广示范经验的坚实基础。粤港澳服务业专业技术联盟,将汇集全球先进的理念,了解、学习、掌握先进技术,服务于粤港澳,协助"中国制造"向"中国智造"的转化。因此,"需成立粤港澳服务业专业技术联盟"。

(九) 设立粤港澳合作全球高端论坛:南沙论坛

粤港澳服务贸易自由化,不仅涉及粤港澳三地,其示范区的定位,将对全国、周边国家、全球在经济、政策、文化等领域产生重大影响,成功的示范区经验有助于提高中国国际地位、国际影响。"粤港澳合作全球高端论坛:南沙论坛",将立足粤港澳区域、面向全球、定位高端,汇集三地及全球业内人士,提供专业化的意见及建议,全方位协助示范区稳步成型、合理发展。同时,专业化的培养,有助于示范区更加规范、平稳的成长,全球业内人士的交流,从一定程度上也顺应了经济全球化的大趋势。因此,需设立"粤港澳合作全球高端论坛:南沙论坛"。

参考文献:

[1] 陈恩:《CEPA下内地与香港服务业合作的问题与对策》,《国际经贸探索》2006年第1期。

[2] 古国耀:《北美自由贸易区首期成效及前景浅析》,《暨南学报》2000年第2期。

［3］广东省人民政府办公厅：《广东省人民政府办公厅关于印发广东省支持小微企业稳定发展若干政策措施的通知》，2015年7月28日。

［4］广东省发展和改革委员会：《广东省服务业发展"十二五"规划》，2013年9月。

［5］广东省港澳办：《服务业对香港扩大开放在广东先行先试政策安排（2008—2013）》。

［6］《广东省企业500强：南方电网、平安保险、华润股份居前三》，和讯网，http：//insurance.hex。

［7］国家发展和改革委员会：《珠江三角洲地区改革发展规划纲要（2008—2020）》。

［8］灵迪：《改革创新，开拓进取——代表审议政府工作报告侧记》，《人民之声》2015年2月15日。

［9］南方日报：《服务业：香港与内地的共需》，2013年8月16日。

［10］纪小围：《北美自由贸易区服务贸易自由化的贸易效应研究》，厦门大学，2009年。

［11］彭少斌：《珠三角一体化研究》，暨南大学，2010年。

［12］舒波：《北美自由贸易区成效分析及利益比较》，《世界经济研究》2004年第7期。

［13］宋志国、贾引狮：《中国—东盟知识产权保护与合作机制研究》，《知识产权》2012年第4期，第97—100页。

［14］汤静婷：《珠江三角洲地区的人力资本投资研究》，吉林大学，2010年。

［15］张光南：《佛山打造"粤港澳合作高端服务示范区"战略研究》。

［16］张光南：《广州天河CBD培育"粤港澳服务贸易自由化示范平台"：经验、问题和对策》。

［17］张光南：《粤港澳服务贸易自由化：负面清单管理模式》，中国社会科学出版社。

［18］张光南：《粤港澳服务贸易自由化："负面清单"实施与政府管理创新》，2016年。

第五章

穗港澳服务贸易创新发展研究[*]

谭 颖 张光南 陈兆凌

一 创新成就与发展格局

穗港澳三地服务业发展各具优势，服务贸易合作能促进三地产业优势互补。港澳在创意设计、市场营销、品牌培养、金融服务和物流管理等诸多领域具有较强的国际竞争力。广州的商贸服务、物流运输等传统服务业发展优势明显，同时，依托庞大的制造业基础，以专业市场和电子商务服务为特色的新兴服务业发展迅猛，例如融资租赁、跨境电商等。穗港澳服务贸易推动三地产业发展，港澳为广州企业提供可靠的品牌发展、市场营销等专业服务，推动企业转型升级，完善现代服务业体系。

广州结合地理区位优势，以开展国家服务贸易创新发展试点为突破口，发挥南沙（国家级）自由贸易试验区和广州天河中央商务区、广州琶洲国际会展中心区两个省级粤港澳服务贸易自由化示范基地的平台优势，联合港澳在航运服务、商贸服务、专业服务、金融产业、公共服务和信息通信方面推进改革创新，取得了明显的成效。

第一，服务贸易快速发展，业务规模不断扩大。2015 年广州市服务贸易总额 291.72 亿美元，增长 14.53%[①]，2016 年 1—11 月广州市服务贸

---

[*] 本章内容为广州市人民政府外事办公室"穗港澳服务贸易创新发展研究"项目的阶段性成果。
[①] 《广州再创服务贸易发展新优势》，2016 年 4 月 15 日，搜狐网（http://mt.sohu.com/20160415/n444348396.shtml）。

易总额为 333.3 亿美元,同比增长 28.9%。两年来广州市的服务贸易一直保持快速发展,业务规模不断扩大,2016 年广州跨境电商进出口总值达 146.8 亿元人民币,占全国跨境电商出口总值的 36.3%;进口占 23.1%,两项数据均居全国首位[①]。

第二,落实港澳投资备案管理制度,推动贸易投资便利化。依据商务部 2016 年最新出台的《港澳服务提供者在内地投资备案管理办法(试行)》的相关规定,广州对港澳服务提供者投资实施网上备案管理。2016 年广州市共计 35 个项目通过系统完成备案,投资总额累计近 2.94 亿元人民币。

第三,体制机制持续创新,穗港澳合作不断深化。南沙自贸区"跨境电子商务监管模式"入选商务部 8 个"最佳实践案例",56 项创新经验在全省复制推广,29 项创新经验在全市推广实施[②]。

根据《广州市国民经济和社会发展第十三个五年规划纲要》的战略部署,广州致力于打造"一核三区"的服务贸易发展格局。"一核"是指将南沙自贸区打造成为以穗港澳服务贸易自由化为主导的服务贸易创新发展核心。"三区"包括三个不同的服务贸易功能区,一是将天河中央商务区、琶洲国际会展中心区建设成为以商贸服务、金融服务、电子商务和会展服务为优势领域的服务贸易总部经济示范区;二是将白云机场综合保税区、广州保税区和番禺莲花山港建设成为以国际航运物流、国际中转服务为主的服务贸易保税业务集聚区;三是加快建设广州科学城、广州国际生物岛、中新广州知识城、羊城创意产业园和 TIT 创意产业园等服务贸易特色产业功能区。

二 独特优势与存在问题

在穗港澳服务贸易创新发展上广州具有许多得天独厚的优势。

---

① 《2016 年广州跨境电商总值领跑全国》,2017 年 2 月 16 日,凤凰网(http://finance.ifeng.com/a/20170216/15200313_0.shtml)。
② 《创新跨境电商监管"南沙模式"走向全国》,《人民日报》海外版,2017 年 1 月 4 日,http://finance.people.com.cn/n1/2017/0104/c1004-28996559.html。

（1）区位优势显著：第一，广州是广东省省会，经济发达，枢纽城市，考虑到整体实力，广州是内地与港澳合作首选之地。广州集陆路、水运、航空于一体，在全国乃至国际交通上拥有重要的地位（刘良山等，2009）。第二，广州毗邻港澳，与港澳有着深厚的文化渊源和较强的文化认同感，便于服务业融合发展。广州与港澳文化的共同性远远大于它们的差异性，并借助历史文化交流，而形成较强的地区文化认同感。第三，广州作为国家中心城市、综合性门户城市，邻近东南亚，是"一带一路"重要战略节点城市，具有强大的产业吸附力和辐射力。

（2）三地合作空间巨大：第一，穗港澳区域产业上存在互补性，合作潜力很大。港澳服务业发达，在金融、专业服务、文化创意等现代服务业方面具有明显优势。但港澳岛内资源条件不充裕。广州产业体系比较完善，服务业发展很快，但现代服务业发展有明显差距。可见，广州与港澳在产业上具有明显的互补性。第二，在国家"一带一路"倡议背景下，广州不断深化改革开放，穗港澳在经济合作体制上不断发展创新，合作空间进一步加大。

（3）配套服务体系完善：第一，政府效率较高，投资环境便利。广州作为改革开放的先行城市，行政审批制度不断深化改革，公共服务便利高效。第二，广州作为服务贸易创新发展试点城市不断放宽港澳服务业市场主体准入门槛，政策对接紧密，审批流程优化。

（4）多重政策红利叠加：第一，国家十三五规划明确指出，支持香港澳门长期繁荣稳定发展，深化内地与港澳合作，支持港澳参与国家双向开放、"一带一路"建设，鼓励内地与港澳企业发挥各自优势，通过多种方式合作走出去。第二，广州是国家服务贸易创新发展试点城市之一，区域内的南沙自贸区具有改革创新、先行先试的政策优势。总体而言，广州拥有国家、省、市的政策红利叠加优势，为穗港澳服务贸易创新发展提供了有利的政策环境。

然而，在推进穗港澳服务贸易创新发展的过程中广州仍需要解决如下问题。

一方面，广州存在高端专业人才短缺问题。高端专业人才短缺问题严重制约了穗港澳服务贸易创新发展（张光南，2014）；广州服务贸易人才的标准体系、评价体系和培养体系等有待建立和完善。另一方面，在穗港澳合作上存在体制机制障碍的问题。此外，广州和港澳在文化背景、思想观念等方面也存在差异（张光南等，2016）。

三 创新体制机制、创新人才管理模式

由于两岸三地在"一国两制"体制下社会制度体系不同，服务贸易发展水平有别，服务行业标准各异，市场管理方式不一，因此，实现三地服务贸易的深度融合，需要以创新驱动为核心，从突破体制机制障碍、创新人才管理模式两方面进行改革创新。

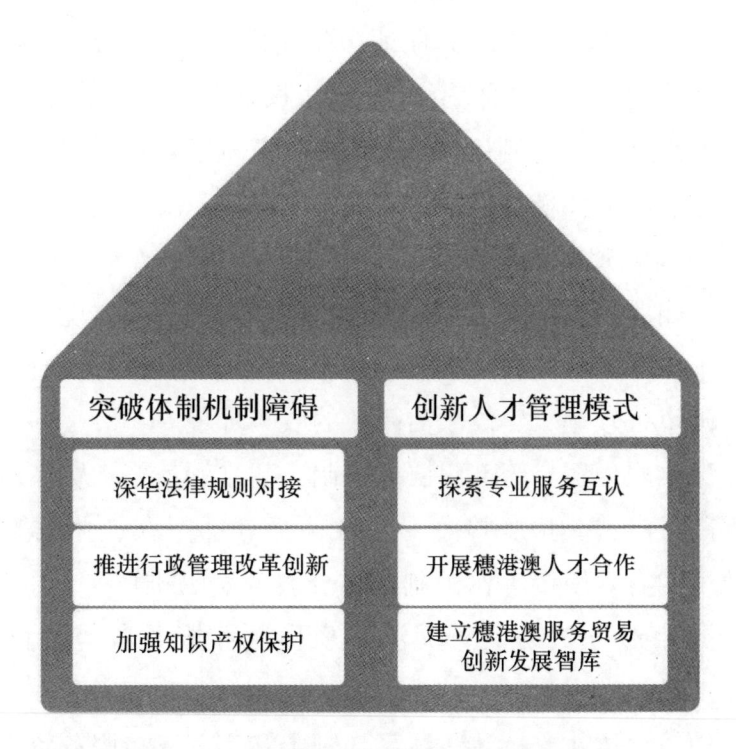

图 5-1 穗港澳三地服务贸易深度融合

资料来源：根据相关资料整理绘制。

(一) 突破体制机制障碍

穗港澳深入推进服务贸易创新合作过程中，面临"一个国家，两种制度，三个法系"的融合问题，在合作中深化法律规则对接，推进行政管理改革创新显得十分迫切和重要。

1. 深化法律规则对接

第一，穗港澳需要加强法规协议对接。国家在加强内地与港澳法律体系对接上已经做出了成功的尝试。《内地与香港（澳门）关于建立更紧密经贸关系的安排》及其一系列《补充协议》为内地与香港之间在WTO框架下实行自由贸易奠定了法律基础。

第二，穗港澳需要加强法律机构对接。通过开展穗港澳司法、执法联席会议的方式加强两地的司法、执法交流。联席会议可以由穗港澳三地行政首长或其委托人、国际贸易及法律专家、一线法官律师组成，保证成员的多元性，有利于集思广益。为保证广州司法环境的公开、透明、公正，保障广州营商环境的开放和投资者的合法权益，可以考虑适当引入判例法，建立"类似案例辩论制度"，保障法院审判过程公开透明和可预期，营造公平公正的法治环境，坚定投资者的信心。

2. 推进行政管理改革创新

第一，广州要建立法治化、自由化、国际化的营商环境。加快转变政府职能，进一步深化行政审批和商事登记制度改革，推行政府权责清单管理，提高行政审批效率，建设法治高效的政务环境。

第二，建立服务贸易跨部门协调机制。建立涵盖服务贸易发展领域的行业主管部门、海关、检验检疫、金融外管等部门在产业政策、贸易政策、投资政策的有效衔接工作机制。整合服务贸易推广平台的信息资源，加快建立广州市服务贸易信息交流共享机制和服务贸易重点企业联系机制。

第三，构筑立体式支持政策体系。制定和完善支持服务贸易发展的财政税收金融政策。财政政策方面，重点支持企业扩大服务出口，扶持公共服务平台建设[1]。税收政策方面，试点税收改革，扩大技术先进型服务企业认定范围。

3. 加强知识产权保护

第一，建立高效统一的知识产权行政管理和执法体系，并制定具体的落地政策以实现政府部门的职能协同、信息共享。

第二，加强知识产权能力建设。引导服务贸易出口企业提升知识产权创造、运用、保护和管理能力，加强专利、商标、版权、商业秘密、客户信息保护，做好境外专利申请与商标注册，积极应对国际知识产权纠纷[2]。

（二）创新人才管理模式

穗港澳服务贸易创新发展，拥有一支创新型服务贸易人才队伍是关键。需要从探索专业服务互认、开展穗港澳人才合作和建设专业智库三方面进行人才管理模式创新。

第一，探索专业服务互认。首先，在广州可开展穗港澳"一试双证""一试三证"等证书认证试点，将资格互认权力下放至"南沙自贸区"进行改革试点，积累经验，逐步推广。其次，依法构建门类齐全、层次分明、标准清晰、功能完备的专业技术人才执业资格制度体系，不断提升专业资格的国际化水平。最后，积极开展专业资格互认的交流合作。加强政府、专业团体、行业协会、高校、科研机构有关经济、文化、教育、科技等多方面的交流，增进对彼此专业资格制度、管理及其经济社会背景的深刻理解（汪怿，2006）。

第二，开展穗港澳人才合作。首先，探索穗港澳人才自由流动机制，实施跨境、跨国人才通关便利化。积极探索推行人才居住证制度，实行更加灵活的户籍迁移政策，加强流动人才人事档案管理。实现人才跨境、跨国流动政策的重大突破，海关为跨境、跨国人才开通"绿色通道"，对国

---

[1] 商务部：《服务贸易"十二五"规划纲要》，2011年9月。
[2] 广东省人民政府：《广东省人民政府关于加快发展服务贸易的意见》，http://zwgk.gd.gov.cn/006939748/201304/t20130407_371564.html。

际化人才的入境和居留实行便利化政策。其次,推动引才平台建设,加强与港澳、国际平台的人才交流合作。

第三,建设专业智库。首先,要建立穗港澳服务贸易创新发展智库的人才库、资料库、信息库、成果库。其次,将智库打造成人才培养输送交流的平台。建立广州市智库与党政机关的"旋转门"机制和双向交流平台,使智库精英能直接进入党政机构任职,社会精英通过党政智库平台培养后进入政界,政府官员离任后也能重返智库发挥余热(汪一洋等,2015)。最后,完善专业智库研究成果应用转化和传播机制。不断健全研究成果应用转化和传播机制。

四 重点领域突破

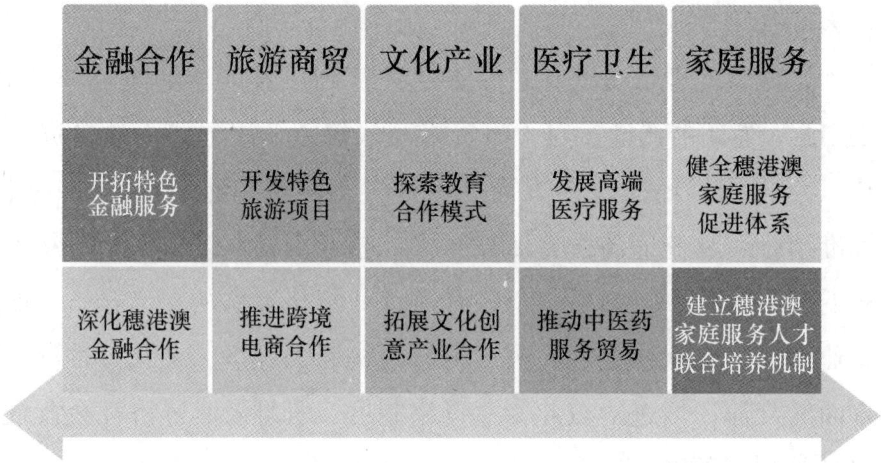

金融合作	旅游商贸	文化产业	医疗卫生	家庭服务
开拓特色金融服务	开发特色旅游项目	探索教育合作模式	发展高端医疗服务	健全穗港澳家庭服务促进体系
深化穗港澳金融合作	推进跨境电商合作	拓展文化创意产业合作	推动中医药服务贸易	建立穗港澳家庭服务人才联合培养机制

图 5-2 穗港澳服务贸易创新发展:重点领域突破
资料来源:根据相关资料整理绘制。

(一) 金融合作

金融业是港澳服务业中最具竞争力,发展较为成熟的现代服务业,是穗港澳服务贸易创新发展的重点。

第一,开拓特色金融服务。广州发展特色金融服务,要充分利用现有金融业的发展基础，同时，发挥南沙自由贸易试验区的政策优势。

一方面，发展跨境金融。首先，在穗港澳金融合作创新方面，广州应围绕人民币国际化、资本项下放开、利率和汇率市场化改革，积极推进"南沙"自贸试验区在跨境人民币业务创新、促进投融资及汇兑便利化、深化穗港澳金融合作、推动跨境人民币融资。其次，开拓航运金融。广州应充分发挥港口和造船业优势，联合港澳，开拓跨境航运金融服务市场（计小青，曹啸，2009）。积极推动穗港澳航运、港口类企业进行改制上市，增强广州航运金融吸引力（赵大英，郑天祥，2012）。最后，大力发展跨境航空金融，推动金融支持空港经济区建设，探索建设广州国际航空金融港，发展包括涉外业务的飞机租赁业。

另一方面，打造特色金融平台。充分依托广州及珠三角地区成品油、钢铁、塑料、煤炭、粮食、木材等大宗商品现货市场发达的有利条件以及毗邻港澳台、影响华南、辐射东南亚的良好区位优势，打造大宗商品场外衍生品交易金融平台。借鉴港澳产权交易经验，支持广州产权交易机构扩充交易品种，创新业务，提升服务功能，吸引港澳中小企业进场交易。

第二，深化穗港澳金融合作。积极发挥广州在建设以香港金融体系为龙头、以珠江三角洲城市金融资源和服务为支撑的金融合作区域中的重要作用，全面加强穗港澳金融业界在机构、业务、市场、产品、服务、人才、监管等方面的合作。

一方面，推进穗港澳金融机构互设。支持在穗金融机构在港澳设立分支机构及拓展业务，进一步放宽港澳金融机构准入限制和港澳金融服务业务范围，推动穗港澳金融市场联通。另一方面，推进穗港澳金融服务贸易发展。在 CEPA 框架下创新跨境支付清算、投融资、抵押征信、保险等跨境金融服务，深化与香港人民币跨境业务创新合作[①]。

[①] 广东省人民政府：《广东省人民政府关于印发广东省加快发展服务贸易行动计划（2015—2020 年）的通知》，2015 年 12 月 2 日，http://zwgk.gd.gov.cn/006939748/201512/t20151216_633757.html。

(二) 旅游商贸

穗港澳地域相邻,要采取措施利用好三地这种天然的优势,深化穗港澳旅游商贸服务业合作,从而带动三地物流、资金流、信息流等交汇融合。

第一,开发特色旅游项目。穗港澳三地作为中国经济最发达的地区之一,加强穗港澳旅游业合作,进行旅游业创新发展,应当开发穗港澳现代商都特色旅游业,形成品牌效应,探索三地旅游业长期稳定发展路径。

第二,推进跨境电商合作。穗港澳是现代商品集散地,三地发展跨境电子商务服务前景广阔。广州要大力培育各类电子商务服务平台,加快发展跨境贸易电子商务,推进跨境电商快递服务发展,完善跨境电商的快递服务体系。

(三) 文化产业

穗港澳三地应建立文化产业合作协调机制,实现优势互补,互利共赢。

第一,探索教育合作模式。港澳的教育体系与世界接轨较早,尤其是香港的专业人才培养标准和考核体系与世界各国互认率高。因此,进行穗港澳文化产业合作首先是从教育行业开始,为穗港澳未来全方位的深度融合提供智力支持。支持穗港澳高等院校合作办学,探索三地联合培养人才模式。支持和鼓励与港澳联合办学,探索与港澳联合办学的新思路、新模式,争取不断取得新突破。

第二,拓展文化创意产业合作。文化创意产业是现代服务业的高端产业,具有强大的产业带动效应。加强穗港澳文化创意产业的合作,有利于提高三地的文化创意产业竞争力,提升穗港澳整体知识产权经济实力,同时利用产业带动效应,拉动区域经济发展。

(四) 医疗卫生

加强穗港澳医疗卫生行业的业务联系,深化三地医疗卫生行业协同创新,不仅能提高穗港澳的医疗卫生水平,服务两岸三地民众,还能更好地适应当前国内和国际医疗市场的需要。

第一,发展高端医疗服务。穗港澳开展高端医疗服务合作,有利于缓解广州医疗服务紧张的局面,有利于完善提供多层次医疗服务的医疗卫生体系。引进港澳资本进入广州医疗服务市场,允许港澳服务提供者设立独资、合资、合作医疗机构,发展高端医疗服务。在办理审批许可过程中提供高效服务。允许在广州开办的港澳资医疗机构自主选择经营性质,兴办高水平的综合性或特色专科门诊部,为社会提供高层次医疗服务(张利刚,王丽平,2008)。

第二,推动中医药服务贸易。穗港澳应在中医药产业化、标准规范、教育、科研、养生保健、文化以及中医对外贸易等方面,进行全方位、多层面的合作,建立中医药服务品牌,推动穗港澳中医药服务贸易发展。

(五) 家庭服务业

由于社会分工和市场经济体制深入发展,广州的家庭服务业日益兴起,市场需求越来越大。推动穗港澳家庭服务贸易发展,不仅有利于扩大三地家庭服务业市场规模,还可以促进广州家庭服务业发展成熟。

第一,健全穗港澳家庭服务促进体系。探索广州家庭服务信息平台与香港家政网、澳门家政网的对接机制,实现三地家庭服务市场信息的互联互通,促进穗港澳三地家庭服务"引进来"和"走出去",探索菲律宾等国外家庭服务人员通过港澳家庭服务企业进入广州执业的可行性。建立和完善由社会各方参与、面向穗港澳外派劳务人员和劳务合作企业的社会服务体系,为穗港澳家庭服务经营企业和互派劳务人员提供法律、会计、审计、评估、金融、投资、信息咨询等专业服务。

第二,建立穗港澳家庭服务人才联合培养机制。加强与港澳合作,推进家庭服务业国际化。加强家庭服务业职业培训标准化研究,鼓励家庭服务业企业和培训机构与港澳开展多层次、多形式合作,引进优秀管理人员和师资力量,推动从业人员职业资格、服务标准与国际接轨(郭史贤,2011)。

本章结合穗港澳服务贸易合作现状，对穗港澳服务贸易体制机制创新和重点领域突破提出了相关政策建议，但是，由于篇幅有限本章没有深入探讨如何发挥服务贸易创新合作平台与示范基地平台作用。未来在本章的研究基础上，我们将进一步分析穗港澳服务贸易创新合作平台与示范基地的创新重点和发展策略。

参考文献：

［1］广东省人民政府：《关于推进与港澳更紧密合作的决定》，2009年9月。

［2］广东省人民政府：《广东省加快发展服务贸易行动计划（2015—2020年）》，2015年12月。

［3］广东省人民政府：《广东省人民政府关于加快发展服务贸易的意见》，2013年3月。

［4］广东省人民政府：《珠三角国家自主创新示范区建设实施方案（2016—2020年）》，2016年4月。

［5］广州市人民政府：《广州市服务贸易创新发展试点实施方案》，2016年10月。

［6］广州市人民政府：《广州市国民经济和社会发展第十三个五年规划纲要》，2015年12月。

［7］广州市人民政府：《广州市人民政府关于加快服务贸易发展的实施意见》，2016年3月。

［8］广州市人民政府办公厅：《广州市金融业发展第十二个五年规划》，2013年6月。

［9］广州市人民政府办公厅：《广州市金融业发展第十三个五年规划》，2016年11月。

［10］广州市政协港澳台侨外事委员会：《深度推进穗港澳服务业合作创新发展》，2015年2月。

［11］郭史贤：《21世纪初我国开展对外劳务合作问题研究》，硕士学位论文，吉林大学，2011年。

［12］国家发展改革委：《广州南沙新区发展规划（2012—2025年）》，2012年9月。

［13］计小青、曹啸：《航运金融市场的需求特征及其对上海国际航运中心建设

的启示》，《上海金融》2011 年第 5 期，第 12—15 页。

［14］刘良山、武文霞：《改革开放以来穗港澳经贸合作回顾与前瞻》，《广州社会主义学院学报》2009 年第 2 期，第 61—63 页。

［15］商务部：《服务贸易发展"十二五"规划纲要》，2011 年 9 月。

［16］商务部：《港澳服务提供者在内地投资备案管理办法（试行）》，2016 年 5 月。

［17］汪一洋、李鲁云、刘慧琳、朱洁：《加快广东新型智库建设的思考与对策》，《广东经济》2015 年第 7 期，第 6—18 页。

［18］汪怿：《加快我国专业资格国际互认进程的探讨》，《上海企业》2006 年 3 月 10 日。

［19］张光南、黎叶子、伍俐斌：《粤港澳服务贸易自由化"负面清单"管理的问题与对策》，《港澳研究》2016 年第 2 期，第 60—67 页。

［20］张光南：《粤港澳服务贸易自由化——负面清单管理模式》，中国社会科学出版社 2014 年版。

［21］张光南：《粤港澳服务贸易自由化："负面清单"实施与政府管理创新》，2016 年。

［22］张利刚、王丽平：《港医独资办医广东解禁》，《中国卫生产业》2008 年 11 月 5 日。

［23］赵大英、郑天祥：《香港和广州航运金融合作研究》，《当代港澳研究》2012 年第 2 期，第 48—56 页。

［24］中央人民政府：《中华人民共和国国民经济和社会发展第十三个五年规划纲要》，2016 年 3 月。

第四部分

示范基地

2014年12月18日,内地与香港、澳门分别签署了《〈CEPA〉内地在广东与香港(澳门)基本实现服务贸易自由化的协议》(以下简称《协议》),并于2015年3月1日起正式实施。《协议》签署后,内地将在广东率先与港澳基本实现服务贸易自由化,同时为内地与港澳基本实现服务贸易自由化先行先试积累经验。2015年11月11日,经广东省人民政府同意,确定成立13个首批粤港澳服务贸易自由化省级示范基地,并且明确各示范基地要积极探索"准入前国民待遇加负面清单"管理模式,在服务贸易合作的重点领域和关键环节取得突破。

第三部分选取了13个首批粤港澳服务贸易自由化省级示范基地中的广州天河与佛山南海作为研究对象,以期通过分析它们在实施服务贸易自由化的过程中所面临的问题并提出相应的对策建议,为中国内地与港澳服务贸易自由化提供重要参考。其中,广州天河CBD具有经济效益高、总部聚集多、商务配套完善、交通发达、港澳交流频繁、国际化程度高等优势,但租金成本上涨、制度摩擦、行业规范差异以及来自南沙自贸区和琶洲重点示范基地的区域竞争等因素也对其带来挑战;其在实施成效、管理模式、合作模式与营商环境四个方面都存在示范经验。佛山南海具有开发空间大、制造业发达、工业化水平较高、营商环境优质、文化认同感高等优势,但也存在环境污染、服务贸易基础薄弱、发展缓慢,外商准入权限不够、商务休闲配套缺乏、广佛路网对接交通瓶颈、人才紧缺等挑战;其在商事管理、本地产业转型升级、吸引港澳人才、深化高铁经济合作等方面都存在示范经验。

第六章

粤港澳服务贸易自由化重点示范基地：广州天河 CBD 培育的经验、问题和对策*

张光南　周　倩　周吉梅

广州天河 CBD 是首批 13 个粤港澳服务贸易自由化重点示范基地之一，具有经济效益高、总部聚集多、商务配套完善、交通发达、港澳交流频繁、国际化程度高等优势，但租金成本上涨、制度摩擦、行业规范差异以及来自南沙自贸区和琶洲重点示范基地的区域竞争等因素也对其带来挑战。因此，分析天河 CBD 在实施服务贸易自由化过程的示范经验，存在的问题以及相应的对策建议显得尤为迫切和重要，这也将对促进中国内地与港澳服务贸易自由化提供重要参考。

一　示范经验

天河 CBD 作为港澳服务贸易自由化重点示范基地，其在实施成效、管理模式、合作模式与营商环境四个方面都存在示范经验。

（一）实施成效

当前天河 CBD 粤港澳服务贸易自由化的实施成效主要体现在以下三

---

* 本章内容为广州天河区中央商务区管委会《广州天河 CBD 培育"粤港澳服务贸易自由化示范平台"：经验、问题和对策》项目的阶段性成果。本章部分内容《粤港澳服务贸易自由化示范基地广州天河 CBD 案例报告：经验、问题与对策》发表在《大珠三角论坛》，2016 年第 2 期，https：//www.sinoss.net/qikan/2016/1226/14349.html。

个方面：招商方式多元化，"五证合一""一照一码"的商事制度改革和硬件设施上实现的交通系统智能化、楼宇管理国际化。其中招商方式多元化体现为招商渠道的多元化，除了利用平台招商、行业交流方式，还借力仲量联行、第一太平戴维斯等五大地产行，加强与外国领事馆、商协会密切合作（金永亮，2015），利用楼宇和中介招商；其次是招商对象多元化，招商的产业有金融业、专业服务业、文化产业和政府办事处等。"五证合一""一照一码"的商事制度则让企业只需一次性提交"一照一码"申请材料就可以在24小时内领到加载统一社会信用代码的营业执照和刻章许可证。在楼宇管理方面，与香港的物业管理公司及建筑设计公司合作对当前的CBD的楼宇进行硬件和软件上的改造，并与香港品质保证局合作，打造国际化的楼宇；参照香港CBD的楼宇管理水平，并结合本地实际情况制定了创新而且能迎合高端企业、500强公司的管理服务需求的写字楼的管理办法；通过企业的座谈和专业机构的参与，建立与国际接轨的物业管理服务模式和标准。

（二）管理模式创新

天河CBD管理模式的创新体现在服务模式和政务服务两个方面。服务模式创新方面，专门成立企业服务队伍，对重点企业实施"一人一企"服务专员制度，同时建立楼宇经济数据库；对已开发完毕的楼宇企业信息库系统进行验收，制定完善楼宇经济信息服务平台建设方案。政务服务创新方面，根据天河CBD官网的说明，管委会专门设立了绿色通道，对天河区重点发展的主导产业企业、天河区产业转型升级、经济快速发展有较强带动力的行业企业和新一代信息技术产业的企业采取服务专窗、专人对接、网上登记、预约服务、全程跟踪等措施，打造"一站式"注册年审服务平台；同时，为重点企业提供包括选址、注册服务的新企业进驻服务，为商业物业提供招商咨询以及为进驻企业群提供投资环境信息、法律法规咨询、办事流程指引等服务，为潜在投资者提供咨询指引支持服务，搭建网上、在线咨询服务平台。

(三) 合作模式

天河 CBD 与港澳企业的合作模式主要有三种：第一种是"香港出资、天河 CBD 管理"，如周大福金融中心，由香港周大福集团直接投资，并规定周大福金融中心只能租不能卖的同时，天河 CBD 管委会帮助周大福金融中心的招租工作；第二种是"天河 CBD 规划、香港特色"，如太古汇；第三种是香港品质保证局参与楼宇可持续发展评定，如天河 CBD 聘请香港品质保证局（HKQAA）为广州国际金融中心、广州银行大厦、保利 V 座、发展中心、高德置地广场作为首批 5 栋代表楼宇进行《天河 CBD 楼宇可持续发展指数》评定，创新应用国际标准，推进物管服务水平全面提升。

(四) 营商环境

天河 CBD 在营商环境的改造方面，主要致力于打造法治、市场和开放的营商环境。通过加大市场环境的整治力度，建设竞争、有序的市场环境；给予港澳服务业企业"国民待遇"，促进各类营商主体公平竞争，拓宽港澳投资的领域和范围；增加国际交往，美国、英国、俄罗斯等全市 70% 的总领事馆和香港政府驻粤经贸办、香港贸发局驻粤办、中国香港广东商会均位于 CBD，国际交流合作程度进一步深化。

二 存在问题

天河 CBD 的打造粤港澳服务贸易自由化的进行中存在一些问题，这些问题主要有法律壁垒、政策限制、政府部门协调和企业自身困难等方面。

(一) 法律壁垒

粤港澳服务贸易自由化在推行过程中存在的有关法律方面的障碍主要

有两个方面（张光南等，2014）。一方面是"负面清单"本身的法律地位不明确，"负面清单"不适用国际法规定，同时 CEPA 在国内法上的性质和地位比较模糊，法律效力不明确，在具体实施 CEPA 各项措施中，执行部门无法判断港澳企业的注册和经营范围申请究竟应优先适用 CEPA 规定还是优先适用国内相关规定；另一方面是"负面清单"的配套法律缺失，"负面清单"在实施的过程中，需要政府部门的权力的支持，而政府部门的权力清单是正面清单，法律未规定的不可以为，所以与企业所面对的"负面清单"法无禁止即可为互相冲突，在这种情况下，政府如何权衡其权力与"负面清单"的冲突需要一些配套法律措施的支持，而这些相关法律的缺失必然阻碍"负面清单"的顺利实施。

（二）政策限制

天河 CBD 推行粤港澳服务贸易自由化的政策限制主要来自两方面：政策透明度的限制和配套政策的限制。在政策透明度方面，主要有无形政策的限制、业内潜规则以及相关政策的具体实施细则难于规范化和常态化等；在配套政策方面，以"备案"代替"审批"，监管难度加大，同时备案制使政府监管重点放在企业运营过程，这些都必须以健全法制的国家信用体系为前提。

（三）部门协调

部门之间的协调也是天河 CBD 推行粤港澳服务贸易自由化的一大障碍，包括中央部委与广东省政府之间的协调、天河区政府部门间的协调和天河区政府与 CBD 管委会的协调。第一，"负面清单"是中央政府和港澳两地签订的区域间服务贸易协议，虽然实施范围仅限于广东省境内，但是其所涉及内容存在中央部委授权问题（张光南等，2014）。第二，"负面清单"的实施过程中，港澳资企业进入广东的审批程序可能涉及经贸、工商、税法、金融"一行三会"等监管部门。由于服务贸易监管权责不明，各部门对港澳资企业进入广东的处理出现风险规避和互相推诿，造成企业注册及项目申请过程中的审批困难（张光南等，2014）。第三，企业在进驻 CBD 时，最先接触的是管委会，有问题也首先向管委会反映，但是管委会的机构性质决定了其在遇到问题需要进一步向天河区各部门进行询问。这需要管委会与各部门之间协调，但这又需要很多的人力和物力的投入，由于人员的限制，管委会在处理这些问题时需要较长的时间，造成企业进驻 CBD 的困难。

（四）企业困难

根据广州天河 CBD 管委会提供的调研报告表明，在推行粤港澳服务贸易自由化的过程中，有意进驻天河 CBD 的企业也存在一些困难，主要体现在以下两方面：第一，制度和政策适应。港澳企业与政府对"负面清单"政策的解读存在差异；并且对于外资企业的经营范围，工商部门与商务部门未能实现协调统一。根据文件规定，企业的经营范围是以商务部门出具的批准证书为准，但是在实际的执行过程中，工商部门和商务部门出具的批准文件（批准证书与营业执照）的表述存在许多不一致的地方，这使得企业在解读政策时存在很大困扰。第二，登记注册和审批过程烦琐。企业申请需要提供复杂的材料，且诸如《可行性研究报告》和《申请报告》等无相关模板文件可参考，相关报告的字数要求又较多，这增加了企业在材料准备及内部审批方面的负担。同时，审批时间延长，未能实现 5 个工作日办结的承诺。具体而言，在申请设立过程中，企业首次提交文件，政府经办人员常常不能当场提出异议，指出不完善之处，而是在材料递交 3—5 个工作日后提出反馈意见，再次让客户补充或修改材料，待材料再次补充提交 6 个工作日后方能审批通过，与官方所声称的 5 个工作日办结相距甚远，也给企业带来了诸多不便。

三 对策建议

针对天河 CBD 在推行粤港澳服务贸易自由化的示范经验及存在问题，

提出天河 CBD 今后积极推进粤港澳服务贸易自由化的对策建议。

1. 优化备案流程、加强对"负面清单"备案制度的宣传
2. 部门管理改革
3. 充分利用各种媒介平台，加强商务推广宣传
4. 行业标准对接与行业合作交流
5. 重点招商方向及策略
6. 营商环境一步国际化、法治化和市场化

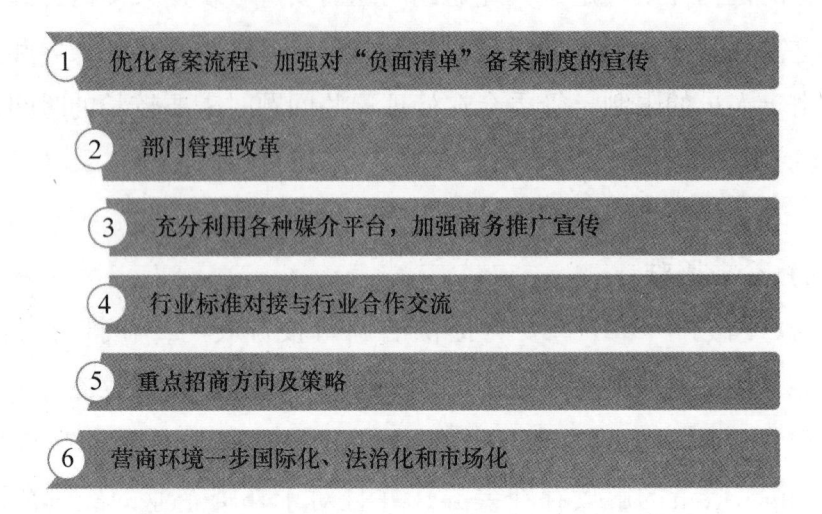

图 6-1 建设"粤港澳服务贸易自由化重点示范基地"的对策建议
资料来源：根据相关资料整理绘制。

（一）优化备案流程、加强对"负面清单"备案制度的宣传

在 CEPA"负面清单"实施以来，以备案形式进驻 CBD 的企业的数量较少，有些企业宁愿选择审批制也不愿意选择备案制，这主要是因为备案制的流程比审批要复杂以及企业对"负面清单"了解不足。下一步需要完善商事改革及优化备案制的流程，并加强对企业有关"负面清单"的宣传和解读。

（二）部门管理改革

首先是进行商事服务的创新，推行包括权力清单、责任清单，重点企业、重点项目的政府跟踪服务机制，提高行政管理效能和政府服务水平，建设管产学研协同创新体系，大力支持企业开展科技创新，提升科技成果的产业化水平和国家科技要素的集聚能力；其次改善政府机构行政效率，通过"外包"和建立中介服务机构等形式精简政府架构，建立联合审批机构，缩短审批流程时间；最后，建立透明政府，积极推行政务公开制度，通过打造"网上政府""电子政府"完善各部门信息化建设及共享，

同时建立行政咨询制度，方便企业投资项目办理。

（三）充分利用各种媒介平台，加强商务推广宣传

通过网络平台、实体平台和专业媒介等不同的商务推广手段，使天河 CBD 的商务信息能够尽快地到达相关企业，以吸引他们进驻到天河 CBD。具体做法可以包括：建立行业商务推广的电子平台，介绍行业内的企业和产品、服务；商会及行业协会尝试与大型网络交易平台商合作打造商务平台，设立中小企业支持基金鼓励中小企业入驻；商会及行业协会设立专门的商务推广工作小组，定期开展产品、服务的展览；商会和行业协会不定期在具有行业影响力的网站、报纸、杂志等平台上提前发布各种产品、服务的展览会信息等。

（四）行业标准对接与行业合作交流

针对粤港澳服务业合作过程中出现的行业标准不同、资格互认困难的问题，以"主动开放、主动服务"及"政企互动、沟通协调"的原则为指导，借鉴香港贸发局及香港行业协会在行业标准认证及行业研究服务的提供方面的经验，提出行业标准与行业研究的政策建议。首先，在两地标准不同情形下，应明确互认的条件，推广行业标准；其次，设立或优化商会及行业协会的沟通反馈平台；再次定期举办研讨会，发布行业研究报告；最后，天河 CBD 企业服务处人员及天河区各部门可以派代表参加港澳内部促进交流会，增加与港澳的行业协会及企业的沟通，了解企业的需求，以更好地为其服务，提高招商的成功率。

（五）重点招商方向及策略

天河 CBD 将面向国内发达地区、东南亚及欧美国家和地区，瞄准世界 500 强、行业龙头和总部型企业，大力引进国际知名律师、会计师事务所、高端医疗教育文化等服务机构，全方位优化天河 CBD 产业结构，提升天河 CBD 国际化水平。第一，深化商务服务与专业服务，如会计、法务、医疗等。第二，加强三地旅游资源、资本和服务的互相开放和企

业合作，共同制定区域旅游发展战略，推进旅游业实现规模化、网络化、品牌化和连锁化经营。第三，支持和鼓励港澳投资者在天河CBD投资养老机构、疗养院等，加强与港澳医疗服务合作。第四，打造高端金融，如南方金融总部和创新基地、地区银行业务和银团贷款中心，实现粤港澳三地金融市场融合、错位发展。第五，吸引港澳政府机构、商贸服务和商会组织的办事处进驻。港澳政府办事处或商会组织进驻的示范效应比单个企业的进驻的效应更大，且可以使进驻到天河CBD的港澳企业在投资天河CBD时更为便利，因此可重点争取港澳政府办事处或机构商会等组织进驻。第六，推出以"天河CBD"为主题的招商会，同时建立招商顾问制和招商代理制，充分调动政府部门、投资机构、商务楼宇、领馆机构、行业组织以及社会知名人士参与区域招商的积极性，不断拓宽招商引资渠道。

（六）营商环境的国际化、法治化和市场化

营商环境国际化首先体现在机构、产业和人才国际，同时加强以商招商、产业链招商、价值链招商、供应链招商、产业集群招商；其次是经济管理模式和经贸合作方式国际化，即全面推行"负面清单"管理模式，以"负面清单"和粤港澳服务贸易自由化为契机，大力推进粤港澳服务贸易自由化，支持有条件的企业"走出去"，培育一批具有竞争力的跨国企业集团。营商环境法治化主要是针对城市规划、土地开发使用、环境保护、建筑物管理、特定设施管理等企业投资管理的各个环节，出台一系列法律法规，确保了每一个管理事项都有法可依，政府部门严格依法办事；同时天河区政府必须大力推进知识产权保护立法工作，加大对外商投资企业侵权行为的执法查处力度，切实保障外商投资企业的合法权益。营商环境市场化，最终是要实现各政府部门之间的企业信息"共建共享"，鼓励行业或商业协会在信用体系建设中承担企业的资质评定、专业人员认证等方面的行业自律。

参考文献：

［1］广州市天河中央商务区官网，http：//www.gzcbd.gov.cn/publicfiles//business/htmlfiles/CBDwebsite/zfgmfw/index.html。

［2］金永亮：《广州市天河区发展总部经济的启示》，《广东经济》2015年2月5日。

［3］天河CBD政策汇编。

［4］张光南等：《粤港澳服务贸易自由化——负面清单管理模式》，中国社会科学出版社2014年版。

第七章

粤港澳服务贸易自由化示范基地：佛山南海的经验、问题和对策[*]

张光南　周吉梅　赵淑吟　庞　旗

一　合作基础：发展迅速、优势显著

（一）发展现状

2015年，南海区顶住经济下行压力，经济保持较快增长。全年实现地区生产总值2236亿元，同比增长8.5%左右；人均生产总值83598元；规模以上工业总产值5301.17亿元，同比增长7.5%；地方公共财政预算收入185.54亿元，同比增长11.37%。全区经济社会持续稳定发展，综合实力获评全国市辖百强区第2名[①]。

2015年年初，南海区委、区政府提出了"要牢牢把握粤港服务贸易自由化和广东自贸区建设契机，充分发挥三山新城紧邻广州南站的优势，努力将三山新城打造成为'粤港澳合作高端服务示范区'"（以下简称"示范区"）的重大战略部署，将三山新城的发展提升到一个新的战略高度。近年来三山新城已先后启动基础设施和环境建设项目50多个，累计完成投入超过30亿元。截至2016年3月，作为示范区的核心载体，三山

---

[*] 本章内容是佛山市南海三山新城投资发展有限公司"佛山南海区三山新城打造'粤港澳合作 高端服务示范区'战略研究"项目阶段性成果。

[①] 南海区发展规划和统计局：《佛山市南海区2015年国民经济和社会发展计划执行情况与2016年计划草案的报告》，2016年1月。

新城共引进项目 41 个，累计完成投资额超过 120 亿元[①]。

（二）比较优势

（1）佛山三山新城拥有大片集中的储备地，开发空间大，其区域地势平坦和优美的自然生态为示范区的打造提供了天然的保障。

（2）佛山制造业发达，示范区位于广佛交界中央，是广佛核心，且临近广州南站，其高铁枢纽的重要战略位置是粤港澳三地合作的重要优势。

示范区临近广州南站，占据珠三角轨道交通网络中心的优势，距离广州南站最近距离约为 1 公里。示范区以其重要的地理位置，在建设粤港澳经济一体化中，承担着连接三地的支点作用。

（3）佛山工业化水平较高，具有佛山国家高新区、广东金融高新区等产业平台优势，在传统产业转型升级、"两化"融合、"金科产"融合、"产城人"融合发展方面都取得良好成效。

广东金融高新区核心区一直以"金融后援基地"与"产业金融中心"双定位谋求发展。广东金融高新区核心区引进汇丰、东亚、恒生、大新 4 家港资银行以及友邦保险等多家金融后台、服务外包机构，注册资本折合人民币约 18 亿元，成为佛山经济发展和产业转型典范。

（4）佛山打造"粤港澳合作高端服务示范区"可整合现有广东金融高新技术服务区的企业扶持政策，发挥珠三角国家自主创新示范区和广东全省金融科技产业融合创新综合试验区的政策优势。南海专门成立了建设金融·科技·产业融合创新综合实验区领导小组，还出台了金融·科技·产业融合创新若干意见，构建"1+N"政策体系，以形成推动金科产融合创新的政策合力。

（5）佛山市营商环境优质，政务服务改革效果凸显，行政审批精简高效，专责小组进行计划指导，宣传推介渠道多元，这些都有利于示范区促进粤港澳高端服务企业投资便利和产业深度合作。

（6）佛山南海处于南海、番禺、顺德的地理文化中心，具有岭南本

---

① 三山新城建设局：《南海三山创建"粤港澳服务贸易自由化省级示范基地"进展情况汇报》，2016 年 4 月。

地特色的文化元素,"南番顺"的人文认同有利于促进粤港澳高端服务的政策协调、专业人才文化认同和产业深度合作。

(三) 相对劣势

(1) 佛山南海存在空气污染、水污染等问题。佛山南海大气污染和水污染等环境污染问题较为严重,根据《关于佛山市南海区大气污染整治和管理工作情况报告》,目前南海区内约有 3 万个污染源,其中重点监管企业达到 3000 多家。存在问题包括:第一,大气污染超标,监测不力。第二,水污染有待改善。

(2) 佛山服务贸易基础薄弱、发展缓慢。示范区产业社区模式形成,但项目大部分产业处于初期建设中,缺乏带动区域经济发展的主导产业,而且佛山市以传统制造业为主,服务贸易基础相对薄弱,公共交通等配套设施缺失。

(3) 佛山示范区营商环境存在外商准入权限不够、商务休闲配套缺乏、广佛路网对接交通瓶颈等问题,营商环境问题制约了佛山与粤港澳深层次合作和为服务贸易想过专业人士提供生活配套。

(4) 佛山处于产业转型升级阶段,城市化程度仍有较大提升空间,对紧缺人才和专项人才吸引力远不如广州、深圳等地区,本地人力资源和高端人才培育不足,企业面临适用人才紧缺、高端人才缺失和人才外流等困境。

(5) 佛山建设"粤港澳合作高端服务示范区"面临与港澳两地行政级别不同、沟通低效以及行政协调有限等短板制约,这些制约导致合作过程中多项问题难以及时解决。

(四) 全新机遇

1. "一带一路"引领发展,港澳合作推动升级

"一带一路":互联互通。2014 年年底,中央经济工作会议把"一带一路"确定为优化经济发展格局的三大战略之一。"一带一路"倡议中,香港作为"一带一路"整体规划中的重要组成部分,粤港澳作为国家

"一带一路"建设的枢纽中心。在此背景下,佛山可发挥示范区临近广州南站交通枢纽的优势,助力国家"一带一路"倡议的国内国外联通。

粤桂黔高铁经济带:合作共赢。2015年8月25日,《粤桂黔高铁经济带合作试验区(广东园)发展总体规划(2015—2030年)》获省人民政府批准实施。粤桂黔高铁经济带合作试验区(广东园)以佛山国家高新区南海园为主体区,以佛山西站枢纽新城为核心区,以佛山国家高新区顺德、禅城、三水、高明四个分园为拓展区。试验区的建设将促进港澳服务业与珠三角制造业的优势互补、协同发展,推动粤港澳合作向新层次、新高度迈进,提升地区综合竞争力和影响力,实现合作互利共赢。

2. 复制推广自贸经验,打造产业升级示范

广东自由贸易区政策复制推广。广东省人民政府文件[①]指出:广东自贸试验区成立以来,省有关单位以制度创新为核心,率先挖掘改革潜力,破解改革难题,在加快政府职能转变、积极探索管理模式创新、促进贸易和投资便利化等方面形成了一批可复制、可推广的改革创新成果。

制造业转型升级综合配套改革试点,打造传统产业转型升级典范城市。佛山作为广东省乃至全国传统制造业大市,已被明确提出将被列为国家综合配套改革试点,为广东制造业、中国制造2025探索出一条新路,为中国的实体经济发展创造新经验、提供新典范。

3. 广佛同城建设加速,一区双核功能凸显

广佛同城化规划确立"一心五区"[②]的产业空间布局,示范区居于现代服务业发展核心区。经过多年发展,广州形成了以现代服务业为主的产业结构,而佛山则保持以制造业为主的产业结构,广佛两地产业有较大互补性,一区双核作为两地中心,应起到促进两地优势产业进一步融合和提升的作用,因而可以大力发展生产性服务等其他配套支撑产业。

[①] 广东省人民政府:《广东省人民政府关于复制推广中国(广东)自由贸易试验区首批改革创新经验的通知》,2015年12月。

[②] 一心五区:"一心"即现代服务业发展核心区,包括广州中心城区、佛山中心组团以及番禺市桥、广州新客站周边地区组成的广佛现代服务业发展核心区,发展总部经济、金融保险、商务会展、商贸、旅游休闲、文化创意;"五区"即东部创新产业发展区、北部空港经济发展区、西部现代制造发展区、南部临港产业发展区、北部和西南部生态休闲旅游区。

（五）存在问题

1. 管理制度差异、专业标准对接

粤港澳管理制度上的差异对服务贸易和产业的深度合作起到了一定的负面影响。内地和澳门使用大陆法律体系而香港使用欧美法律体系，这导致粤港澳项目合作过程中出现了管理沟通问题；同时，内地各地区间也存在管理法规差异，政策透明度低，港澳企业入驻后需要较长时间适应本地的文化、市场、政策。此外，粤港澳各地行业标准存在差异，如粤港澳服务业在标准、服务收费与薪酬待遇上就都具有一定差异，同时粤港澳行业协会的功能定位和权威性也存在差异。这些差异都不同程度地影响了产业深度合作顺利、高效的开展。

2. 现有的港澳出访政策降低了政府间的沟通效率

港澳出访政策收紧影响沟通效率。长期以来港澳官员、机构组织与佛山市、南海区政府之间交流紧密，但出访港澳政策的调整，对出访人数、天数以及审批程序等严格控制，对佛山公务人员短期内出访港澳洽谈敲定合作事项等情况造成了一定的影响。

3. 行业管理审批、部门协调沟通环节存在问题

粤港澳服务贸易行业管理涉及中央部委与地方政府的审批协调。示范区地处广东省境内，但粤港澳合作过程中所涉及行业管理内容存在中央部委授权问题，如港资银行初次设立机构须向中国银监会申请受理后方可开业，若中央审批权限无法配套，示范区内多项构想将难以实现。

4. 企业注册、审批备案、申诉渠道、税种复杂、人才招聘等方面存在问题

第一，注册登记审核过严。目前佛山市在办理企业工商登记、刻章等业务必须法人亲临现场，而工商、公安刻章均不承认第三方对法人信息的公证，使登记时间延长和增加企业成本。

第二，对备案管理实施细则的宣传力度不够。2015年商务部发布《港澳服务提供者在广东省投资备案管理办法》（试行）（商务部公告2015年第7号），并自3月1日起施行，该办法意在简化手续，但目前南

海区尚未有港澳服务提供者通过备案的方式设立,这主要是行业企业对新的备案管理办法了解不够,因此应对备案管理的实施细则需进一步宣传和推广。

第三,申诉沟通渠道不畅。示范区缺乏港澳资企业具体争端解决机制及申诉渠道,导致港澳服务业提供者进入内地面临问题时难以申诉沟通而影响权益保障。

第四,税收种类多、税率高、税制杂。示范区港澳资服务者入驻面临税收政策问题,普遍反映遭遇国内税种过多、税率过高、税制复杂、税收优惠制度不合理、跨地区税制差异和税收稳定性不足等问题。

第五,港澳企业在内地开展业务涉及人才问题包括高层次人才不足、本地合格雇员不足、就业市场不发达、粤港澳人才文化差异、招聘程序烦琐等。

二 基本原则:开放创新、产研结合

(一)基本原则

1. 国际模式、一区双核

在管理服务机构设置、争端解决机制、科技成果转化、环境认证、社区创新、国际招商推广、智库研究规划等方面参照国际模式,结合佛山产业基础,联动港澳协同创新,并发挥一区两核的优势,区别南沙、前海、横琴自贸区,以粤港澳合作高端服务示范区为"一区",以三山新城和广东金融高新区为"双核",依托建设高铁产业合作,为港澳金融、中介服务、信息服务、物流、文化创意等高端服务业打造高品质的"后援基地",建设"粤港澳合作高端服务示范区"。

2. 主动开放、服务创新

在粤港澳服务贸易自由化的政策引领下,依据"主动开放、主动放权、主动引导、主动服务"的原则,不断进行政府管理创新和经济模式的创新。实施政府权责"正面清单"、备案制、信用管理体系等政策配套,依托广东金融高新区和三山新城"双核"驱动,打造粤港澳合作高端服务示范区。

3. 科学规划、产研合作

通过对粤港澳合作高端服务示范区发展进行专业科学、系统全面和前瞻高远的发展规划。联合粤港澳智库,对园区规划管理、科技成果转化和产业发展等进行顶层设计,推动粤港澳高端服务业更深层次的合作与发展,达到以港澳经验助佛山制造转型升级,培育佛山现代服务业,建设"珠三角自主创新示范区"的目标。

4. 社区人文、管理创新

以"社区人文、管理创新"的原则解决粤港澳高端服务业合作过程涉及专业人才和商务管理人才商务配套和生活环境问题,不断探索和尝试社区管理、医疗养老、人文环境等方面的管理创新配套,促进产业功能和城市功能融合,产业形态与城市生态协调,宜商环境与宜居环境统一,为粤港澳高端服务业深度合作和服务贸易专业人才提供社区环境。

(二) 总体目标

以开放、创新、合作为主题,充分发挥佛山一区双核的区位优势,抓住国家战略赋予粤港澳合作高端服务示范区"科学发展、先行先试"的重大机遇,推进与港澳紧密合作融合发展,促进佛山产业升级,为经济发展提供有力支撑。

"一国两制"下探索粤港澳合作新模式的示范区。创新粤港澳合作模式,以"一区双核"载体大力推进粤港澳融合发展,聚合珠三角的资源、产业、科技优势与港澳的人才、资金、管理优势,加强在经济、社会和环境等方面的合作,积极探索管理模式创新、促进贸易和投资便利化等方面的新机制,争取形成一批可复制、可推广的改革创新成果[①]。

促进地区产业升级发展的新平台。依托粤港澳服务贸易自由化示范基地的政策优势,打造服务业发展的新优势,建设以高端服务业为主导的现

---

① 深圳商报:《发展四大产业,建设"两区一台"》,2009年6月27日。

代产业体系。发挥广东金融高新区的金融优势，大力吸纳国外和港澳的优质发展资源，实现科技创新与金融服务融合发展，打造区域产业高地，通过高技术的转移、扩散和外溢效应，促进佛山传统产业的技术改造和优化升级，积极培育一批以实用技术和重大产品开发为主业的高技术企业。

港澳优质人才的聚集区。依托"香港城""三山粤港澳青年创业社区"等重点项目的建设，改革创新人才政策，积极吸引港澳高端人才进入佛山工作、生活。大力推进科学技术创新、管理体制创新和发展模式创新，为港澳人士在南海就业、居住和自由往来提供便利，大力提升国际化水平，建设成为港澳优质人才的聚集区[①]。

三 主要任务：高新区2.0建设、产业高端发展、港澳深度合作

（一）改革创新合作发展，推进高新区2.0建设

1. 积极推动金融改革，建设高端金融后台

以广东金融高新区为主要载体，推进金融创新改革，加快人民币跨境业务创新，探索建设在佛山注册的跨国企业集团申请跨境双向人民币资金池试点，鼓励金融机构提供跨境人民币结算服务，鼓励企业积极从境外借入人民币资金，实现人民币资金双向跨境流通。以广东金融高新区为主体，大力吸引港澳金融机构、非银行金融组织落户金融高新区，积极引导珠三角和港澳金融资本参与佛山优势产业投资，为佛山产业发展打造坚实的金融支撑平台。

2. 依托"互联网+"，引领创新创业

积极发展"互联网+"金融创新，引进以P2P网络贷款、网络第三方支付、电商金融及供应链金融等为代表的互联网金融新业态，积极打造全国首个"互联网+"众创金融示范区，拓展众创、众扶、众包、众筹

---

① 《横琴总体发展规划》，2009年8月14日，http://www.scio.gov.cn/ztk/xwfb/04/4/Document/542280/542280.htm。

等互联网金融产业链。通过互联网金融的发展，建立与小微企业财务水平、经营状况、销售能力、成长周期相匹配的金融扶持体系，解决小微企业融资难、融资贵等问题，降低创新创业融资交易成本，拓宽融资渠道，助力佛山创新创业发展。

3. 大力发展产业金融，优势互补互利共赢

进一步深化粤港澳合作，积极吸引港澳地区金融、科技、中介、物流、文化创意等高端服务业进入南海，依托广东金融高新区的独特优势，将港澳的先进科学技术、高端服务业与佛山的制造业优势、广东金融高新区的金融优势进行互补，推动产业、科技与金融的融合发展，探索科技金融服务模式，推进科技资源与金融资源的无缝对接，积极培育科技型企业发展。

（二）借鉴港澳产业模式，推动企业转型升级

1. 引进港澳研发成果，帮助汽车制造、信息产业、环保节能等产业转型升级

在汽车制造、信息产业、环保节能等产业方面，通过引进港澳研发成果，帮助本地企业开发新产品，提升生产效率，实现转型升级。

第一，"汽车制造"：传统转型。推动香港汽车零部件研究及发展中心与本地企业汽车行业开发创新科技，增强本地企业竞争力。南海区汽车制造行业具备较强的工业基础，香港具备汽车市场信息资源、项目管理、产品设计及仿真（计算机辅助工程、计算机辅助设计），汽车零部件各类测试以及产品商品化支持等专业服务优势，能对南海区汽车制造行业转型服务提供专业指导和服务[1]。

第二，"信息产业"：系统智能。可联合香港应用科技研究院[2]，依托

---

[1] 合作模式包括：（1）成立合作技术项目，按照特定产品要求或更进一步研发需要，将已完成平台项目结果进一步开发成产品；（2）知识产权授权，通过提供非独家IP授权及技术支持，香港企业零部件研究及发展中心提供平台，佛山三山新城中小企业自行开发产品；（3）知识产权转让，提供将整个平台项目技术独家转让予示范区中小企业，以促进企业的发展壮大。

[2] 香港应用科技研究院现聘有约400名研发专才，目前开发了多项港产科技并获得知识产权，获发专利逾500项。

南海区的信息化优势和粤港澳的智力资源，探索建设广佛大数据处理中心，引入香港应用科技研究院"客户导向研发"为主轴建立的经营模式，确保研发活动产生最大化"顾客效益"，从而推动粤港澳地区的信息化、智能化、系统化进程。

第三，"环保节能"：联合管理。发展环保节能产业，可借助香港研发成果、环保节能技术和专业服务，为本地企业提供最新科技资讯、构思创意项目、技术市场对接。可联合香港相关专业机构共同打造"粤港澳合作高端示范区"环保节能产业发展，联合为业界构思和培育创意项目，提供以市场主导的创新科研及技术方案、担当联系科研人员和业界的桥梁角色，以及妥善管理应用研究及发展项目的资金。

2. 利用港澳科技服务，促进中小企业孵化

第一，港澳联动，专业孵化。"粤港澳合作高端服务示范区"建设，可与香港科学园共同推进《战略合作协议》合作项目，推广"创享蓝海"粤港联合孵化器模式，对接香港的 incu-app 培育计划，推动本地中小企业孵化[1]。

第二，产业联盟，服务提升。示范区可进一步与香港生产力促进局合作，深化"南海区中小企业产业服务联盟提升"合作，推广"产业联盟快速诊断、产业联盟专题培训考察交流、公共服务平台能力提升培训班和精益供应链培训班"[2]等模式，促进粤港澳企业增资扩产、技改提升、上市融资、市场开拓等。

（三）全面深化粤港澳合作，吸聚港澳优质人才

1. 着力打造"香港城"，创新社区管理模式

"香港城"项目计划打造一个融合科技研发、创新创业、国际教育、高端医疗、生态居住等多项功能的城市核心综合社区。通过提供优质公共

---

[1] 广东省港澳办：《广东省港澳办三山新城粤港合作项目调研工作方案（最终定稿）》，2015年2月。

[2] 佛山市南海区人民政府：《佛山市南海区人民政府关于进一步支持我区加强粤港合作的报告》，2015年1月。

服务和配套设施，打造有竞争力的城市居住环境、国际化的营商环境和良好的创业就业氛围，从而吸引香港人前来创业、就业、置业，为港澳地区金融、科技、中介服务、信息服务、文化创意等高端服务业进入内地市场提供最佳落脚点。以"香港城"建设为切入点，借鉴港澳在社会管理方面经验，积极推进社会管理体制改革先行先试，探索建立多主体合作治理的新型社会管理体制，提高三山的城市管理及社区管理水平。

2. 建设青年创业社区，助力三地青年创业

三山新城应重点打造粤港澳青年创业社区，从政策扶持、资金投入、技术支撑等方面不遗余力地营造创新创业环境，助力三地青年在"创新、创业、创客"浪潮中实现个人梦想。

"两大引擎"助力青年创新创业。借力港澳丰富的"金融资源与信息平台"两大引擎，积极引进港澳证券、私募股权投资等机构，丰富创新金融资源，并撬动港澳民间资本投入青年创新创业的建设与发展中来。

第一，以粤港澳合作的"金融资源与管理"引导"青年创新创业"。依托港澳金融界的丰富资源与先进管理经验，引导港澳投资机构对粤港澳青年创新创业项目进行投资，或推动本土"粤港澳二代"二次创业企业赴境外资本市场挂牌上市，促进本土产业转型升级。

第二，"信息服务平台"对接"粤港澳青年需求"。依托佛山国家高新区和广东金融高新区，推进金融科技产业融合创新，营造良好的创新创业环境，促进港澳金融机构与内地项目对接。

3. 发挥人文认同优势，推动人才引进与培育

佛山与港澳地区的文化根源与地区优势，对推动佛山人才的引进、培养和交流具有促进作用，因此可借助地区优势来推动人才集聚，措施如下。

第一，海外人才联络吸引高端人才落户。充分发挥南海在港澳地区设立的海外人才联络处作用，积极推介南海人才工作环境，大力吸引港澳地区金融、科技、教育、医疗、社会管理等方面的高端技能人才落户发展。

第二，"香港城"促进高端人才扎根。三山新城通过与香港投资团体的合作，共建在规划建设、配套设施、生活环境等方面与香港看齐的"香

港城",让高端人才、创新创业青年能够在此乐业安居。

第三,国际学校培养适用人才。在三山新城筹建粤港澳国际学校,以多元化办学手段促进教育均衡发展。借鉴香港中文大学深圳校区的模式,探索港澳大学与南海合作办学,培养更多具有国际化视野、适应经济社会发展需求的高端人才。

第四,通过培训教育促进粤港澳全民融合。加强与港澳地区开展职业教育培训合作,举办政府公职人员、基层村(居)干部、社工、企业家等不同类别群体赴港澳学习培训,增强促进经济社会发展的能力。

第五,高校港澳生先行先试,打造"粤港澳人才聚集洼地"。推进建设粤港澳青年创业基地,引导粤港澳青年聚集佛山三山新城创业就业、培训交流,促进港澳与内地人才对接与融合。

(四)依托港澳金融优势,实现产业高端发展

1. 深化金科产融合,推动企业转型升级

全力招商引资,力促金融后台、服务外包、互联网金融,以及小微金融"四驾马车"齐头并进,推动金融产业要素加速集聚。深化金科产融合,鼓励支持企业上市,加快科技板和知识产权交易平台建设,为企业对接资本市场拓宽渠道。大力扶持创新创业孵化器项目,推动本土企业通过"互联网+金融"等手段实现转型升级。探索商业载体转型,盘活资源,加速去库存过程,防范化解金融风险[①]。

2. 全面拓展融资渠道,加速发展新兴产业

积极争取国家、省重大科技专项政策支持。提升广东新材料产业基地、广东新能源汽车核心部件产业基地等载体建设。支持龙头企业试水资本市场,鼓励上市发展。加大招商引资,引入一批龙头企业、领军人才和研发团队,加速战略性新兴产业集聚发展。

---

① 南海区发展规划和统计局:《佛山市南海区 2015 年国民经济和社会发展计划执行情况与 2016 年计划草案的报告》,2016 年 1 月。

(五)推广高铁+港澳服务模式,深化高铁经济合作

1. 利用高铁经济带效应和港澳科技服务优势,推进高铁沿线产业优化布局

充分利用高铁经济带效应和港澳先进的科技服务,推动优势产业互补,有序承接产业转移,共同推进高铁沿线产业优化布局。突出南海作为港澳与内地在高铁合作上的节点作用,加快在汽车、食品、电子信息、化工、有色金属、建筑材料等特色优势产业的分工与合作,加快合作项目建设进程。加强在生物、高端新型电子信息、新材料、新能源汽车、高端装备制造等战略性新兴产业的合作,集聚创新资源,推进信息公共技术支撑和服务平台建设。

2. 引进港澳专业服务,支持本地特色产业

以高铁交通为动力,引进港澳专业的咨询服务,加快培育发展优势特色服务业,促进生产性服务业与先进制造业融合发展、生产性服务业与生活性服务业联动发展。推进优势产业协作对接,合作共建产业园区。重点支持粤桂合作特别试验区建设,支持经济园区规划建设。支持跨区域定向招商引资,积极承接加工贸易产业转移,打造加工贸易发展新高地。

3. 借鉴港澳旅游服务,提升高铁旅游发展

示范区可依托高铁沿线文化、生态、民俗等旅游资源,合作开发特色优势旅游项目,整合沿线旅游资源,把景点串成景区、把景区连成线路,共同打造精品旅游线路。共同开拓旅游市场,积极开展互为目的地和客源地的旅游宣传促销活动,促进"快旅慢游""一程多站""一线多游"等旅游方式[①]。

(六)借鉴港澳对接国际,持续优化营商环境

通过推进体制机制改革,创新监管服务模式,深化金融港澳领域开放,实现港澳经济高度融合,服务贸易自由化,国际投资自由便利。

---

① 贵州省人民政府公报:《省人民政府办公厅关于分解落实〈粤桂黔建设贵广高铁经济带合作框架协议〉责任的通知》,2015年7月20日。

1. 完善"三单"管理模式,助力营商环境国际化

充分借鉴港澳国际化营商环境的建设经验,不断完善"三单"管理("负面清单"、准许清单和监管清单)模式,制定行业准入、政府资金竞争性分配、社会服务事项等办事流程清单,对接国际化企业管理模式。

2. 推动商事制度改革,实现营商环境便利化

示范区可借鉴港澳经验,全面落实企业注册资本实缴制改认缴制,降低设立企业的门槛,推动行政审批程序标准化,推动企业投资备案制度管理、商事登记制度改革和投融资体制改革,降低准入门槛,简化准入程序,切实减轻企业负担,构建优质的市场营商环境,提高市场运行效率(吴梦怡,2016)。

3. 创新招商模式,促进营商专业化

示范区应充分发挥港澳同胞资源丰富的优势,加强与港澳同乡会、商会的交流合作,创新招商引资方式,熟悉港澳投资者习惯和法律法规,提升招商工作的专业化水平。鼓励行业协会提升对接港澳企业的服务水平。

四 保障措施:保障体系、综合管理

(一)构建实施政策保障体系

切实处理好近期与远期、规划与实际发展之间的关系,体制机制改革在不断深化,在规划实施过程中需要不断与时俱进,把握国家发展新机遇,联系发展实际,因时制宜、因地制宜做好政策配套措施,推进各项政策落到实处。

(二)加强规划实施综合管理

加强规划的中期评估与终期总结,通过中期评估,反映真实情况和问题,调整和优化阶段性工作,提升各部门工作效率。发挥行政监察、组织人事等部门对规划实施的监督作用,畅通规划实施监督渠道。强化对规划实施和完成情况的评价和考核,主动接受社会公众监督,提高社会参与度

和民主透明度。

(三) 发挥重大项目支撑作用

加快推进重大项目建设，积极谋划对示范基地产生积极影响的新项目，全方位保障重大项目的规划实施。

从政策扶持、资金投入、技术支撑、场地支持、创业服务等方面着手，积极推进重大项目规划实施，推动"香港城"和"三山粤港澳青年创业社区"等粤港澳合作的重点项目。将重点项目列入政府工作议程，强化部门协调联动，集中资源和力量保障重点项目顺利实施。

五 对策研究：创新合作模式、优化营商环境

1. 对接港澳商事管理，优先推广自贸区政策，创新经济管理模式
2. 以港澳科技产业转化模式，推本地企业转型升级，促中小企业孵化
3. 以港澳金融专业服务，助粤港澳青年创业社区·众创空间
4. 通过"高铁商贸经济+港澳专业服务"，发展商贸推广
5. 港澳经济促营商环境国际化、制度化和标准化

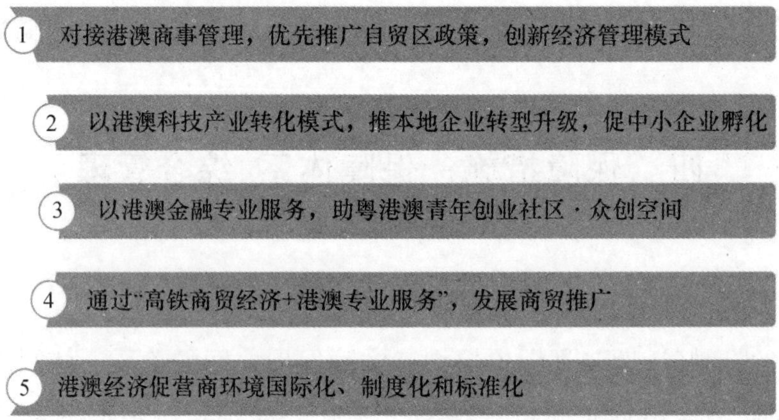

图 7-1 对策研究：创新合作模式、优化营商环境

资料来源：根据相关资料整理绘制。

(一) 对接港澳商事管理，优先推广自贸区政策，创新经济管理模式

佛山建设"粤港澳合作高端服务示范区"，可通过借鉴港澳经济国际投资便利化、国际货物贸易和服务贸易自由化的管理经验和监管模式，推进政府职能转变，探索创新经济管理模式。

简化各项审批程序，逐步推行企业投资备案制管理，全面落实企业注

册资本实缴制改为认缴制，降低设立企业的门槛。争取上级部门政策项目支持，将把自贸区探索成熟的优惠政策，争取优先在佛山"粤港澳合作高端服务示范区"复制推广。

（二）以港澳科技产业转化模式，推本地企业转型升级，促中小企业孵化

佛山以传统制造业为主，而港澳科技服务、研发成果转化及其商贸金融配套服务发达，因此，佛山建设"粤港澳合作高端服务示范区"，应与香港特区政府创新科技署战略合作，依托港澳科研应用能力、知识产权保护和国际化营商环境，结合本地生产基地需要，推动新光源、新材料、节能环保、汽车制造等新兴产业发展壮大，通过港澳科技产业转化模式，推本地企业转型升级，促中小企业孵化。

进一步提升佛山南海区政府与香港科技园联合建设的"南海粤港科技产业升级试验区"，以与香港科学园合作项目为切入点，创新粤港澳科技产业的合作模式，打通港澳科技企业进入国内市场的绿色通道。

（三）以港澳金融专业服务，助粤港澳青年创业社区·众创空间

当前国家战略中广东自贸区建设、服务贸易"负面清单"管理和"一带一路"政策明确支持港澳发展。此外，中央对香港管治问题以及香港"占中"事件问题表明，香港青年问题日益突出，澳门产业适度多元化也面临本地青年发展困难。示范区位于"南番顺"交界，港澳人士对"南番顺"具有高度认同感，这奠定了示范区推动粤港澳青年创意创业的文化基础，消除了粤港澳人才交流的屏障。针对国家战略需求和区域特色优势，示范区依托港澳金融专业服务，推动粤港澳区域深度合作，促进粤港澳青年创新创业融合发展。

（四）通过"高铁商贸经济+港澳专业服务"，发展商贸推广

粤桂黔三省区互补性强，佛山"粤港澳合作高端服务示范区"以高铁为主线，推动铁路、公路、航空、水运等多种交通方式无缝衔接，形成互联互通的综合交通网络，发展产业互补协作、生态联防联建、旅游连线扩片发展等重点[1]，促进泛珠区域的资源流动和经贸合作。因此，佛山应以佛山西站为枢纽，以佛山国家高新区为载体，建设粤桂黔高铁经济带合作试验区，打造一个高品质的，能发挥高铁枢纽优势的"粤港澳合作高端服务示范区"。

以高铁交通为动力，进一步发挥广州、南宁等中心城市现代服务业的辐射带动作用，以港澳专业的咨询服务和管理体系，加快培育发展优势特色服务业，促进生产性服务业与先进制造业融合发展、生产性服务业与生活性服务业联动发展。推进优势产业协作对接，合作共建产业园区。重点支持粤桂合作特别试验区建设，支持经济园区规划建设。支持跨区域定向招商引资，积极承接加工贸易产业转移，打造加工贸易发展新高地。

（五）港澳经验促营商环境国际化、制度化和标准化

进一步推进港澳经济高度融合，国际投资自由便利，国际贸易创新功能突出，服务贸易自由化，监管模式灵活有效。为了推进服务业扩大开放和投资管理体制改革，推动贸易转型升级，深化金融领域开放，创新监管服务模式，三山新城应进一步探索培育国际化、制度化和标准化的营商环境，发挥示范带动、服务全国的积极作用。

充分借鉴港澳国际化营商环境的建设经验，不断完善"三单"管理（"负面清单"、准许清单和监管清单）模式，制定行业准入、政府资金竞争性分配、社会服务事项等办事流程清单，对接国际化企业管理模式。加大简政放权力度，建立政府权力清单制度，探索实行"负面清单"管理模式，放宽市场准入，更好创造营商环境，鼓励公平竞争，建设法治经济，更多释放改革红利，激发社会创造活力，稳定市场预期[2]。推进城市精细化管理，切实提高佛山市政设施及管理标准，促使佛山向国际化城市

---

[1] 贵州省人民政府公报：《省人民政府办公厅关于分解落实〈粤桂黔建设贵广高铁经济带合作框架协议〉责任的通知》，2015年7月20日。

[2] 李克强：《共同开创亚洲发展新未来——在博鳌亚洲论坛2014年年会开幕式上的演讲》，2014年4月10日。

管理标准迈进，以实现对示范区建设的全方位配合。

参考文献：

［1］《横琴总体发展规划》，2009 年 8 月 14 日，http：//www.scio.gov.cn/ztk/xwfb/04/4/Document/542280/542280.htm。

［2］佛山市南海区人民政府：《佛山市南海区人民政府关于进一步支持我区加强粤港合作的报告》，2015 年 1 月。

［3］广东省港澳办：《广东省港澳办三山新城粤港合作项目调研工作方案（最终定稿）》，2015 年 2 月。

［4］广东省人民政府：《广东省人民政府关于复制推广中国（广东）自由贸易试验区首批改革创新经验的通知》，2015 年 12 月。

［5］贵州省人民政府公报：《省人民政府办公厅关于分解落实〈粤桂黔建设贵广高铁经济带合作框架协议〉责任的通知》，2015 年 7 月 20 日。

［6］李克强：《共同开创亚洲发展新未来——在博鳌亚洲论坛 2014 年年会开幕式上的演讲》，2014 年 4 月 10 日。

［7］南海区发展规划和统计局：《佛山市南海区 2015 年国民经济和社会发展计划执行情况与 2016 年计划草案的报告》，2016 年 1 月。

［8］南海区发展规划和统计局：《佛山市南海区 2015 年国民经济和社会发展计划执行情况与 2016 年计划草案的报告》，2016 年 1 月。

［9］三山新城建设局：《南海三山创建"粤港澳服务贸易自由化省级示范基地"进展情况汇报》，2016 年 4 月；张光南等：《粤港澳服务贸易自由化——负面清单管理模式》，中国社会科学出版社 2014 年版。

［10］深圳商报：《发展四大产业，建设"两区一台"》，2009 年 6 月 27 日。

［11］吴梦怡：《完善我国自贸区负面清单管理模式的法律思考》，2016 年 5 月 12 日。

附 录

附录 1

粤港澳服务贸易自由化相关政府机构一览表

地区	部门	联络网址
中国内地	中央港工作协调小组	—
	国务院服务贸易发展部际联席会议	—
	商务部	http://www.mofcon.gov.cn/
	财政部	http://www.mof.gov.cn/index.htm
	国家发展与改革委员会	http://www.sdpc.gov.cn/
	国家税务总局及广东省分局	http://www.chinatax.gov.cn/ 及 http://www.gdltax.gov.cn/
	国家工商总局及广东省分局	http://www.saic.gov.cn/ 及 http://www.gdipo.gov.cn
	中国贸保会	http://www.ccpit.org/
	中央人民政府驻香港特别行政区联络办公室（香港中联办）	http://www.locpg.gov.cn/
	中央人民政府驻澳门特别行政区联络办公室（澳门中联办）	http://www.zlb.gov.cn/
	广东省商务厅	http://www.hmo.gd.gov.cn/
	广东省港澳事务办公室（广东省港澳办）	http://www.hmo.gd.gov.cn/home/index.jsp
	广东省人民政府外事办公室	http://gdfao.southcn.com
香港	香港财政司	http://www.fso.gov.hk/sim/index.htm
	香港税务局	http://www.jrd.gov.hk/chs/welcome.htm
	香港贸易发展局	http://www.hktdc.com/sc/index.html
	香港商务及经济发展局	http://www.cedb.gov.hk/chs/about/index.htm
	香港工业与贸易署	http://www.tid.gov.hk/scindex.html
	香港特别行政区政府驻粤经济贸易办事处（香港驻粤办）	http://www.gdeto.gov.hk/sc/home/index.html
澳门	澳门特别行政区政府财政局	http://www.dsf.gov.mo/
	澳门贸易投资促进局	http://www.ipim.gov.mo
	澳门特区政府旅游局	http://macau.tourism.gov.mo
	澳门政府土地工务运输司	http://www.dssopt.gov.mo/
	澳门经济司	http://www.economia.gov.mo/

附录 2

粤港澳自由贸易相关大事记

时间	事件	意义
2003.06.29	中央政府和澳门特区政府正式签署《内地与香港关于建立更紧密经贸关系的安排》（CEPA）	CEPA 是内地与港澳经贸交流与合作的重要里程碑，是我国家主体与香港、澳门单独关税区之间签署的自由贸易协议。CEPA 的基本目标是：逐步取消货物贸易的关税和非关税壁垒，逐步实现服务自由化，促进贸易投资便利化，提高内地与香港、澳门之间的经贸合作水平
2003.10.17	中央政府和澳门特区政府正式签署《内地与澳门关于建立更紧密经贸关系的安排》（CEPA）	
2008.07.29	内地与香港特区政府签署了《内地与香港关于建立更紧密经贸关系的安排》补充协议五	香港与广东省以先行先试形式，在广东推行共 25 项开放和便利化措施，其中 17 项措施已纳入《〈内地与香港关于建立更紧密经贸关系的安排〉补充协议五》
2008.07.30	内地与澳门特区政府签署了《内地与澳门关于建立更紧密经贸关系的安排》补充协议五	"安排"补充协议五充分体现广东作为《内地与澳门关于建立更紧密经贸关系的安排》对澳门的先行先试作用
2009.12.15	港珠澳大桥正式开工建设；2016 年 6 月 29 日，主体桥梁成功合拢；2016 年 9 月 27 日，港珠澳大桥主体桥梁正式贯通	港珠澳大桥成为世界最长的跨海大桥。作为中国建设史上里程最长、投资最多、施工难度最大的跨海桥梁项目，港珠澳大桥受到海内外广泛关注。港珠澳大桥将连起世界最具活力经济区，快速通道的建成对香港、澳门、珠海三地经济社会一体化意义深远
2010.04.07	广东省人民政府和香港特别行政区政府签订《粤港合作框架协议》	该协议是由中央人民政府（国务院）牵头的全国第一份省和特别行政区之间的合作协议，是粤港区域经济一体化的里程碑
2011.03.06	广东省人民政府和澳门特别行政区政府签订《粤澳合作框架协议》	粤澳合作迈向新的里程，开启了"一国两制"下区域合作新篇章
2014.12.18	内地与香港/澳门特区政府签署了《内地与香港/澳门关于建立更紧密经贸关系的安排》关于内地在广东与香港/澳门基本实现服务贸易自由化的协议	推动内地与香港特别行政区和澳门特别行政区基本实现服务贸易自由化
2014.12.01	国务院决定设立中国（广东）自由贸易试验（三大片区：广州南沙自贸区、深圳蛇口自贸区、珠海横琴自贸区）	（广东）自由贸易试验区是粤港澳贸易合作的重要平台，是粤港澳深度合作示范区

续表

时间	事件	意义
2015.11.27	内地与香港特区政府签署了《内地与香港关于建立更紧密经贸关系的安排》服务贸易协议	推动内地与香港特别行政区基本实现服务贸易自由化,逐步减少或取消双方之间服务贸易实质上所有歧视性措施,进一步提高双方经贸交流与合作的水平
2015.11.28	内地与澳门特区政府签署了《内地与澳门关于建立更紧密经贸关系的安排》服务贸易协议	推动内地与澳门特别行政区基本实现服务贸易自由经,逐步减少或取消双方之间服务贸易实质上所有歧视性措施,进一步提高双方经贸交流与合作的水平
2017.06.28	内地与香港特区政府签署了《内地与香港关于建立更紧密经贸关系的安排》投资协议	促进和保护内地与香港特别行政区投资者在对方的投资,逐步减少或取消双方之间投资实质上所有歧视性措施,保护双方投资者权益,推动双方逐步实现投资自由化、便利化,进一步提高双方经贸交流与合作的水平
	内地与香港特区政府签署了《内地与香港关于建立更紧密经贸关系的安排》经济技术合作协议	促进内地与香港特别行政区贸易投资便利化,全面提升双方经济技术交流与合作的水平

附录 3

《内地与香港关于建立更紧密经贸关系的安排》服务贸易协议

序　言

为推动内地[①]与香港特别行政区（以下简称"双方"）基本实现服务贸易自由化，逐步减少或取消双方之间服务贸易实质上所有歧视性措施，进一步提高双方经贸交流与合作的水平，双方决定，就内地与香港特别行政区（以下简称"香港"）基本实现服务贸易自由化签署本协议。

第一章　与《安排》[②]的关系

第一条　与《安排》的关系

一、为逐步减少直至取消双方之间服务贸易实质上所有歧视性措施，双方决定在《安排》及其所有补充协议、《〈安排〉关于内地在广东与香港基本实现服务贸易自由化的协议》（以下简称《广东协议》）已实施开放措施基础上签署本协议。本协议是《安排》的服务贸易协议。

二、《安排》第四章第十一条、第十二条的有关内容按照本协议执行。本协议条款与《安排》及其所有补充协议、《广东协议》条款产生抵触时，以本协议条款为准。

[①] 内地系指中华人民共和国的全部关税领土。
[②] 《安排》系《内地与香港关于建立更紧密经贸关系的安排》的简称。

第二章 范围及定义

第二条 范围及定义

一、本协议附件1和附件2的所有措施适用于内地和香港之间的服务贸易。

二、本协议所称服务贸易，是指：

（一）自一方境内向另一方境内提供服务；

（二）在一方境内对另一方的服务消费者提供服务；

（三）一方的服务提供者通过在另一方境内的商业存在提供服务；

（四）一方的服务提供者通过在另一方境内的自然人存在提供服务。

上述（一）、（二）、（四）统称为跨境服务。

三、就本协议而言：

（一）"措施"指一方的任何措施，无论是以法律、法规、规则、程序、决定、行政行为的形式还是以任何其他形式。

在履行本协议项下的义务和承诺时，每一方应采取其所能采取的合理措施，以保证其境内的政府和主管机关以及非政府机构遵守这些义务和承诺。

（二）"服务"包括任何部门的任何服务，但在行使政府职权时提供的服务除外。

（三）"行使政府职权时提供的服务"指既不依据商业基础提供，也不与一个或多个服务提供者竞争的任何服务。

（四）"商业存在"指任何类型的商业或专业机构，包括为提供服务而在一方境内：

1. 设立、收购或经营一法人。

2. 设立或经营一分支机构或代表处。

（五）"政府采购"指政府以购买、租赁等各种合同形式，取得商品或服务的使用权或获得商品或服务，或两者兼得的行为。其目的并非是商业销售或转售，或为商业销售或转售而在生产中使用、提供商品或服务。

四、本协议中的"服务提供者"定义及相关规定载于附件3。

第三章 义务及规定

第三条 义务

一、内地对香港服务和服务提供者的具体措施载于本协议附件1。对于本协议附件1表2、表3和表4所列明的具体承诺的实施,除执行本协议规定外,还应适用内地有关法律法规和行政规章。

二、对本协议涵盖的服务领域,香港对内地服务和服务提供者不增加任何限制性措施。双方通过磋商,拟订和实施香港对内地服务和服务提供者进一步开放服务贸易的内容。有关具体承诺列入本协议附件2。

三、应一方要求,双方可通过协商,进一步提高双方服务贸易自由化的水平。

四、任何根据本条第三款实行的提高服务贸易自由化水平的措施应纳入本协议附件1及附件2予以实施。

第四条 国民待遇

一、一方在影响服务提供的所有措施方面给予另一方的服务和服务提供者的待遇,不得低于其给予本方同类服务和服务提供者的待遇。[①]

二、一方可通过对另一方的服务或服务提供者给予与其本方同类服务或服务提供者的待遇形式上相同或不同的待遇,满足第一款的要求。

三、如形式上相同或不同的待遇改变竞争条件,与另一方的同类服务或服务提供者相比,有利于该方的服务或服务提供者,则此类待遇应被视为较为不利的待遇。

第五条 最惠待遇

一、关于本协议涵盖的任何措施,一方对于另一方的服务和服务提供者,应立即和无条件地给予不低于其给予其他方同类服务和服务提供者的待遇。

二、本协议的规定不得解释为阻止一方对相邻国家或地区授予或给予优惠,以便利仅限于毗连边境地区的当地生产和消费的服务的交换。

第六条 金融审慎原则

一、尽管本协议有其他规定,一方不应被阻止出于审慎原因而采取或维持与金融服务有关的措施。这些审慎原因包括保护投资者、存款人、投保人或金融服务提供者对其负有信托义务的人或确保金融系统的完整与稳定。[②]

[①] 根据本条承担的具体承诺不得解释为要求任何一方对由于有关另一方服务或服务提供者的外来特性而产生的任何固有的竞争劣势作出补偿。

[②] "审慎原因"这一用语应理解为包括维持单个金融机构或金融体系的安全、稳固、稳健和财务责任,以及维护支付和清算系统的安全以及财务和运营的稳健性。

二、本协议的任何规定不适用于为执行货币或相关信贷政策或汇率政策而采取的普遍适用的非歧视性措施。①

三、"金融服务"应当与世界贸易组织《服务贸易总协定》的《关于金融服务的附件》第五款第（a）项中的金融服务具有相同的含义，并且该条款中"金融服务提供者"也包括《关于金融服务的附件》第五款第（c）项所定义的公共实体。

四、为避免歧义，本协议不应被解释为阻止一方在金融机构中适用或者执行为保证遵守与本协议不冲突的法律或法规而采取的与另一方的服务提供者或者涵盖服务有关的必要措施，包括与防范虚假和欺诈做法或者应对金融服务合同违约影响有关的措施，但这些措施的实施方式不得在情形类似的国家（或地区）间构成任意的或者不合理的歧视，或者构成对金融机构的投资的变相限制。

五、对于现行法规未明确涉及的领域，一方保留采取限制性措施的权利。

第七条 保障措施

一、当因执行本协议对任何一方的贸易和相关产业造成重大影响时，一方保留新设或维持与服务有关的限制性措施的权利。

二、一方根据第一款准备采取的措施，应尽可能充分及时地通知另一方，并磋商解决。

第八条 例外

一、本协议及其附件所载规定并不妨碍一方维持或采取与世界贸易组织《服务贸易总协定》第14条及14条之二相一致的例外措施。

二、一方针对另一方服务或服务提供者的外来特性采取的水平管理措施不应视为较为不利的待遇。

第四章 商业存在②

第九条 保留的限制性措施

一、第四条"国民待遇"和第五条"最惠待遇"不适用于：

---

① 为避免歧义，为执行货币或相关信贷政策或汇率政策而采取的普遍适用的措施，不包括明确将规定了计价货币或货币汇率的合同条款宣布为无效或修改该种条款的措施。

② 在本协议下，本章的商业存在不包括第六章电信专章第十一条电信服务和第七章文化专章第十二条文化服务项下的商业存在。

（一）一方保留的限制性措施，列明在附件1表1和附件2中；

（二）一般情况下，第（一）项所指保留的限制性措施可作修订，但经修订后的保留措施与修订前相比，不可更不符合第四条"国民待遇"和第五条"最惠待遇"作出的义务。

二、第四条"国民待遇"和第五条"最惠待遇"不适用于：

（一）政府采购；

（二）一方给予的补贴或赠款，包括政府支持的贷款、担保和保险。

但一方法律法规就第（一）、（二）项另有规定的从其规定。

第五章　跨境服务[①]

第十条　跨境服务

双方同意就逐步减少歧视性措施保持磋商，具体开放措施列明在附件1表2和附件2中，其他不做承诺。

第六章　电信专章

第十一条　电信服务

双方同意就逐步减少歧视性措施保持磋商，具体开放措施列明在附件1表3和附件2中，其他不做承诺。

第七章　文化专章

第十二条　文化服务

双方同意就逐步减少歧视性措施保持磋商，具体开放措施列明在附件1表4和附件2中，其他不做承诺。

[①] 在本协议下，本章的跨境服务不包括第六章电信专章第十一条电信服务和第七章文化专章第十二条文化服务项下的跨境服务。

第八章　特殊手续和信息要求

第十三条　特殊手续和信息要求

一、如果特殊手续要求不实质性损害一方根据本协议承担的对另一方服务提供者的义务，则第四条"国民待遇"不应被解释为阻止一方采取或维持与服务相关的特殊手续的措施。

二、尽管有第四条"国民待遇"和第五条"最惠待遇"，一方可仅为了信息或统计的目的，要求另一方的服务提供者提供与服务或服务提供者有关的信息。该一方应保护商业机密信息防止因泄露而有损服务提供者的竞争地位。本款不应被解释为阻碍一方获得或披露与公正和诚信适用法律有关的信息。

第九章　投资便利化

第十四条　投资便利化

为提高投资便利化水平，内地同意对香港服务提供者在内地投资本协议对香港开放的服务贸易领域，公司设立及变更的合同、章程审批改为备案管理，备案后按内地有关规定办理相关手续。以下两种情形除外：

（一）第四章第九条涉及保留的限制性措施及电信、文化领域公司、金融机构的设立及变更按现行外商投资法律法规以及相关规定办理；

（二）公司以外其他形式的商业存在的设立及变更按现行有关规定办理。

第十章　其他条款

第十五条　附件

本协议的附件构成本协议的组成部分。

第十六条　生效和实施

本协议自双方代表正式签署之日起生效，自 2016 年 6 月 1 日起实施。

本协议以中文书就，一式两份。

本协议于二〇一五年十一月二十七日在香港签署。

<table>
<tr><td>中华人民共和国
商务部副部长</td><td>中华人民共和国
香港特别行政区财政司司长</td></tr>
</table>

附件1 内地向香港开放服务贸易的具体承诺[①]

表1　　　　　　　　　对商业存在保留的限制性措施（"负面清单"）

部门	商务服务
分部门	A. 专业服务 a. 法律服务（CPC861）
所涉及的义务	国民待遇
保留的限制性措施	商业存在 独资设立的代表机构不得办理涉及内地法律适用的法律事务，或聘用内地执业律师。 与内地方以合作形式提供法律服务限于： 可由内地律师事务所向香港律师事务所驻内地代表机构派驻内地执业律师担任内地法律顾问，或由香港律师事务所向内地律师事务所派驻香港律师担任涉港或跨境法律顾问。 内地律师事务所和已在内地设立代表机构的香港律师事务所按照协议约定进行联合经营的，在各自执业范围、权限内以分工协作方式开展业务合作。 在广州市、深圳市、珠海市与内地方以合伙方式联营，联营方式按照司法行政主管部门批准的具体规定执行
部门	商务服务
分部门	A. 专业服务 b. 会计、审计和簿记服务（CPC862）
所涉及的义务	国民待遇
保留的限制性措施	商业存在 取得中国注册会计师资格的香港永久性居民可在内地担任合伙制会计师事务所合伙人，会计师事务所的控制权须由内地居民持有，具体要求按照内地财政主管部门的规定执行； 担任合伙人的香港永久性居民在内地有固定住所，其中每年在内地居留不少于6个月
部门	商务服务
分部门	A. 专业服务 c. 税收服务（CPC863）
所涉及的义务	国民待遇
保留的限制性措施	商业存在 实行国民待遇
部门	商务服务
分部门	A. 专业服务 d. 建筑及设计服务（CPC8671）

[①]　部门分类使用世界贸易组织《服务贸易总协定》服务部门分类（GNS/W/120），部门的内容参考相应的联合国中央产品分类（CPC, United Nations Provisional Central Product Classification）。

续表

所涉及的义务	国民待遇
保留的限制性措施	商业存在 香港服务提供者应是在香港从事建设工程设计的企业或者注册建筑师、注册工程师
部门	商务服务
分部门	A. 专业服务 e. 工程服务（CPC8672）
所涉及的义务	国民待遇
保留的限制性措施	商业存在 香港服务提供者应是在香港从事建设工程设计的企业或者注册建筑师、注册工程师。 从事综合水利枢纽的建设、经营须由内地方控股
部门	商务服务
分部门	A. 专业服务 f. 集中工程服务（CPC8673）
所涉及的义务	国民待遇
保留的限制性措施	商业存在 香港服务提供者应是在香港从事建设工程设计的企业或者注册建筑师、注册工程师。 从事综合水利枢纽的建设、经营须由内地方控股
部门	商务服务
分部门	A. 专业服务 g. 城市规划和园林建筑服务（CPC8674）
所涉及的义务	国民待遇
保留的限制性措施	商业存在 不得提供城市总体规划、国家级风景名胜区总体规划服务
部门	商务服务
分部门	A. 专业服务 h. 医疗和牙科服务（CPC9312）
所涉及的义务	国民待遇
保留的限制性措施	商业存在 申请设立医疗机构须经省级卫生计生委和省级商务主管部门按国家规定审批和登记
部门	商务服务
分部门	A. 专业服务 i. 兽医服务（CPC932）
所涉及的义务	国民待遇
保留的限制性措施	商业存在 实行国民待遇
部门	商务服务
分部门	A. 专业服务 j. 助产士、护士、理疗医师和护理员提供的服务（CPC93191）
所涉及的义务	国民待遇
保留的限制性措施	商业存在 不作承诺①
部门	商务服务
分部门	A. 专业服务 k. 其他（专利代理、商标代理等）（CPC8921－8923）
所涉及的义务	国民待遇

---

① 内地在此服务贸易部门（分部门）尚不存在商业存在模式。

续表

保留的限制性措施	商业存在 实行国民待遇
部门	商务服务
分部门	B. 计算机及相关服务 a. 与计算机硬件安装有关的咨询服务（CPC841）
所涉及的义务	国民待遇
保留的限制性措施	商业存在 实行国民待遇
部门	商务服务
分部门	B. 计算机及相关服务 b. 软件执行服务（CPC842）
所涉及的义务	国民待遇
保留的限制性措施	商业存在 实行国民待遇
部门	商务服务
分部门	B. 计算机及相关服务 c. 数据处理服务（CPC843）
所涉及的义务	国民待遇
保留的限制性措施	商业存在 实行国民待遇
部门	商务服务
分部门	B. 计算机及相关服务 d. 数据库服务（CPC844，网络运营服务和增值电信业务除外①）
所涉及的义务	国民待遇
保留的限制性措施	商业存在 实行国民待遇
部门	商务服务
分部门	B. 计算机及相关服务 e. 其他（CPC845＋849）
所涉及的义务	国民待遇
保留的限制性措施	商业存在 实行国民待遇
部门	商务服务
分部门	C. 研究和开发服务 a. 自然科学的研究和开发服务（CPC851）
所涉及的义务	国民待遇
保留的限制性措施	商业存在 不得从事人体干细胞、基因诊断与治疗技术的开发和应用。 不得从事稀有和特有的珍贵优良品种研发、养殖、种植和相关繁殖材料的生产，农作物、种畜禽、水产苗种转基因品种选育及其转基因种子（苗）生产，以及原产于内地的国家保护的野生动、植物资源种类的开发活动。 与内地合作研究利用列入保护名录的畜禽遗传资源的，应当向省级人民政府畜牧兽医行政主管部门提出申请，同时提出国家共享惠益的方案；受理申请的省级畜牧兽医行政主管部门经审核，报国务院畜牧兽医行政主管部门批准。新发现的畜禽遗传资源在国家畜禽遗传资源委员会鉴定前，不得合作研究利用。从事农业转基因生物研究与试验的，应当经国务院农业行政主管部门批准

① "网络运营服务和增值电信业务"属于本协议附件1表3（电信领域正面清单）涵盖范畴。

续表

部门	商务服务
分部门	C. 研究和开发服务 c. 边缘学科的研究和开发服务（CPC853）
所涉及的义务	国民待遇
保留的限制性措施	商业存在 限于自然科学跨学科的研究与实验开发服务
部门	商务服务
分部门	D. 房地产服务 a. 涉及自有或租赁房地产的服务（CPC821）
所涉及的义务	国民待遇
保留的限制性措施	商业存在 实行国民待遇。 为明晰起见，香港服务提供者在香港和内地承接的物业建筑面积，可共同作为评定其在内地申请物业管理企业资质的依据
部门	商务服务
分部门	D. 房地产服务 b. 基于收费或合同的房地产服务（CPC822）
所涉及的义务	国民待遇
保留的限制性措施	商业存在 实行国民待遇。 为明晰起见，香港服务提供者在香港和内地承接的物业建筑面积，可共同作为评定其在内地申请物业管理企业资质的依据
部门	商务服务
分部门	E. 无操作人员的租赁服务 a. 船舶租赁（CPC83103）
所涉及的义务	国民待遇
保留的限制性措施	商业存在 实行国民待遇
部门	商务服务
分部门	E. 无操作人员的租赁服务 b. 航空器租赁（CPC83104）
所涉及的义务	国民待遇
保留的限制性措施	商业存在 实行国民待遇
部门	商务服务
分部门	E. 无操作人员的租赁服务 c. 个人车辆（CPC83101）、货运车辆（CPC83102）及其他陆地运输设备（CPC83105）的租赁服务
所涉及的义务	国民待遇
保留的限制性措施	商业存在 实行国民待遇
部门	商务服务
分部门	E. 无操作人员的租赁服务 d. 农业机械等设备租赁服务（CPC83106–83109）
所涉及的义务	国民待遇
保留的限制性措施	商业存在 实行国民待遇

续表

部门	商务服务
分部门	E. 无操作人员的租赁服务 e. 个人和家用物品等其他租赁服务（CPC832）
所涉及的义务	国民待遇
保留的限制性措施	商业存在 实行国民待遇
部门	商务服务
分部门	F. 其他商务服务 a. 广告服务（CPC871）
所涉及的义务	国民待遇
保留的限制性措施	商业存在 实行国民待遇
部门	商务服务
分部门	F. 其他商务服务 b. 市场调研和公共民意测验服务（CPC864）
所涉及的义务	国民待遇
保留的限制性措施	商业存在 提供市场调查①服务限于合资、合作（其中广播电视收听、收视调查须由内地方控股）。 不得提供公共民意测验服务和非市场调查的市场调研服务。 内地实行涉外调查机构资格认定制度和涉外社会调查项目审批制度。涉外市场调查需通过取得涉外调查资格的机构进行；涉外社会调查需通过取得涉外调查资格的内资机构报经批准后进行
部门	商务服务
分部门	F. 其他商务服务 c. 管理咨询服务（CPC865）
所涉及的义务	国民待遇
保留的限制性措施	商业存在 实行国民待遇
部门	商务服务
分部门	F. 其他商务服务 d. 与管理咨询相关的服务（CPC866）
所涉及的义务	国民待遇
保留的限制性措施	商业存在 实行国民待遇
部门	商务服务
分部门	F. 其他商务服务 e. 技术测试和分析服务（CPC8676）
所涉及的义务	国民待遇
保留的限制性措施	商业存在 不得为内地籍船舶提供船舶检验服务
部门	商务服务
分部门	F. 其他商务服务 f. 与农业、狩猎和林业有关的服务（CPC881）

① 市场调查是指，旨在获得关于一组织的产品在市场中的前景和表现的信息的调查服务，包括市场分析（市场的规模和其他特点）及对消费者态度和喜好的分析。

续表

所涉及的义务	国民待遇
保留的限制性措施	商业存在 农作物新品种选育和种子生产，须由内地方控股。 不得从事国家保护的原产于内地的野生动、植物种类资源开发。 不得从事国家保护野生动物（包括但不限于象牙、虎骨）的雕刻、加工、销售。 不得从事森林火灾损失评估以及其他森林评估。 不得获得林权证
部门	商务服务
分部门	F. 其他商务服务 g. 与渔业有关的服务（CPC882）
所涉及的义务	国民待遇
保留的限制性措施	商业存在 不得从事内地远洋渔业和内地捕捞业
部门	商务服务
分部门	F. 其他商务服务 h. 与采矿业有关的服务（CPC883＋5115）
所涉及的义务	国民待遇
保留的限制性措施	商业存在 实行国民待遇
部门	商务服务
分部门	F. 其他商务服务 i. 与制造业有关的服务（CPC884＋885，CPC88442除外）
所涉及的义务	国民待遇
保留的限制性措施	商业存在 不得提供与禁止外商投资的制造业有关的服务
部门	商务服务
分部门	F. 其他商务服务 j. 与能源分配有关的服务（CPC887）
所涉及的义务	国民待遇
保留的限制性措施	商业存在 从事输电网、核电站的建设、经营须由内地方控股。 在广东省以外50万人口以上的内地城市及广东省100万人口以上的城市，从事城市燃气、热力和供排水管网的建设经营须由内地方控股
部门	商务服务
分部门	F. 其他商务服务 k. 人员提供与安排服务（CPC872）
所涉及的义务	国民待遇
保留的限制性措施	商业存在 实行国民待遇
部门	商务服务
分部门	F. 其他商务服务 l. 调查与保安服务（CPC873）
所涉及的义务	国民待遇
保留的限制性措施	商业存在 不得从事调查服务。 不得提供经设区的市级以上地方人民政府确定的关系国家安全、涉及国家秘密等治安保卫重点单位的保安服务。 不得设立或入股内地提供武装守护押运服务的保安服务公司

续表

部门	商务服务
分部门	F. 其他商务服务 m. 与工程相关的科学和技术咨询服务（CPC8675）
所涉及的义务	国民待遇
保留的限制性措施	商业存在 不得从事： 钨、锡、锑、钼、萤石的勘查。 稀土的勘查、选矿。 放射性矿产的勘查、选矿。 与水利工程相关的科学和技术咨询服务。 大地测量；测绘航空摄影；行政区域界线测绘；海洋调查①；地形图、世界政区地图、全国政区地图、省级及以下政区地图、全国性教学地图、地方性教学地图和真三维地图的编制；导航电子地图编制；区域性的地质填图、矿产地质、地球物理、地球化学、水文地质、环境地质、地质灾害、遥感地质等调查。 不得以独资形式从事： 特殊和稀缺煤类的勘查（须由内地方控股）。 贵金属（金族）的勘查。 石墨的勘查。 锂矿的选矿。 设立测绘公司（须由内地方控股）
部门	商务服务
分部门	F. 其他商务服务 n. 设备的维修和保养服务（个人和家用物品的维修，与金属制品、机械和设备有关的修理服务）（CPC633+8861-8866）
所涉及的义务	国民待遇
保留的限制性措施	商业存在 从事海洋工程装备（含模块）的修理须由内地方控股
部门	商务服务
分部门	F. 其他商务服务 o. 建筑物清洁服务（CPC874）
所涉及的义务	国民待遇
保留的限制性措施	商业存在 实行国民待遇
部门	商务服务
分部门	F. 其他商务服务 p. 摄影服务（CPC875）
所涉及的义务	国民待遇
保留的限制性措施	商业存在 实行国民待遇
部门	商务服务
分部门	F. 其他商务服务 q. 包装服务（CPC876）
所涉及的义务	国民待遇
保留的限制性措施	商业存在 实行国民待遇
部门	商务服务
分部门	F. 其他商务服务 s. 会议服务（CPC87909）
所涉及的义务	国民待遇

---

① 海洋调查指海洋水体调查及海洋测绘等。

续表

保留的限制性措施	商业存在 实行国民待遇
部门	商务服务
分部门	F. 其他商务服务 t. 其他（CPC8790，光盘复制服务除外①）
所涉及的义务	国民待遇
保留的限制性措施	商业存在 不得从事印章刻制服务。 为明晰起见，香港服务提供者可在广东省深圳市、广州市试点设立商业保理企业
部门	通信服务
分部门	A. 邮政服务（CPC7511）
所涉及的义务	国民待遇
保留的限制性措施	商业存在 不得提供邮政服务
部门	通信服务
分部门	B. 速递服务（CPC7512）
所涉及的义务	国民待遇
保留的限制性措施	商业存在 不得提供信件的内地境内快递业务、国家机关公文寄递业务
部门	建筑和相关的工程服务
分部门	A. 建筑物的总体建筑工作（CPC512）
所涉及的义务	国民待遇
保留的限制性措施	商业存在 实行国民待遇。 为明晰起见，香港服务提供者在内地设立建筑业企业时，其在内地以及内地以外的工程承包业绩可共同作为评定其在内地设立的建筑业企业资质的依据；其经资质管理部门认可的项目经理人数中，香港永久性居民所占比例可不受限制
部门	建筑和相关的工程服务
分部门	B. 民用工程的总体建筑工作（CPC513）
所涉及的义务	国民待遇
保留的限制性措施	商业存在 从事综合水利枢纽的总体建筑服务须由内地方控股。 不得提供出境、国际河流航道建设工程、设施设备采购、航道及设施设备养护管理服务。 不得提供航道维护性疏浚服务。 为明晰起见，香港服务提供者在内地设立建筑业企业时，其在内地以及内地以外的工程承包业绩可共同作为评定其在内地设立的建筑业企业资质的依据；其经资质管理部门认可的项目经理人数中，香港永久性居民所占比例可不受限制
部门	建筑和相关的工程服务
分部门	C. 安装和组装工作（CPC514＋516）
所涉及的义务	国民待遇
保留的限制性措施	商业存在 实行国民待遇
部门	建筑和相关的工程服务
分部门	D. 建筑物的装修工作（CPC517）
所涉及的义务	国民待遇
保留的限制性措施	商业存在 实行国民待遇

① "光盘复制服务"属于本协议附件1表4（文化领域正面清单）涵盖范畴。

续表

部门	建筑和相关的工程服务
分部门	E. 其他（CPC511＋515＋518）
所涉及的义务	国民待遇
保留的限制性措施	商业存在 实行国民待遇
部门	分销服务
分部门	A. 佣金代理服务（CPC621）
所涉及的义务	国民待遇
保留的限制性措施	商业存在 实行国民待遇
部门	分销服务
分部门	B. 批发销售服务（CPC622，图书、报纸、杂志、文物的批发销售服务除外①）
所涉及的义务	国民待遇
保留的限制性措施	商业存在 不得从事粮食收购以及粮食、棉花、植物油、食糖、农作物种子的批发销售服务。 从事大型农产品批发市场的建设、经营须由内地方控股
部门	分销服务
分部门	C. 零售服务（CPC631＋632＋6111＋6113＋6121，图书、报纸、杂志、文物的零售服务除外②）
所涉及的义务	国民待遇
保留的限制性措施	商业存在 不得提供烟草的零售服务。 同一香港服务提供者设立超过30家分店、销售来自多个供应商的不同种类和品牌成品油的连锁加油站，须内地方控股
部门	分销服务
分部门	D. 特许经营服务（CPC8929）
所涉及的义务	国民待遇
保留的限制性措施	商业存在 实行国民待遇
部门	分销服务
分部门	E. 其他分销服务（文物拍卖除外③）
所涉及的义务	国民待遇
保留的限制性措施	商业存在 设立、经营免税商店应符合内地有关规定。 申请设立直销企业，应当有3年以上在境外从事直销活动的经验，直销企业及其分支机构不得招募境外人员为直销员，境外人员不得从事直销员业务培训
部门	教育服务
分部门	A. 初级教育服务（CPC921）
所涉及的义务	国民待遇
保留的限制性措施	商业存在 设立以内地中国公民为主要招生对象的学校及其他教育机构限于合作。 不得投资举办义务教育及军事、警察、政治、宗教等特殊领域教育机构。 为明晰起见，在广东设立独资外籍人员子女学校，招生范围除在内地持有居留证件的外籍人员的子女，可扩大至在广东工作的海外华侨和归国留学人才的子女

① "图书、报纸、杂志、文物的批发销售服务"属于本协议附件1表4（文化领域正面清单）涵盖范畴。
② "图书、报纸、杂志、文物的零售服务"属于本协议附件1表4（文化领域正面清单）涵盖范畴。
③ "文物拍卖"属于本协议附件1表4（文化领域正面清单）涵盖范畴。

附　录

续表

部门	教育服务
分部门	B. 中等教育服务（CPC922）
所涉及的义务	国民待遇
保留的限制性措施	商业存在 设立以内地中国公民为主要招生对象的学校及其他教育机构限于合作。① 不得投资举办义务教育及军事、警察、政治、宗教等特殊领域教育机构。 为明晰起见，在广东设立独资外籍人员子女学校，招生范围除在内地持有居留证件的外籍人员的子女，可扩大至在广东工作的海外华侨和归国留学人才的子女
部门	教育服务
分部门	C. 高等教育服务（CPC923）
所涉及的义务	国民待遇
保留的限制性措施	商业存在 设立以内地中国公民为主要招生对象的学校及其他教育机构限于合作。② 不得投资举办军事、警察、政治、宗教等特殊领域教育机构
部门	教育服务
分部门	D. 成人教育服务（CPC924）
所涉及的义务	国民待遇
保留的限制性措施	商业存在 不得投资举办军事、警察、政治、宗教等特殊领域教育机构
部门	教育服务
分部门	E. 其他教育服务（CPC929）
所涉及的义务	国民待遇
保留的限制性措施	商业存在 不得投资举办军事、警察、政治、宗教等特殊领域教育机构。投资举办自费出国留学中介服务机构限于中国（广东）自由贸易试验区、中国（天津）自由贸易试验区
部门	环境服务
分部门	A. 排污服务（CPC9401）
所涉及的义务	国民待遇
保留的限制性措施	商业存在 实行国民待遇
部门	环境服务
分部门	B. 固体废物处理服务（CPC9402）
所涉及的义务	国民待遇
保留的限制性措施	商业存在 实行国民待遇
部门	环境服务
分部门	C. 公共卫生及类似服务（CPC9403）
所涉及的义务	国民待遇
保留的限制性措施	商业存在 实行国民待遇
部门	环境服务
分部门	D. 废气清理服务（CPC9404）
所涉及的义务	国民待遇

① 允许在内地独资举办非学历中等职业技能培训机构，招生范围比照内地职业技能培训机构执行。
② 同上。

续表

保留的限制性措施	商业存在 实行国民待遇
部门	环境服务
分部门	E. 降低噪音服务（CPC9405）
所涉及的义务	国民待遇
保留的限制性措施	商业存在 实行国民待遇
部门	环境服务
分部门	F. 自然和风景保护服务（CPC9406）
所涉及的义务	国民待遇
保留的限制性措施	商业存在 实行国民待遇
部门	环境服务
分部门	G. 其他环境保护服务（CPC9409）
所涉及的义务	国民待遇
保留的限制性措施	商业存在 实行国民待遇
部门	金融服务
分部门	A. 所有保险和与其相关的服务（CPC812） 人寿险、意外险和健康保险服务（CPC8121） 非人寿保险服务（CPC8129） 再保险和转分保服务（CPC81299） 保险辅助服务（保险经纪、保险代理、咨询、精算等）（CPC8140）
所涉及的义务	国民待遇
保留的限制性措施	商业存在 香港保险公司及其经过整合或战略合并组成的集团进入内地保险市场须满足下列条件： 1）集团总资产50亿美元以上，其中任何一家香港保险公司的经营历史在30年以上，且其中任何一家香港保险公司在内地设立代表处2年以上； 2）所在地区有完善的保险监管制度，并且该保险公司已经受到所在地区有关主管当局的有效监管； 3）符合所在地区偿付能力标准； 4）所在地区有关主管当局同意其申请； 5）法人治理结构合理，风险管理体系稳健； 6）内部控制制度健全，管理信息系统有效； 7）经营状况良好，无重大违法违规记录。 支持符合条件的香港保险公司在中国（广东）自由贸易试验区设立分支机构，对进入自由贸易试验区的香港保险公司分支机构视同内地保险机构，适用相同或相近的监管法规。香港保险公司参股内地保险公司的最高股比不超过24.9%。境外金融机构向保险公司投资入股，应当符合以下条件： 1）财务状况良好稳定，最近3个会计年度连续盈利； 2）最近1年年末总资产不少于20亿美元； 3）国际评级机构最近3年对其长期信用评级为A级以上； 4）最近3年内无重大违法违规记录； 5）符合所在地金融监管机构的审慎监管指标要求。 境外保险公司与内地境内的公司、企业合资在内地设立经营人身保险业务的合资保险公司（以下简称合资寿险公司），其中外资比例不可超过公司总股本的50%。境外保险公司直接或者间接持有的合资寿险公司股份，不可超过前款规定的比例限制。 内地境内保险公司合计持有保险资产管理公司的股份不可低于75%。 香港保险代理公司在内地设立独资保险代理公司，为内地的保险公司提供保险代理服务，申请人须满足下列条件： 1）申请人必须为香港本地的保险专业代理机构；

续表

	2）经营保险代理业务10年以上，提出申请前3年的年均业务收入不低于50万港元，提出申请上一年度的年末总资产不低于50万港元； 3）申请前3年无严重违规、受处罚记录。 香港保险代理公司进入中国（广东）自由贸易试验区提供保险代理服务，可适用与内地保险中介机构相同或相近的准入标准和监管法规。 香港的保险经纪公司在内地设立独资保险代理公司，申请人须满足以下条件： 1）申请人在香港经营保险经纪业务10年以上； 2）提出申请前3年的年均保险经纪业务收入不低于50万港元，提出申请上一年度的年末总资产不低于50万港元； 3）提出申请前3年无严重违规和受处罚记录。 香港保险经纪公司进入中国（广东）自由贸易试验区提供保险代理服务，可适用与内地保险中介机构相同或相近的准入标准和监管法规。 香港的保险经纪公司在内地设立独资保险经纪公司，须满足下列条件： 1）总资产2亿美元以上； 2）经营历史在30年以上； 3）在内地设立代表处2年以上。 香港保险经纪公司进入中国（广东）自由贸易试验区提供保险经纪服务，可适用与内地保险中介机构相同或相近的准入标准和监管法规。 香港服务提供者在内地不得设立保险公估机构。 香港保险公估机构进入中国（广东）自由贸易试验区提供保险公估服务，可适用与内地保险中介机构相同或相近的准入标准和监管法规。 除经中国保监会批准外，港资保险公司不可与其关联企业从事下列交易活动： 1）再保险的分出或者分入业务； 2）资产买卖或者其他交易。 经批准与其关联企业从事再保险交易的外资保险公司应提交中国保监会所规定的材料
部门	金融服务
分部门	B. 银行和其他金融服务（不含保险） 接受公众存款和其他需偿还的资金（CPC81115-81119） 所有类型的贷款，包括消费信贷、抵押贷款、保理和商业交易的融资（CPC8113） 金融租赁（CPC8112） 所有支付和货币汇兑服务（除清算所服务外）（CPC81339） 担保与承兑（CPC81199） 在交易市场、公开市场或其他场所自行或代客交易 f1. 货币市场票据（CPC81339） f2. 外汇（CPC81333） f3. 衍生产品，包括，但不限于期货和期权（CPC81339） f4. 汇率和利率契约，包括掉期和远期利、汇率协议（CPC81339） f5. 可转让证券（CPC81321） f6. 其他可转让的票据和金融资产，包括金银条块（CPC81339） 参与各类证券的发行（CPC8132） 货币经纪（CPC81339） 资产管理（CPC8119+81323） 金融资产的结算和清算，包括证券、衍生产品和其他可转让票据（CPC81339或81319） 咨询和其他辅助金融服务（CPC8131或8133） 提供和传输其他金融服务提供者提供的金融信息、金融数据处理和相关的软件（CPC8131）
所涉及的义务	国民待遇
保留的限制性措施	商业存在 香港服务提供者投资银行业金融机构，应为金融机构或特定类型金融机构，具体要求： 1）设立外商独资银行的股东应当为金融机构，其中唯一或者控股股东应当为商业银行；拟设中外合资银行的香港股东应当为金融机构，且作为外方唯一或主要股东时应当为商业银行

续表

2）大型商业银行①、股份制商业银行、城市商业银行、中国邮政储蓄银行的境外发起人或战略投资者应为金融机构； 3）农村商业银行、农村合作银行、农村信用（合作）联社、村镇银行的境外发起人或战略投资者应为银行； 4）信托公司的境外出资人应为金融机构； 5）金融租赁公司的境外发起人应为金融机构或融资租赁公司； 6）消费金融公司的境外主要出资人应为金融机构； 7）货币经纪公司的境外投资人应为货币经纪公司； 8）金融资产管理公司的境外战略投资者应为金融机构。 投资下列金融机构须经审批： 1）香港服务提供者投资入股内地大型商业银行、股份制商业银行、中国邮政储蓄银行、城市商业银行须经审批； 2）香港服务提供者投资入股农村商业银行、农村合作银行、农村信用（合作）联社、村镇银行、贷款公司须经审批； 3）香港服务提供者投资设立外商独资银行、中外合资银行、外国银行分行须经审批； 4）外国银行变更内地外国银行分行营运资金须经审批。 5）征信机构经营征信业务，应当经国务院征信业监督管理部门批准。 6）设立金融信息服务企业需经国家互联网信息办公室、商务部、工商总局批准，取得《外国机构在中国境内投资设立企业提供金融信息服务许可证》。 香港服务提供者投资银行业金融机构应符合总资产数量要求，具体包括： 1）拟设立外商独资银行的唯一或者控股股东、中外合资银行的外方唯一或者主要股东、外国银行分行的外国银行，提出设立申请前1年年末总资产不少于60亿美元； 2）大型商业银行、股份制商业银行、城市商业银行、中国邮政储蓄银行的境外发起人或战略投资者，最近1年年末总资产原则上不少于60亿美元； 3）农村商业银行、农村合作银行、村镇银行、贷款公司的境外发起人或战略投资者，最近1年年末总资产原则上不少于60亿美元。农村信用（合作）联社的境外发起人或战略投资者，最近1年年末总资产原则上不少于10亿美元； 4）信托公司的境外出资人，最近1年年末总资产原则上不少于10亿美元； 5）企业集团财务公司成员单位以外的战略投资者为境外金融机构的，其最近1年年末总资产原则上不少于10亿美元； 6）金融租赁公司的境外发起人，最近1年年末总资产原则上不少于10亿美元； 7）金融资产管理公司的境外战略投资者，最近1年年末总资产原则上不少于100亿美元。 香港服务提供者投资下列银行业金融机构，受单一股东持股和合计持股比例限制，具体如下 1）单个境外金融机构及被其控制或共同控制的关联方作为发起人或战略投资者向单个中资商业银行（包括：大型商业银行、股份制商业银行、城市商业银行、中国邮政储蓄银行）投资入股比例不可超过20%，多个境外金融机构及被其控制或共同控制的关联方作为发起人或战略投资者入股比例合计不可超过25%。前款所称投资入股比例是指境外金融机构所持股份占中资商业银行股份总额的比例。境外金融机构关联方的持股比例应当与境外金融机构的持股比例合并计算。 2）单个境外银行及被其控制或共同控制的关联方作为发起人或战略投资者向单个农村商业银行、农村合作银行、农村信用（合作）联社投资入股比例不可超过20%，多个境外银行及被其控制或共同控制的关联方作为发起人或战略投资者入股比例合计不可超过25%。 3）单个境外机构向金融资产管理公司投资入股比例不可超过20%，多个境外机构投资入股比例合计不可超过25%。 香港服务提供者设立的外国银行分行不得经营下列外汇和人民币业务：代理发行、代理兑付、承销政府债券；代理收付款项；从事银行卡业务。除可以吸收内地中国公民每笔不少于100万元人民币的定期存款外，香港服务提供者设立的外国银行分行不可以经营对内地中国公民的人民币业务。不可以提供仅独资银行或合资银行主体才能提供的业务。不可以提供证券、保险业务。

① 为本条目之目的，大型商业银行指中国工商银行、中国农业银行、中国银行、中国建设银行、中国交通银行。

续表

香港服务提供者设立的外国银行分行营运资金加准备金等项之和中的人民币份额与其人民币风险资产的比例不可低于8%。外国银行分行应当由总行无偿拨付不少于2亿元人民币或等值的自由兑换货币的营运资金，营运资金的30%应以指定的生息资产形式存在；以定期存款形式存在的生息资产应当存放在内地3家或3家以下内地中资商业银行。

香港服务提供者设立的外商独资银行、中外合资银行和外国银行分行经营人民币业务的，应当满足审慎性条件，并经批准。

香港服务提供者设立的外商独资银行、中外合资银行不可投资设立、参股、收购境内法人金融机构。法规、规范性文件另有规定的，依照其规定。

外商独资银行、中外合资银行及外国银行分行开展同业拆借业务，须经中国人民银行批准具备人民币同业拆借业务资格。外商独资银行、中外合资银行的最高拆入限额和最高拆出限额均不超过该机构实收资本的2倍，外国银行分行的最高拆入限额和最高拆出限额均不超过该机构人民币营运资金的2倍。

香港服务提供者设立的外国银行分行不得从事代理国库支库业务。

香港服务提供者投资货币经纪公司，应满足从事货币经纪业务20年以上、申请前连续2年盈利、具有从事货币经纪服务所必需的全球机构网络和资讯通信网络的要求。

境外机构不可参与发起设立金融资产管理公司。

投资证券公司限于以下2种形式：

1）投资证券公司为合资形式时，包括：与境内股东依法共同出资设立合资证券公司；依法受让、认购内资证券公司股权，内资证券公司依法变更为合资证券公司。（同一港资金融机构，或者受同一主体实际控制的多家港资金融机构，入股两地合资证券公司的数量参照国民待遇实行"参一控一"）

2）境外投资者投资上市内资证券公司时，可以通过证券交易所的证券交易持有上市内资证券公司股份，或者与上市内资证券公司建立战略合作关系并经中国证监会批准持有上市内资证券公司股份，上市内资证券公司经批准的业务范围不变（在控股股东为内资股东的前提下，上市内资证券公司可不受至少1名内资股东的持股比例不低于49%的限制）。

境外投资者依法通过证券交易所的证券交易持有或者通过协议、其他安排与他人共同持有上市内资证券公司5%以上股份的，应当符合对合资证券公司的境外股东资质条件的规定。

单个境外投资者持有（包括直接持有和间接控制）上市内资证券公司股份的比例不可超过20%；全部境外投资者持有（包括直接持有和间接控制）上市内资证券公司股份的比例不可超过25%。

投资证券公司为合资形式时，除以下情形外，境外股东持股比例或者在外资参股证券公司中拥有的权益比例，累计（包括直接持有和间接控制）不可超过49%。境内股东中应当至少有1名是内资证券公司，且持股比例或者在外资参股证券公司中拥有的权益比例不低于49%：

1）符合条件的港资金融机构可在上海市、广东省、深圳市各设立1家两地合资全牌照证券公司，港资合并持股比例最高可达51%，内地股东不限于证券公司；

2）符合条件的港资金融机构可按照内地有关规定在内地批准的"在金融改革方面先行先试"的若干改革试验区内，各新设1家两地合资全牌照证券公司，内地股东不限于证券公司，港资合并持股比例不超过49%，且取消内地单一股东须持股49%的限制。

除14（1）、14（2）情形外，合资证券公司的境外股东应当具备下列条件：至少1名是具备合法的金融业务经营资格的机构；持续经营5年以上。

在14（1）、14（2）情形下，合资证券公司的港资股东应当符合内地关于港资金融机构的认定标准。

除14（1）、14（2）情形外，合资证券公司的经营范围限于：股票（包括人民币普通股、外资股）和债券（包括政府债券、公司债券）的承销与保荐；外资股的经纪；债券（包括政府债券、公司债券）的经纪和自营。

港资金融机构投资基金管理公司限于合资形式（允许入股两地合资基金公司的家数参照国民待遇实行"参一控一"）。

投资期货公司限于合资形式，符合条件的香港服务提供者在合资期货公司中拥有的权益比例不可超过49%（含关联方股权）。（同一港资金融机构，或者受同一主体实际控制的多家港资金融机构，入股两地合资期货公司的数量参照国民待遇实行"参一控一"）。

续表

	持有期货公司5%以上股权的境外股东应具备下列条件：依香港地区法律设立、合法存续的金融机构；近3年各项财务指标及监管指标符合香港地区法律的规定和监管机构的要求。 港资金融机构投资证券投资咨询机构限于合资形式。（同一港资金融机构，或者受同一主体实际控制的多家港资金融机构，入股两地合资证券投资咨询机构的数量参照国民待遇实行"参一控一"）。 允许符合外资参股证券公司境外股东资质条件的香港证券公司与内地具备设立子公司条件的证券公司，设立合资证券投资咨询机构。合资证券投资咨询机构作为内地证券公司的子公司，专门从事证券投资咨询业务，香港证券公司持股比例最高可达到49% 在内地批准的"在金融改革方面先行先试"的若干改革试验区内，符合内地关于港资金融机构认定标准的港资证券公司持股比例可达50%以上。 港资股东入股两地合资证券公司、基金管理公司、期货公司、证券投资咨询机构，须以可自由兑换的货币出资。 为明晰起见，香港银行在广东省设立的外国银行分行可以参照内地相关申请设立支行的法规要求提出在广东省内设立异地（不同于分行所在城市）支行的申请。若香港银行在内地设立的外商独资银行已在广东省设立分行，则该分行可以参照内地相关申请设立支行的法规要求提出在广东省内设立异地（不同于分行所在城市）支行的申请
部门	金融服务
分部门	C. 其他
所涉及的义务	国民待遇
保留的限制性措施	商业存在 实行国民待遇
部门	与健康相关的服务和社会服务
分部门	A. 医院服务（CPC9311）
所涉及的义务	国民待遇
保留的限制性措施	商业存在 申请设立医疗机构须经省级卫生计生委和省级商务主管部门按国家规定审批和登记
部门	与健康相关的服务和社会服务
分部门	B. 其他人类健康服务（CPC93192＋93193＋93199）
所涉及的义务	国民待遇
保留的限制性措施	商业存在 不得开展基因信息、血液采集、病理数据及其他可能危害公共卫生安全的服务
部门	与健康相关的服务和社会服务
分部门	C. 社会服务（CPC933）
所涉及的义务	国民待遇
保留的限制性措施	商业存在 不得提供灾民社会救助服务
部门	旅游和与旅游相关的服务
分部门	A. 饭店和餐饮服务（CPC641－643）
所涉及的义务	国民待遇
保留的限制性措施	商业存在 实行国民待遇
部门	旅游和与旅游相关的服务
分部门	B. 旅行社和旅游经营者服务（CPC7471）
所涉及的义务	国民待遇
保留的限制性措施	商业存在 独资设立旅行社试点经营内地居民前往香港及澳门以外目的地（不含台湾）的团队出境游业务限于5家

续表

部门	旅游和与旅游相关的服务
分部门	C. 导游服务（CPC7472）
所涉及的义务	国民待遇
保留的限制性措施	商业存在 实行国民待遇
部门	旅游和与旅游相关的服务
分部门	D. 其他
所涉及的义务	国民待遇
保留的限制性措施	商业存在 实行国民待遇
部门	娱乐、文化和体育服务
分部门	D. 体育和其他娱乐服务（CPC964）
所涉及的义务	国民待遇
保留的限制性措施	商业存在 实行国民待遇
部门	运输服务
分部门	A. 海洋运输服务 a. 客运服务（CPC7211）
所涉及的义务	国民待遇
保留的限制性措施	商业存在 1. 从事沿海水路运输服务应符合下列条件： 在拟经营的范围内，内地水路运输经营者无法满足需求。 应当具有经营水路运输业务的良好业绩和运营记录。 限于合资、合作，且香港服务提供者的出资额低于50%。 2. 经批准取得水路运输经营许可的企业中，香港服务提供者或其投资股比等事项发生变化的，应当报原许可机关批准
部门	运输服务
分部门	A. 海洋运输服务 b. 货运服务（CPC7212）
所涉及的义务	国民待遇
保留的限制性措施	商业存在 1. 从事沿海水路运输服务应符合下列条件： 在拟经营的范围内，内地水路运输经营者无法满足需求。 应当具有经营水路运输业务的良好业绩和运营记录。 限于合资、合作，且香港服务提供者的出资额低于50%。 2. 经批准取得水路运输经营许可的企业中，香港服务提供者或其投资股比等事项发生变化的，应当报原许可机关批准
部门	运输服务
分部门	A. 海洋运输服务 c. 船舶和船员的租赁（CPC7213）
所涉及的义务	国民待遇
保留的限制性措施	商业存在 不得提供沿海水路运输的船舶和船员租赁服务
部门	运输服务
分部门	A. 海洋运输服务 d. 船舶维修和保养（CPC8868）
所涉及的义务	国民待遇

续表

保留的限制性措施	商业存在 实行国民待遇
部门	运输服务
分部门	A. 海洋运输服务 e. 拖驳服务（CPC7214）
所涉及的义务	国民待遇
保留的限制性措施	商业存在 1. 从事沿海水路运输服务应符合下列条件： 在拟经营的范围内，内地水路运输经营者无法满足需求。 应当具有经营水路运输业务的良好业绩和运营记录。 限于合资、合作，且香港服务提供者的出资额低于50%。 2. 经批准取得水路运输经营许可的企业中，香港服务提供者或其投资股比等事项发生变化的，应当报原许可机关批准
部门	运输服务
分部门	A. 海洋运输服务 f. 海运支持服务（CPC745）
所涉及的义务	国民待遇
保留的限制性措施	商业存在 可从事的海洋运输支持服务限于： 设立独资公司，提供除燃料及水以外的物料供应服务。 为进港或抛锚的船舶提供清洁、消毒、熏蒸、灭害虫及船舶封存和储存服务。 与内地方打捞人成立合作打捞企业，实施打捞活动。内地方打捞人为具有实施打捞作业资格的专业打捞机构，其资格由交通运输部按照国家规定的专业打捞机构的条件予以审定
部门	运输服务
分部门	B. 内水运输服务 a. 客运服务（CPC7221）
所涉及的义务	国民待遇
保留的限制性措施	商业存在 1. 从事内水运输服务应符合下列条件： 在拟经营的范围内，内地水路运输经营者无法满足需求。 应当具有经营水路运输业务的良好业绩和运营记录。 限于合资、合作，且香港服务提供者的出资额低于50%。 2. 经批准取得水路运输经营许可的企业中，香港服务提供者或其投资股比等事项发生变化的，应当报原许可机关批准
部门	运输服务
分部门	B. 内水运输服务 b. 货运服务（CPC7222）
所涉及的义务	国民待遇
保留的限制性措施	商业存在 1. 从事内水运输服务应符合下列条件： 在拟经营的范围内，内地水路运输经营者无法满足需求。 应当具有经营水路运输业务的良好业绩和运营记录。 限于合资、合作，且香港服务提供者的出资额低于50%。 2. 经批准取得水路运输经营许可的企业中，香港服务提供者或其投资股比等事项发生变化的，应当报原许可机关批准
部门	运输服务
分部门	B. 内水运输服务 c. 船舶和船员的租赁（CPC7223）
所涉及的义务	国民待遇

续表

保留的限制性措施	商业存在 不得提供内水船舶和船员租赁服务
部门	运输服务
分部门	B. 内水运输服务 d. 船舶维修和保养（CPC8868）
所涉及的义务	国民待遇
保留的限制性措施	商业存在 实行国民待遇
部门	运输服务
分部门	B. 内水运输服务 e. 拖驳服务（CPC7224）
所涉及的义务	国民待遇
保留的限制性措施	商业存在 1. 从事内水运输服务应符合下列条件： 在拟经营的范围内，内地水路运输经营者无法满足需求。 应当具有经营水路运输业务的良好业绩和运营记录。 限于合资、合作，且香港服务提供者的出资额低于50%。 2. 经批准取得水路运输经营许可的企业中，香港服务提供者或其投资股比等事项发生变化的，应当报原许可机关批准
部门	运输服务
分部门	B. 内水运输服务 f. 内水运输的支持服务（CPC745）
所涉及的义务	国民待遇
保留的限制性措施	商业存在 可从事的内水运输支持服务限于： 设立独资公司，提供除燃料及水以外的物料供应服务。 为进港或抛锚的船舶提供清洁、消毒、熏蒸、灭害虫及船舶封存和储存服务。 与内地方打捞人成立合作打捞企业，实施打捞活动。内地方打捞人为具有实施打捞作业资格的专业打捞机构，其资格由交通运输部按照国家规定的专业打捞机构的条件予以审定
部门	运输服务
分部门	C. 航空运输服务 a. 客运服务（CPC731）
所涉及的义务	国民待遇
保留的限制性措施	商业存在 设立经营公共航空客运公司，须由内地方控股，一家香港服务提供者（包括其关联企业）投资比例不可超过25%，公司法定代表人须为中国籍公民。 设立经营从事公务飞行、空中游览、为工业服务的通用航空企业，须由内地方控股；设立经营从事农、林、渔业作业的通用航空企业，限于与内地方合资、合作。通用航空企业的法定代表人必须为中国籍公民
部门	运输服务
分部门	C. 航空运输服务 b. 货运服务（CPC732）
所涉及的义务	国民待遇
保留的限制性措施	商业存在 设立经营公共航空货运公司，须由内地方控股，一家香港服务提供者（包括其关联企业）投资比例不可超过25%，公司法定代表人须为中国籍公民
部门	运输服务
分部门	C. 航空运输服务 c. 带乘务员的飞机租赁服务（CPC734）

续表

所涉及的义务	国民待遇
保留的限制性措施	商业存在 实行国民待遇
部门	运输服务
分部门	C. 航空运输服务 d. 飞机的维修和保养服务（CPC8868）
所涉及的义务	国民待遇
保留的限制性措施	商业存在 实行国民待遇
部门	运输服务
分部门	C. 航空运输服务 e. 空运支持服务（CPC746）
所涉及的义务	国民待遇
保留的限制性措施	商业存在 不得投资和管理内地空中交通管制系统。 投资民用机场，应由内地方相对控股。 提供中小机场委托管理服务的合同有效期不超过20年；不允许以独资形式提供大型机场委托管理服务。可独资提供的航空运输地面服务不包括与安保有关的项目。 投资航空油料项目，须由内地方控股。 投资计算机订座系统项目，应与内地的计算机订座系统服务提供者合资，且内地方在合资企业中控股。 为明晰起见，香港服务提供者申请设立独资、合资或合作航空运输销售代理企业时，可出具由内地的法人银行或中国航空运输协会推荐的担保公司提供的经济担保；也可由香港银行作担保，待申请获内地批准后，在规定时限内再补回内地的法人银行或中国航空运输协会推荐的担保公司提供的经济担保
部门	运输服务
分部门	D. 航天运输服务（CPC733）
所涉及的义务	国民待遇
保留的限制性措施	商业存在 不得提供航天运输服务
部门	运输服务
分部门	E. 铁路运输服务 a. 客运服务（CPC7111）
所涉及的义务	国民待遇
保留的限制性措施	商业存在 设立经营铁路旅客运输公司，须由内地方控股
部门	运输服务
分部门	E. 铁路运输服务 b. 货运服务（CPC7112）
所涉及的义务	国民待遇
保留的限制性措施	商业存在 实行国民待遇
部门	运输服务
分部门	E. 铁路运输服务 c. 推车和拖车服务（CPC7113）
所涉及的义务	国民待遇
保留的限制性措施	商业存在 实行国民待遇

续表

部门	运输服务
分部门	E. 铁路运输服务 d. 铁路运输设备的维修和保养服务（CPC8868）
所涉及的义务	国民待遇
保留的限制性措施	商业存在 实行国民待遇
部门	运输服务
分部门	E. 铁路运输服务 e. 铁路运输的支持服务（CPC743）
所涉及的义务	国民待遇
保留的限制性措施	商业存在 从事铁路干线路网的建设、经营须由内地方控股
部门	运输服务
分部门	F. 公路运输服务 a. 客运服务（CPC7121＋7122）
所涉及的义务	国民待遇
保留的限制性措施	商业存在 实行国民待遇
部门	运输服务
分部门	F. 公路运输服务 b. 货运服务（CPC7123）
所涉及的义务	国民待遇
保留的限制性措施	商业存在 实行国民待遇
部门	运输服务
分部门	F. 公路运输服务 c. 商用车辆和司机的租赁（CPC7124）
所涉及的义务	国民待遇
保留的限制性措施	商业存在 实行国民待遇
部门	运输服务
分部门	F. 公路运输服务 d. 公路运输设备的维修和保养服务（CPC6112＋8867）
所涉及的义务	国民待遇
保留的限制性措施	商业存在 实行国民待遇
部门	运输服务
分部门	F. 公路运输服务 e. 公路运输的支持服务（CPC744）
所涉及的义务	国民待遇
保留的限制性措施	商业存在 实行国民待遇
部门	运输服务
分部门	G. 管道运输 a. 燃料传输（CPC7131）
所涉及的义务	国民待遇
保留的限制性措施	商业存在 实行国民待遇

续表

部门	运输服务
分部门	G. 管道运输 b. 其他货物的管道运输（CPC7139）
所涉及的义务	国民待遇
保留的限制性措施	商业存在 实行国民待遇
部门	运输服务
分部门	H. 所有运输方式的辅助服务 a. 装卸服务（CPC741）
所涉及的义务	国民待遇
保留的限制性措施	商业存在 实行国民待遇
部门	运输服务
分部门	H. 所有运输方式的辅助服务 b. 仓储服务（CPC742）
所涉及的义务	国民待遇
保留的限制性措施	商业存在 实行国民待遇
部门	运输服务
分部门	H. 所有运输方式的辅助服务 c. 货运代理服务（CPC748）
所涉及的义务	国民待遇
保留的限制性措施	商业存在 香港服务提供者可提供的海洋货物运输代理服务限于： 设立的独资船务公司可从事的业务限于： 设立独资船务公司，仅可为其拥有或经营的船舶提供揽货、签发提单、结算运费及签订服务合同等日常业务服务。 设立独资船务公司，仅可为其母公司拥有或经营的船舶提供船舶代理服务，包括报关和报检；使用商业通用的提单或多式联运单证，开展多式联运服务。 设立独资船务公司，仅可为其母公司经营香港与内地开放港口之间的驳船、拖船提供揽货、签发提单、结算运费、签订服务合同等日常业务。 设立独资船务公司，可为该香港服务提供者租用的内地船舶经营香港至内地开放港口之间的船舶运输，提供包括揽货、签发提单、结算运费、签订服务合同等日常业务服务。 设立独资企业及其分支机构，可为内地开放港口至港澳航线船舶经营人提供船舶代理服务。提供第三方国际船舶代理服务限于合资、合作，所持股权比例不超过51%。 将香港服务提供者设立外商投资企业经营国际海运集装箱站和堆场业务、国际货物仓储业务登记下放至省地级以上市交通运输主管部门（仅限于广东省）。将香港服务提供者设立外商投资企业经营国际船舶管理业务登记下放至省级交通运输主管部门（仅限于广东省）
部门	运输服务
分部门	H. 所有运输方式的辅助服务 d. 其他（CPC749）
所涉及的义务	国民待遇
保留的限制性措施	商业存在 提供外轮理货服务限于合资、合作。 为明晰起见，香港服务提供者在香港独立注册从事检验鉴定业务3年以上，可作为其在内地申请设立进出口商品检验鉴定机构的条件
部门	运输服务
分部门	I. 其他运输服务
所涉及的义务	国民待遇

续表

保留的限制性措施	商业存在 实行国民待遇
部门	没有包括的其他服务
分部门	A. 成员组织服务（CPC95） B. 其他服务（CPC97） C. 家政服务（CPC98） D. 国外组织和机构提供的服务（CPC99）
所涉及的义务	国民待遇
保留的限制性措施	商业存在 不得提供工会、少数民族团体、宗教、政治等成员组织的服务。 不得在内地设立境外组织和机构的代表机构

表2　　　　　　　　　　跨境服务开放措施（正面清单）①

部门或 分部门	商务服务
	A. 专业服务
	a. 法律服务（CPC861）
具体承诺	1. 允许内地律师事务所聘用香港法律执业者②，被内地律师事务所聘用的香港法律执业者不得办理内地法律事务。③ 2. 允许香港永久性居民中的中国公民按照《国家司法考试实施办法》参加内地统一司法考试，取得内地法律职业资格。④ 3. 允许第2条所列人员取得内地法律职业资格后，按照《中华人民共和国律师法》，在内地律师事务所从事非诉讼法律事务。⑤ 4. 香港律师因个案接受内地律师事务所请求提供业务协助，可不必申请香港法律顾问证。⑥ 5. 获准在内地执业的香港居民，只能在一个内地律师事务所执业，不得同时受聘于外国律师事务所驻华代表机构或香港、澳门律师事务所驻内地代表机构。⑦ 6. 允许取得内地律师资格或法律职业资格并获得内地律师执业证书的香港居民，以内地律师身份从事涉港民事诉讼代理业务，具体可从事业务按司法行政主管部门有关规定执行。⑧ 7. 允许香港大律师以公民身份担任内地民事诉讼的代理人。⑨ 8. 允许取得内地律师资格或法律职业资格的香港居民，在内地律师事务所设在香港的分所，按照内地规定的实习培训大纲和实务训练指南进行实习。⑩

　　① 在跨境服务模式下，内地对香港服务提供者的开放承诺沿用正面清单形式列举开放措施。本协议附件1表2涵盖《安排》及其所有补充协议、《广东协议》在跨境服务模式下的全部开放措施（电信服务、文化服务除外）。部门分类使用世界贸易组织《服务贸易总协定》服务部门分类（GNS/W/120），部门的内容参考相应的联合国中央产品分类（CPC, United Nations Provisional Central Product Classification）。

　　② 香港法律执业者是指香港大律师和律师，其执业年限须按照香港律师会或大律师公会出具的相关证明中显示的该律师或大律师在香港的实际执业年限计算。

　　③ 涵盖《安排》中已有开放措施。
　　④ 同上。
　　⑤ 同上。
　　⑥ 涵盖《安排》补充协议中已有开放措施。
　　⑦ 涵盖《安排》补充协议二中已有开放措施。
　　⑧ 涵盖《安排》补充协议三、补充协议八、《广东协议》中已有开放措施及本协议新增开放措施。
　　⑨ 涵盖《安排》补充协议三中已有开放措施。
　　⑩ 同上。

续表

	9. 允许具有 5 年（含 5 年）以上执业经验并通过内地司法考试的香港法律执业者，按照《中华人民共和国律师法》和中华全国律师协会《申请律师执业人员实习管理规则（试行）》的规定参加内地律师协会组织的不少于 1 个月的集中培训，经培训考核合格后，可申请内地律师执业。① 10. 对香港律师事务所驻内地代表机构的代表在内地的居留时间不作要求②
部门或 分部门	商务服务
	A. 专业服务
	b. 会计、审计和簿记服务（CPC862）
具体承诺	1. 对已持有内地注册会计师执业资格并在内地执业的香港会计师（包括合伙人）每年在内地的工作时间要求比照内地注册会计师实行。③ 2. 允许香港会计师在内地设立的符合内地《代理记账管理办法》规定的中介机构从事代理记账业务。从事代理记账业务的香港会计师应取得内地会计从业资格证书，主管代理记账业务的负责人应当具有内地会计师以上（含会计师）专业技术职务资格④ 3. 香港会计师在申请内地执业资格时，已在香港取得的审计工作经验等同于相等时间的内地审计工作经验。⑤ 4. 香港会计师事务所在内地临时开展审计业务时申请的《临时执行审计业务许可证》有效期延长至 5 年。⑥ 5. 同意在香港设立内地会计专业技术资格考试考点。⑦ 6. 在广东省深圳市、东莞市办理香港居民报考内地会计从业资格考试各项事宜并设置专门考场，考试合格者由广东省颁发会计从业资格证书。⑧ 7. 适当简化对香港会计师事务所来内地临时执业的申报材料要求。⑨ 8. 取得内地注册会计师资格的香港永久居民申请成为内地会计师事务所合伙人时，已在香港取得的审计工作经验等同于相等时间的内地审计工作经验⑩
部门或 分部门	商务服务
	A. 专业服务
	d. 建筑设计服务（CPC8671）
	e. 工程服务（CPC8672）
	f. 集中工程服务（CPC8673）
	g. 城市规划和风景园林设计服务（城市总体规划服务和国家级风景名胜区总体规划除外）（CPC8674）
	包括工程造价咨询服务
具体承诺	1. 放宽香港专业及技术人员在内地居留期限的规定，将其居港时间，亦计算为内地居留。⑪ 2. 允许通过互认取得内地建筑领域各专业资格的香港专业人士在广东、广西、福建注册执业，享有与内地拥有相同专业资格专业人士同等待遇⑫ 3. 允许取得内地注册城市规划师资格的香港专业人士在广东、广西、福建注册，不受在香港注册与否的限制。⑬

① 涵盖《安排》补充协议六中已有开放措施。
② 涵盖《安排》补充协议三中已有开放措施。
③ 涵盖《安排》中已有开放措施。
④ 涵盖《安排》补充协议中已有开放措施。
⑤ 同上。
⑥ 涵盖《安排》补充协议五中已有开放措施。
⑦ 同上。
⑧ 同上。
⑨ 涵盖《安排》补充协议九中已有开放措施。
⑩ 涵盖《广东协议》中已有开放措施。
⑪ 涵盖《安排》补充协议二、补充协议十中已有开放措施。
⑫ 涵盖《安排》补充协议八中已有开放措施及本协议新增开放措施。
⑬ 涵盖《安排》补充协议五中已有开放措施及本协议新增开放措施。

续表

4. 允许取得内地监理工程师资格的香港专业人士在广东、广西、福建注册执业，不受在香港注册执业与否的限制。①

5. 对取得内地监理工程师资格的香港专业人士，按照内地有关规定作为广东、广西、福建省内监理企业申报企业资质时所要求的注册执业人员予以认定。②

6. 允许通过互认取得内地一级注册建筑师资格的香港专业人士在广东、广西、福建注册执业，不受在香港注册执业与否的限制。③

7. 允许取得内地一级注册建筑师资格的香港专业人士作为合伙人，按相应资质标准要求在内地设立建筑工程设计事务所。对合伙企业中香港与内地合伙人数量比例、出资比例、香港合伙人在内地居留时间没有限制。④

8. 对取得内地一级注册建筑师互认资格的香港专业人士，按照内地有关规定作为广东、广西、福建省内工程设计企业申报企业资质时所要求的注册执业人员予以认定。⑤

9. 允许通过考试取得内地注册建筑师资格的香港专业人士在广东、广西、福建注册执业，不受在香港注册执业与否的限制，按照内地有关规定作为广东、广西、福建省内工程设计企业申报企业资质时所要求的注册执业人员予以认定。⑥

10. 允许通过互认取得内地一级注册结构工程师资格的香港专业人士在广东、广西、福建注册执业，不受在香港注册执业与否的限制。⑦

11. 允许取得内地一级注册结构工程师资格的香港专业人士作为合伙人，按相应资质标准要求在内地设立建筑工程设计事务所。对合伙企业中香港与内地合伙人数量比例、出资比例、香港合伙人在内地居留时间没有限制。⑧

12. 对取得内地一级注册结构工程师互认资格的香港专业人士，按照内地有关规定作为广东、广西、福建省内工程设计企业申报企业资质时所要求的注册执业人员予以认定。⑨

13. 允许通过考试取得内地注册结构工程师、注册土木工程师（港口与航道）、注册公用设备工程师、注册化工工程师、注册电气工程师资格的香港专业人士在广东、广西、福建注册执业，不受在香港注册执业与否的限制，按照内地有关规定作为广东、广西、福建省内工程设计企业申报企业资质时所要求的注册执业人员予以认定。⑩

14. 允许香港服务提供者在广东省设立的建设工程设计企业聘用香港注册建筑师、注册结构工程师（在尚未取得内地专业资格的情况下），可以作为资质标准要求的主要专业技术人员进行考核，不能作为资质标准要求的注册人员进行考核。⑪

15. 对于注册建筑师继续教育中选修课部分，香港服务提供者可以在香港完成或由内地派师资授课，选修课继续教育方案须经内地认可。⑫

16. 对于在广东省内，外商独资、合资城乡规划企业申报资质时，通过互认取得内地注册规划师资格，在上述企业工作的香港人士，在审查时可以作为必需的注册人员予以认定。⑬

17. 对于一级注册结构工程师继续教育中选修课部分，香港服务提供者可以在香港完成或由内地派师资授课，选修课继续教育方案须经内地认可。⑭

18. 对于监理工程师继续教育中选修课部分，香港服务提供者可以在深圳市统一完成。⑮

---

① 涵盖《安排》补充协议五中已有开放措施及本协议新增开放措施。
② 涵盖《安排》补充协议九中已有开放措施及本协议新增开放措施。
③ 涵盖《安排》补充协议七中已有开放措施及本协议新增开放措施。
④ 涵盖《安排》补充协议七中已有开放措施。
⑤ 涵盖《安排》补充协议八中已有开放措施及本协议新增开放措施。
⑥ 涵盖《安排》补充协议九中已有开放措施及本协议新增开放措施。
⑦ 涵盖《安排》补充协议七中已有开放措施及本协议新增开放措施。
⑧ 涵盖《安排》补充协议七中已有开放措施。
⑨ 涵盖《安排》补充协议八中已有开放措施及本协议新增开放措施。
⑩ 涵盖《安排》补充协议九中已有开放措施及本协议新增开放措施。
⑪ 涵盖《广东协议》中已有开放措施。
⑫ 涵盖《安排》补充协议十中已有开放措施。
⑬ 涵盖《广东协议》中已有开放措施。
⑭ 同上。
⑮ 同上。

续表

部门或分部门	19. 允许香港服务提供者雇用的合同服务提供者①以自然人流动的方式在内地提供本部门或分部门分类项下的服务②③
	商务服务
	A. 专业服务
	h. 医疗及牙医服务（CPC9312） j. 分娩及其有关服务、护理服务、理疗及辅助候疗服务（CPC93191） 包括药剂服务
	与健康相关的服务和社会服务（除专业服务中所列以外）
	A. 医院服务 B. 其他人类卫生服务
	医院服务（CPC9311） 疗养院服务
具体承诺	1. 允许香港具有合法执业资格的注册医疗专业技术人员④来内地短期执业⑤ 2. 短期执业的最长时间为3年，期满需要延期的，应重新办理短期执业手续。⑥ 3. 具有香港特别行政区合法行医权的香港永久性居民在内地短期执业不需参加国家医师资格考试。⑦ 4. 允许取得香港大学和香港中文大学的医学（西医）专业本科以上学历的香港永久性居民，在香港完成了1年的实习期并已取得香港合法行医权后，参加内地的医师资格考试。成绩合格者，发给内地的《医师资格证书》。⑧ 5. 允许取得香港大学的口腔（牙医）专业本科以上学历的香港永久性居民，已取得香港合法行医权并在香港执行医1年以上的，参加内地的医师资格考试。成绩合格者，发给内地的《医师资格证书》。⑨ 6. 允许取得内地医学（西医）专业本科以上学历的香港永久性居民，在内地三级医院执业医师指导下不间断实习满1年并考核合格的，或者在香港通过执业资格试后，完成了1年的实习期并已取得香港合法行医权的，参加内地的医师资格考试，成绩合格者，发给内地的《医师资格证书》。⑩ 7. 允许内地口腔（牙医）专业本科以上学历的香港永久性居民，在内地三级医院执业医师指导下不间断实习满1年并考核合格的，或通过许可试取得香港合法行医权并在香港执照行医1年以上后，参加内地的医师资格考试。成绩合格者，发给内地的《医师资格证书》。⑪ 8. 允许香港中文大学、香港浸会大学和香港大学的中医专业毕业并取得香港合法行医权的香港永久性居民，根据有关规定，在内地实习期满1年并考核合格后，或在香港已经执照行医1年以上后，参加内地的医师资格考试。成绩合格者，发给内地的《医师资格证书》。⑫

　　① 本协议附件中的"合同服务提供者"，是为履行雇主从内地获取的服务合同，进入内地提供临时性服务的持有香港特别行政区身份证明文件的自然人。其雇主为在内地无商业存在的香港服务提供者。合同服务提供者在内地期间报酬由雇主支付。合同服务提供者应具备与所提供服务相关的学历和技术（职业）资格。在内地停留期间不得从事与合同无关的服务活动。

　　② 建筑设计服务、工程服务及集中工程服务。

　　③ 涵盖《安排》补充协议十中已有开放措施。

　　④ 根据香港法例的规定，12类香港具有合法执业资格的注册医疗专业技术人员在香港执业前，必须向有关管理局或委员会注册。当中包括医生、中医、牙医、药剂师、护士、助产士、医务化验师、职业治疗师、视光师、放射技师、物理治疗师、脊医。

　　⑤ 涵盖《安排》、补充协议七中已有开放措施。

　　⑥ 涵盖《安排》补充协议中已有开放措施。

　　⑦ 同上。

　　⑧ 涵盖《安排》中已有开放措施。

　　⑨ 同上。

　　⑩ 同上。

　　⑪ 同上。

　　⑫ 涵盖《安排》补充协议中已有开放措施及本协议新增开放措施。

续表

		9. 允许具有内地国务院教育行政主管部门认可的全日制高等学校中医专业本科以上学历的香港永久性居民，通过中医执业资格试取得香港合法行医权并执照行医1年以上后，参加内地的医师资格考试；也可以根据有关规定，在内地实习期满1年并考核合格后，参加内地的医师资格考试。成绩合格者，发给内地的《医师资格证书》。① 10. 香港永久性居民可申请参加内地医师资格考试的类别为临床、中医、口腔。② 11. 允许取得香港合法行医权的香港永久性居民报名参加国家医师资格考试（不含中医）。成绩合格者，发给内地的《医师资格证书》③ 12. 允许符合条件的香港永久性居民中的中国公民通过认定方式申请获得内地《医师资格证书》④⑤ 13. 允许具备香港药剂师执照并符合内地《执业药师资格制度暂行规定》（人发〔1999〕34号）报考条件的香港永久性居民，报名参加内地执业药师资格考试。成绩合格者，发给内地的《执业药师资格证书》。⑥ 14. 允许具备香港药剂师执照的香港永久性居民在取得内地《执业药师资格证书》后，按照内地《执业药师注册管理暂行办法》（国药管人〔2000〕156号）等相关文件规定办理注册。⑦ 15. 对香港永久性居民申请注册内地执业药师按内地有关法律法规办理。⑧ 16. 允许香港服务提供者以跨境交付的方式在内地提供本部门或分部门分类项下的服务⑨⑩ 17. 允许香港服务提供者雇用的合同服务提供者以自然人流动的方式在内地提供本部门或分部门分类项下的服务⑪
部门或 分部门	商务服务	
	A. 专业服务	
	i. 兽医服务（CPC932）	
具体承诺	允许取得国家执业兽医资格的香港居民在内地执业⑫	
部门或 分部门	商务服务	
	A. 专业服务	
	k. 其他（专利代理、商标代理等）（CPC8921-8923）	
具体承诺	1. 允许香港服务提供者雇用的合同服务提供者在内地相关法律法规允许的范围内提供本部门或分部门分类项下的服务⑬⑭ 2. 允许符合条件的香港永久性居民中的中国公民参加内地的全国专利代理人资格考试，成绩合格者，发给《专利代理人资格证书》⑮ 3. 取得《专利代理人资格证书》的香港永久性居民中的中国公民可以在内地已经批准设立的专利代理机构中执业，符合规定条件的可以加入成为在内地已经批准设立的专利代理机构的合伙人或者股东⑯	

① 涵盖《安排》中已有开放措施。
② 同上。
③ 涵盖《安排》补充协议中已有开放措施。
④ 具体实施办法由卫生主管部门（卫生计生委）颁布。
⑤ 涵盖《安排》补充协议五中已有开放措施。
⑥ 涵盖《安排》补充协议六中已有开放措施。
⑦ 同上。
⑧ 涵盖《广东协议》中已有开放措施。
⑨ 医院服务。
⑩ 涵盖《安排》补充协议十中已有开放措施。
⑪ 医院服务；涵盖《安排》补充协议十中已有开放措施。
⑫ 涵盖本协议新增开放措施。
⑬ 商标代理。
⑭ 涵盖《安排》补充协议十中已有开放措施。
⑮ 涵盖《安排》补充协议中已有开放措施。
⑯ 同上。

续表

部门或分部门	商务服务
	B. 计算机及其相关服务
	a. 与计算机硬件安装有关的咨询服务（CPC841）
	b. 软件执行服务（CPC842）
	c. 数据处理服务（CPC843）
	d. 数据库服务（CPC844，网络运营服务和增值电信业务除外①）
	e. 其他（CPC845＋849）
具体承诺	1. 允许香港服务提供者在前海、横琴试点提供跨境数据库服务。②
	2. 允许香港服务提供者雇用的合同服务提供者以自然人流动的方式在内地提供本部门或分部门分类项下的服务③④
部门或分部门	商务服务
	D. 房地产服务
	b. 以收费或合同为基础的房地产服务（CPC822）
具体承诺	允许香港服务提供者雇用的合同服务提供者以自然人流动的方式在内地提供本部门或分部门分类项下的服务⑤
部门或分部门	商务服务
	F. 其他商务服务
	d. 与管理咨询相关的服务（CPC8660）
	除建筑外的项目管理服务（CPC86601）
具体承诺	允许香港服务提供者以跨境交付方式，提供与管理咨询相关的服务中除建筑外的项目管理服务⑥
部门或分部门	商务服务
	F. 其他商务服务
	e. 技术测试和分析服务（CPC8676）及（CPC749）涵盖的货物检验服务
具体承诺	1. 在内地强制性产品认证（CCC）领域，允许经香港特区政府认可机构（香港认可处）认可的具备内地强制性产品认证制度相关产品检测能力的香港检测机构，与内地指定机构开展合作，承担现行所有需CCC认证的香港本地加工的（即产品加工场所在香港境内）产品的CCC检测任务。具体合作安排按照《中华人民共和国认证认可条例》有关规定执行。⑦
	2. 在强制性产品认证（CCC）领域，允许经香港特区政府认可机构（香港认可处）认可的具备内地强制性产品认证制度相关产品检测能力的香港检测机构，与内地指定机构开展合作，承担在港设计定型且在广东省加工或生产的音视频设备类产品的CCC检测任务。⑧
	3. 在自愿性认证领域，允许经香港特区政府认可机构（香港认可处）认可的具备相关产品检测能力的香港检测机构与内地认证机构合作，对香港本地或内地生产或加工的产品进行检测。⑨
	4. 在中国（广东）自由贸易试验区内试行粤港澳认证及相关检测业务互认制度，实行"一次认证、一次检测、三地通行"。⑩

① "网络运营服务和增值电信业务"属于本协议附件1表3（电信领域正面清单）涵盖范畴。
② 涵盖《安排》补充协议九中已有开放措施。
③ 软件执行服务。
④ 涵盖《安排》补充协议十中已有开放措施。
⑤ 同上。
⑥ 涵盖《安排》补充协议四中已有开放措施。
⑦ 涵盖《安排》补充协议七、补充协议八中已有开放措施。
⑧ 涵盖《广东协议》中已有开放措施。
⑨ 同上。
⑩ 涵盖本协议新增开放措施。

续表

	5. 在互信互利的基础上，允许在香港的认证检测机构与内地认证检测机构开展检测数据（结果）的接受合作。具体合作安排另行商定。① 6. 允许香港服务提供者雇用的合同服务提供者以自然人流动的方式在内地提供本部门或分部门分类项下的服务②③	
部门或分部门	商务服务	
	F. 其他商务服务	
	k. 人员提供与安排服务（CPC872）	
具体承诺	1. 允许香港服务提供者在内地设立的独资、合资或合作国际船舶管理公司在申请外派海员类对外劳务合作经营资格时，无须申请外商投资职业介绍机构或人才中介机构资格。④ 2. 允许香港服务提供者在广东省直接申请设立独资海员外派机构并仅向中国香港籍船舶提供船员派遣服务，无须事先成立船舶管理公司⑤	
部门或分部门	商务服务	
	F. 其他商务服务	
	o. 建筑物清洁服务（CPC874）	
具体承诺	允许香港服务提供者雇用的合同服务提供者以自然人流动的方式在内地提供本部门或分部门分类项下的服务⑥	
部门或分部门	商务服务	
	F. 其他商务服务	
	p. 摄影服务（CPC875）	
具体承诺	允许香港服务提供者雇用的合同服务提供者以自然人流动的方式在内地提供本部门或分部门分类项下的服务⑦	
部门或分部门	商务服务	
	F. 其他商务服务	
	s. 会议和展览服务（CPC87909）	
具体承诺	1. 允许香港服务提供者以跨境交付方式，在广东省、上海市、北京市、天津市、重庆市、浙江省、江苏省、福建省、江西省、湖南省、广西壮族自治区、海南省、四川省、贵州省及云南省试点举办展览⑧⑨ 2. 委托广东省审批香港服务提供者在广东省主办展览面积1000平方米以上的对外经济技术展览会⑩⑪ 3. 允许香港服务提供者雇用的合同服务提供者以自然人流动的方式在内地提供本部门或分部门分类项下的服务⑫⑬	

---

① 涵盖《安排》补充协议十中已有开放措施。
② 技术测试和分析服务（CPC8676）及（CPC749）涵盖的货物检验服务，不包括货物检验服务中的法定检验服务。
③ 涵盖《安排》补充协议十中已有开放措施。
④ 涵盖《安排》补充协议六中已有开放措施。
⑤ 涵盖《广东协议》中已有开放措施。
⑥ 涵盖《安排》补充协议十中已有开放措施。
⑦ 同上。
⑧ 须按照内地现行相关法律法规报商务部审批。
⑨ 涵盖《安排》补充协议四、补充协议六中已有开放措施及本协议新增开放措施。
⑩ 含"中国"字头的展览会由广东省商务主管部门报商务部核准后审批。
⑪ 涵盖《安排》补充协议六中已有开放措施。
⑫ 会议服务和展览服务（CPC87909）。
⑬ 涵盖《安排》补充协议十中已有开放措施。

续表

部门或分部门	商务服务
	F. 其他商务服务
	t. 其他（CPC8790）
	复制服务（CPC87904）
	笔译和口译服务（CPC87905）
具体承诺	允许香港服务提供者雇用的合同服务提供者以自然人流动的方式在内地提供本部门或分部门分类项下的服务①②
部门或分部门	建筑及相关工程服务 （CPC511＋512＋513③＋514＋515＋516＋517＋518④）
具体承诺	1. 香港服务提供者在内地设立的建筑业企业，其经资质管理部门认可的项目经理人数中，香港永久性居民所占比例可不受限制。⑤ 2. 自《安排》补充协议六签署之日起，对于已取得内地资质的港资建筑业企业，在新的《建筑业企业资质标准》颁布前，原建设部关于港资建筑业企业资质审查中对港籍项目经理的认定政策不变，港籍项目经理在原受聘港资建筑业企业资质管理中仍然有效。⑥ 3. 在新的《建筑业企业资质标准》颁布后，允许原认定的港籍项目经理在该标准颁布前已承接或开工的工程项目中，继续作为项目经理直至项目竣工。⑦ 4. 香港服务提供者在内地设立的建筑业企业中，出任工程技术人员和经济管理人员的香港永久性居民，在内地的居留时间不受限制。⑧ 5. 允许香港服务提供者雇用的合同服务提供者以自然人流动的方式在内地提供本部门或分部门分类项下的服务⑨
部门或分部门	分销服务
	B. 批发销售服务（CPC622）
	C. 零售服务（CPC631＋632＋6111＋6113＋6121）
具体承诺	允许香港服务提供者雇用的合同服务提供者以自然人流动的方式在内地提供本部门或分部门分类项下的服务⑩
部门或分部门	教育服务
	C. 高等教育服务（CPC923）
具体承诺	允许广东省对本省普通高校招收香港学生实施备案⑪
部门或分部门	环境服务 （不包括环境质量监测和污染源检查） A. 排污服务（CPC9401） B. 固体废物处理服务（CPC9402） C. 公共卫生及类似服务（CPC9403） D. 废气清理服务（CPC9404） E. 降低噪音服务（CPC9405） F. 自然和风景保护服务（CPC9406） G. 其他环境保护服务（CPC9409）

① 复制服务、笔译和口译服务。
② 涵盖《安排》补充协议十中已有开放措施。
③ 包括与基础设施建设有关的疏浚服务。
④ 涵盖范围仅限于为外国建筑企业在其提供服务过程中所拥有和所使用的配有操作人员的建筑和拆除机器的租赁服务。
⑤ 涵盖《安排》补充协议中已有开放措施。
⑥ 涵盖《安排》补充协议六中已有开放措施。
⑦ 同上。
⑧ 涵盖《安排》补充协议中已有开放措施。
⑨ 涵盖《安排》补充协议十中已有开放措施。
⑩ 同上。
⑪ 涵盖《广东协议》中已有开放措施。

续表

具体承诺	允许香港服务提供者雇用的合同服务提供者以自然人流动的方式在内地提供本部门或分部门分类项下的服务①
部门或分部门	金融服务 A. 所有保险和与其相关服务（CPC812） a. 人寿险、意外险和健康保险服务（CPC8121） b. 非人寿保险服务（CPC8129） c. 再保险和转分保服务（CPC81299） d. 保险辅助服务（保险经纪、保险代理、咨询、精算等）（CPC8140）
具体承诺	1. 允许香港居民中的中国公民在取得内地精算师资格后，无须获得预先批准，可在内地执业。② 2. 允许香港居民在获得内地保险从业资格并受聘于内地的保险营业机构后，从事相关的保险业务。③ 3. 同意在香港设立内地保险中介资格考试考点。④ 4. 鼓励内地的保险公司以人民币结算分保到香港的保险或再保险公司。⑤ 5. 鼓励香港的保险公司继续扩大有关分出再保险业务到内地再保险公司的规模。⑥ 6. 允许符合监管要求的广东保险公司委托香港保险公司在香港开展人民币保单销售业务，严格按照相关保险法律、法规和规章制度的规定，规范经营，促进双方保险市场发展⑦
部门或分部门	金融服务 B. 银行和其他金融服务（不含保险） 接受公众存款和其他需偿还的资金（CPC81115 – 81119） 所有类型的贷款，包括消费信贷、抵押贷款、保理和商业交易的融资（CPC8113） 金融租赁（CPC8112） 所有支付和货币汇兑服务（除清算所服务外）（CPC81339） 担保与承兑（CPC81199） 在交易市场、公开市场或其他场所自行或代客交易 f1. 货币市场票据（CPC81339） f2. 外汇（CPC81333） f3. 衍生产品，包括，但不限于期货和期权（CPC81339） f4. 汇率和利率契约，包括掉期和远期利、汇率协议（CPC81339） f5. 可转让证券（CPC81321） f6. 其他可转让的票据和金融资产，包括金银条块（CPC81339） 参与各类证券的发行（CPC8132） 货币经纪（CPC81339） 资产管理（CPC8119 + 81323） 金融资产的结算和清算，包括证券、衍生产品和其他可转让票据（CPC81339 或 81319） 咨询和其他辅助金融服务（CPC8131 或 8133） 提供和传输其他金融服务提供者提供的金融信息、金融数据处理和相关的软件（CPC8131）
具体承诺	1. 允许符合下列条件的香港银行在内地注册的法人银行将数据中心设在香港：⑧ （1）2008 年 6 月 30 日前在内地注册成立； （2）注册成立时，其母行已在香港设有数据中心；

---

① 涵盖《安排》补充协议十中已有开放措施。
② 涵盖《安排》中已有开放措施。
③ 同上。
④ 涵盖《安排》补充协议四中已有开放措施。
⑤ 涵盖《广东协议》中已有开放措施。
⑥ 同上。
⑦ 同上。
⑧ 涵盖《安排》补充协议五中已有开放措施。

续表

	（3）数据中心应独立运行并应包括客户信息、账户信息以及产品信息等核心系统； （4）其董事会和高级管理层具有数据中心最高管理权； （5）设立的数据中心，须符合内地有关监管要求并经内地相关部门认可。 2. 建立更多元化的离岸人民币产品市场，增加资金双向流动渠道。① 3. 双方主管部门确认已签订的银行业专业人员职业资格互认合作协议，并进一步推进和扩展两地资格互认工作。② 4. 简化香港专业人员③在内地申请证券期货从业资格的相关程序。香港专业人员申请获得内地证券期货从业资格只需通过内地法律法规的培训与考试，无须通过专业知识考试④ 5. 支持符合条件的经中国证监会批准的内地证券公司或其他证券类金融机构根据相关要求在香港设立分支机构及依法开展业务，内地证券公司完成香港注册程序的时限，由6个月延长至1年。⑤ 6. 允许香港交易及结算所有限公司在北京设立办事处。⑥ 7. 允许经中国证监会批准的内地基金管理公司在香港设立分支机构，经营相关业务。⑦ 8. 允许符合条件的内地期货公司到香港设立分支机构，在香港依法开展业务。⑧ 9. 研究进一步降低QDⅡ、QFⅡ和RQFⅡ资格门槛，扩大投资额度。⑨ 10. 深化内地与香港金融服务及产品开发的合作，在内地推出港股组合ETF（交易型开放式指数基金）。⑩ 11. 深化内地与香港金融服务及产品开发的合作，允许以人民币境外合格机构投资者（RQFⅡ）方式投资境内证券市场；允许港资证券公司申请QFⅡ资格时，按照集团管理的证券资产规模计算。⑪ 12. 研究推动符合条件的香港公司在内地交易所市场发行人民币债券。⑫ 13. 支持符合条件的香港金融机构在中国（广东）自由贸易试验区以人民币进行新设、增资或参股自由贸易试验区内金融机构等直接投资活动。⑬ 14. 在总结其他地区相关试点经验、完善宏观审慎管理机制基础上，研究适时允许中国（广东）自由贸易试验区企业在一定范围内进行跨境人民币融资、允许自由贸易试验区银行业金融机构与香港同业机构开展跨境人民币借款等业务。⑭ 15. 允许中国（广东）自由贸易试验区内金融机构按规定为自由贸易试验区内个人投资者投资香港资本市场的股票、债券及其他有价证券提供服务⑮
部门或 分部门	与健康相关的服务和社会服务 C. 社会服务 通过住宅机构向老年人和残疾人提供的社会福利（CPC93311） 非通过住宅机构提供的社会福利（CPC93323）

---

① 涵盖《广东协议》中已有开放措施。
② 同上。
③ 在本部门中，专业人员是指持有香港证监会牌照的香港永久性居民。
④ 涵盖《安排》中已有开放措施。
⑤ 涵盖《安排》补充协议四中已有开放措施。
⑥ 涵盖《安排》中已有开放措施。
⑦ 涵盖《安排》补充协议四中已有开放措施。
⑧ 涵盖《安排》补充协议二、补充协议七中已有开放措施。
⑨ 涵盖《广东协议》中已有开放措施。
⑩ 涵盖《安排》补充协议七中已有开放措施。
⑪ 涵盖《安排》补充协议八、补充协议九、补充协议十、《广东协议》中已有开放措施。
⑫ 涵盖本协议新增开放措施。
⑬ 同上。
⑭ 同上。
⑮ 同上。

续表

具体承诺	允许香港服务提供者雇用的合同服务提供者以自然人流动的方式在内地通过住宅机构向老年人和残疾人提供社会福利服务（CPC93311）和非通过住宅机构提供社会福利服务（CPC93323）①
部门或分部门	旅游和与旅游相关的服务
	A. 饭店（包括公寓楼）和餐馆（CPC641－643）
	B. 旅行社和旅游经营者（CPC7471）
	C. 导游（CPC7472）
	其他
具体承诺	1. 允许北京市等内地49个城市的居民个人赴港旅游，并不迟于2004年7月1日在广东省全省范围实施②③。 2. 优化现有的广东省"144小时便利签证"政策，放宽预报出境口岸的规定，适时研究调整成团人数规定要求。④ 3. 允许香港永久性居民中的中国公民参加内地导游人员资格考试，考试合格者依照相关规定领取导游人员资格证书及注册取得导游证；取得内地导游证的，依照有关规定可取得内地出境游领队证（不含赴台领队证）。⑤ 4. 经营赴台旅游的内地组团社可组织持有效《大陆居民往来台湾通行证》及旅游签注（签注字头为L）的游客以过境方式在香港停留，以便利内地及香港旅游业界推出"一程多站"式旅游产品。⑥ 5. 允许香港服务提供者雇用的合同服务提供者以自然人流动的方式在内地提供本部门或分部门分类项下的服务⑦⑧。
部门或分部门	娱乐、文化和体育服务
	D. 体育和其他娱乐服务（CPC964）
	体育服务（CPC96411＋96412＋96413）
具体承诺	1. 允许香港服务提供者以跨境交付的方式在内地提供本部门或分部门分类项下的服务⑨⑩。 2. 允许香港服务提供者雇用的合同服务提供者以自然人流动的方式在内地提供本部门或分部门分类项下的服务⑪⑫。
部门或分部门	运输服务
	A. 海运服务
	国际运输（货运和客运）（CPC7211＋7212，不包括沿海和内水运输服务）
	集装箱堆场服务
	其他

---

① 涵盖《安排》补充协议十中已有开放措施。

② 内地49个城市包括：全广东省21个城市、北京、上海、天津、重庆、南京、苏州、无锡（江苏省）、杭州、宁波、台州（浙江省）、福州（市直辖区）、厦门、泉州（福建省）、成都（四川省）、济南（山东省）、大连、沈阳（辽宁省）、南昌（江西省）、长沙（湖南省）、南宁（广西壮族自治区）、海口（海南省）、贵阳（贵州省）、昆明（云南省）、石家庄（河北省）、郑州（河南省）、长春（吉林省）、合肥（安徽省）及武汉（湖北省）。

③ 涵盖《安排》中已有开放措施。

④ 涵盖《安排》补充协议八中已有开放措施。

⑤ 涵盖《安排》补充协议五、补充协议六中已有开放措施。

⑥ 涵盖《安排》补充协议六中已有开放措施。

⑦ 旅行社和旅游经营者。

⑧ 涵盖《安排》补充协议十中已有开放措施。

⑨ 体育服务（CPC96411＋96412＋96413）。

⑩ 涵盖《安排》补充协议十中已有开放措施。

⑪ 体育服务（CPC96411＋96412＋96413）。

⑫ 涵盖《安排》补充协议十中已有开放措施。

续表

	H. 辅助服务	
	b. 仓储服务（CPC742）	
	c. 货物运输代理服务（CPC748＋749，不包括货检服务）	
具体承诺	1. 将广东、广西、福建、海南至香港普通货物运输，以及在航香港航线船舶变更船舶数据后继续从事香港航线运输的审批权下放至所在地省级交通运输主管部门。① 2. 允许香港服务提供者②雇用的合同服务提供者以自然人流动的方式在内地提供本部门或分部门分类项下的服务③④。 3. 允许香港服务提供者利用干线班轮船舶在内地港口自由调配自有和租用的空集装箱，但应办理有关海关手续⑤	
部门或分部门	运输服务	
	C. 航空运输服务	
	机场管理服务（不包括货物装卸）（CPC74610）	
	其他空运支持性服务（CPC74690）	
	计算机订座系统（CRS）服务	
	空运服务的销售和营销服务	
具体承诺	1. 允许香港服务提供者以跨境交付形式提供中小机场委托管理服务，合同有效期不超过20年。⑥ 2. 允许香港服务提供者以跨境交付或境外消费形式提供机场管理培训、咨询服务。⑦ 3. 允许香港服务提供者以跨境交付的方式为内地提供国际航线或香港、澳门、台湾地区航线机票销售代理服务。⑧ 4. 允许香港的航空公司在内地的办公地点或通过官方网站自行销售机票及酒店套票，无须通过内地销售代理。⑨ 5. 允许香港服务提供者雇用的合同服务提供者在内地提供空运服务的销售和营销服务（仅限于航空运输销售代理），但不符合经营主体资格的不得从事此类服务活动⑩⑪	
部门或分部门	运输服务	
	F. 公路运输服务	
	a. 客运服务（CPC7121＋7122）	
	b. 货运服务（CPC7123）	
	c. 商用车辆和司机的租赁（CPC7124）	
	d. 公路运输设备的维修和保养服务（CPC6112＋8867）	
	e. 公路运输的支持服务（CPC744）	
具体承诺	1. 允许香港服务提供者经营香港至内地各省、市及自治区之间的货运"直通车"业务⑫⑬	

① 涵盖《安排》补充协议十中已有开放措施及本协议新增开放措施。
② 在本部门中，香港服务提供者应为企业法人。
③ 货物装卸服务、集装箱堆场服务、货物运输代理服务（CPC748＋749，不包括货检服务）。
④ 涵盖《安排》补充协议十中已有开放措施。
⑤ 涵盖《安排》中已有开放措施。
⑥ 涵盖《安排》补充协议中已有开放措施。
⑦ 同上。
⑧ 涵盖《安排》补充协议十中已有开放措施。
⑨ 涵盖《广东协议》中已有开放措施。
⑩ 适用世界贸易组织《服务贸易总协定〈关于空运服务的附件〉》的定义。
⑪ 涵盖《安排》补充协议十中已有开放措施。
⑫ "直通车"业务是指内地与香港间的直达道路运输。在本部门中，提供"直通车"服务的香港服务提供者应为企业法人。
⑬ 涵盖《安排》中已有开放措施。

续表

部门或分部门	2. 为香港司机参加内地机动车驾驶证考试设立计算机考试繁体字试题，并为香港司机在深圳设立一个指定考试场地方便应试。① 3. 允许香港服务提供者雇用的合同服务提供者以自然人流动的方式在内地提供本部门或分部门分类项下的服务②③
	没有包括的其他服务
	B. 其他服务（CPC97）
	殡葬设施（CPC9703）
具体承诺	允许香港服务提供者雇用的合同服务提供者以自然人流动的方式在内地提供本部门或分部门分类项下的服务④
其他	专业技术人员资格考试⑤
具体承诺	1. 允许符合相关规定的香港居民参加内地以下专业技术人员资格考试：注册建筑师、注册结构工程师、注册土木工程师（岩土）、监理工程师、造价工程师、注册城市规划师、房地产经纪人、注册消防工程师、注册安全工程师、注册核安全工程师、建造师、注册公用设备工程师、注册化工工程师、注册土木工程师（港口与航道）、注册设备监理师、勘察设计注册工程师、价格鉴证师、企业法律顾问、棉花质量检验师、拍卖师、公共卫生类别医师、执业药师、环境影响评价工程师、房地产估价师、注册电气工程师、注册税务师、注册资产评估师、假肢与矫形器制作师、矿业权评估师、注册咨询工程师（投资）、国际商务、土地登记代理人、珠宝玉石质量检验师；质量、翻译、计算机技术与软件、审计、卫生、经济、统计、会计专业技术资格。考试成绩合格者，发给相应的资格证书。⑥ 2. 允许香港永久性居民参加内地土地估价师资格考试。成绩合格者，发给内地的《土地估价师资格证书》。⑦ 3. 允许符合相关规定的香港永久性居民参加内地测绘师资格考试，成绩合格者，发给资格证书。⑧ 4. 允许符合相关规定的香港居民在广东省报名参加全国执业兽医资格考试。考试成绩合格者，发给相应的资格证书⑨
其他	个体工商户⑩
具体承诺	允许香港永久性居民中的中国公民依照内地有关法律、法规和行政规章，在内地各省、自治区、直辖市设立个体工商户，无须经过外资审批，不包括特许经营。营业范围为：谷物种植；蔬菜、食用菌等园艺作物种植；水果种植；坚果种植；香料作物种植；中药材种植；林业⑪；牲畜饲养、家禽饲养、水产养殖、灌溉服务；农产品初加工服务（不含籽棉加工）；其他农业服务；林业服务业；畜牧服务业；渔业服务业（需要水产苗种生产许可）；谷物磨制（不含大米、面粉加工）；肉制品及副产品加工（3000吨/年及以下的西式肉制品加工项目除外）；水产品冷冻加工；鱼糜制品及水产品干腌制加工（冷冻海水鱼糜生产线除外）；蔬菜、水果和坚果加工；淀粉及淀粉制品制造（年加工玉米

---

① 涵盖《安排》补充协议八中已有开放措施。
② 公路卡车和汽车货运、城市间定期旅客服务、道路客货运站（场）。
③ 涵盖《安排》补充协议十中已有开放措施。
④ 同上。
⑤ 清单中所列考试项目可能根据国家减少职业资格许可和认定工作有关要求发生变化，具体项目以国务院公告为准。
⑥ 涵盖《安排》补充协议、《广东协议》中已有开放措施及本协议新增开放措施。
⑦ 涵盖《安排》补充协议七中已有开放措施。
⑧ 涵盖《安排》补充协议八中已有开放措施。
⑨ 涵盖《广东协议》中已有开放措施。
⑩ 对于个体工商户组织形式，内地对香港服务提供者的全部开放承诺按新的国民经济行业分类标准（GB/T4754-2011）以正面清单形式列举。
⑪ 开展油茶、核桃、油橄榄、杜仲、油用牡丹、长柄扁桃等木本油料经济林种植业需经当地省级林业主管部门审批。

续表

| | 30万吨以下、绝干收率在98%以下玉米淀粉湿法生产线除外）；豆制品制造；蛋品加工；焙烤食品制造；糖果、巧克力及蜜饯制造；方便食品制造；乳制品制造［日处理原料乳能力（两班）20吨以下浓缩、喷雾干燥等设施及200千克/小时以下的手动及半自动液体乳罐装设备除外］；罐头食品制造；味精制造；酱油、食醋及类似制品制造；其他调味品、发酵制品制造（食盐除外）；营养食品制造；冷冻饮品及食用冰制造；啤酒制造（生产能力小于1.8万瓶/时的啤酒灌装生产线除外）；葡萄酒制造；碳酸饮料制造［生产能力150瓶/分钟以下（瓶容在250毫升及以下）的碳酸饮料生产线除外］；瓶（罐）装饮用水制造；果菜汁及果菜饮料制造；含乳饮料和植物蛋白饮料制造；固体饮料制造；茶饮料及其他饮料制造；纺织业；窗帘布艺制品制造；纺织服装、服饰业；皮革、毛皮、羽毛及其制品和制鞋业；木材加工和木、竹、藤、棕、草制品业；家具制造业；造纸和纸制品业（宣纸生产除外）；文教办公用品制造；乐器制造；工艺美术制造（国家重点保护野生动物的雕刻、加工、脱胎漆器生产、珐琅制品生产、墨锭生产除外）；体育用品制造；玩具制造；游艺器材及娱乐用品制造；日用化学产品制造；塑料制品业；日用玻璃制品制造；日用陶瓷制品制造；金属工具制造；搪瓷日用品及其他搪瓷制品制造；金属制日用品制造；自行车制造；非公路休闲车及零配件制造；电池制造；家用电力器具制造；非电力家用器具制造；照明器具制造；钟表与计时仪器制造；眼镜制造；日用杂品制造；林业产品批发；纺织、服装及家庭用品批发；文具用品批发；体育用品批发；其他文化用品批发；贸易代理；其他贸易经纪与代理；货物、技术进出口；零售业（烟草制品零售除外，并且不包括特许经营）；图书报刊零售；音像制品及电子出版物零售；工艺美术品及收藏品零售（文物收藏品零售除外）；道路货物运输；其他水上运输辅助活动，具体指港口货物装卸、仓储、港口供应（船舶物料或生活品）、港口设施、设备和港口机械的租赁、维修；装卸搬运和运输代理业（不包括航空客货运代理服务和国内水路运输代理业）；仓储业；餐饮业；软件开发；信息系统集成服务；信息技术咨询服务；数据处理和存储服务（仅限于线下的数据处理服务业务）；租赁业；社会经济咨询中的经济贸易咨询和企业管理咨询；广告业；知识产权服务（商标代理服务、专利代理服务除外）；包装服务；办公服务中的以下项目：标志牌、铜牌的设计、制作服务，奖杯、奖牌、奖章、锦旗的设计、制作服务；办公服务中的翻译服务；其他未列明商务服务业中的2个项目：公司礼仪服务：开业典礼、庆典及其他重大活动的礼仪服务，个人商务服务：个人形象设计服务、个人活动安排服务、其他个人商务服务；研究和试验发展（社会人文科学研究除外）；专业技术服务业；质检技术服务（动物检疫服务、植物检疫服务、检验检测和认证相关服务、特种设备检验检测服务除外）；工程技术（规划管理、勘察、设计、监理除外）；摄影扩印服务；科技推广和应用服务业；技术推广服务；科技中介服务；水污染治理（除环境质量监测、污染源检查服务）；大气污染治理（除环境质量监测、污染源检查服务）；固体废物治理（除环境质量监测、污染源检查服务）；其他污染治理中的降低噪音服务和其他环境保护服务（除环境质量监测、污染源检查服务）；市政设施管理（除环境质量监测、污染源检查服务）；环境卫生管理（除环境质量监测、污染源检查服务）；洗染服务；理发及美容服务；洗浴服务；居民服务中的婚姻服务（不含婚介服务）；其他居民服务业；机动车维修[1]；计算机和辅助设备修理；家用电器修理；其他日用产品修理业；建筑物清洁服务；其他未列明服务业；宠物服务（仅限在城市开办）；门诊部（所）；体育；其他室内娱乐活动中的以休闲、娱乐为主的动手制作活动（陶艺、缝纫、绘画等）；文化娱乐经纪人；体育经纪人；食品、饮料批发；一般旅馆；其他住宿业；房地产中介服务；自有房地产经营活动。[2]
2. 允许香港永久性居民中的中国公民依照内地有关法律、法规和行政规章，设立个体工商户，取消从业人员人数、经营面积限制。[3]
3. 香港永久性居民中的中国公民依照内地有关法律、法规和行政规章，设立个体工商户时，取消其身份核证要求[4] |

---

[1] 汽车、摩托车修理与维护。

[2] 涵盖《安排》、补充协议、补充协议二、补充协议三、补充协议四、补充协议五、补充协议六、补充协议七、补充协议八、补充协议九、补充协议十、《广东协议》中已有开放措施及本协议新增开放措施。

[3] 涵盖《安排》、补充协议、补充协议二、补充协议三、补充协议四、补充协议五、补充协议六、补充协议七、补充协议八、补充协议九中已有开放措施。

[4] 涵盖《安排》补充协议九中已有开放措施。

表3　　　　　　　　　　　电信领域开放措施（正面清单）[①]

部门或分部门	通信服务
	C. 电信服务
	语音电话服务
	集束切换（分组交换）数据传输服务
	线路切换（电路交换）数据传输服务
	电传服务
	电报服务
	传真服务
	专线电路租赁服务
	电子邮件服务
	语音邮件服务
	在线信息和数据调用服务
	电子数据交换服务
	增值传真服务，包括储存和发送、储存和调用
	编码和规程转换服务
	在线信息和/或数据处理（包括传输处理）
	其他（寻呼、远程电信会议、移动远洋通信及空对地通信等）
具体承诺	1. 允许香港服务提供者在内地设立合资或独资企业，提供下列电信服务，对港资股权比例不设限制[②]： 1）在线数据处理与交易处理业务（仅限于经营性电子商务网站）； 2）内地境内多方通信服务业务； 3）存储转发类业务； 4）呼叫中心业务； 5）因特网接入服务业务（仅限于为上网用户提供因特网接入服务）； 6）信息服务业务（仅限于应用商店）。 2. 允许香港服务提供者在内地设立合资企业，提供下列电信服务，港资股权比例不得超过50%[③]： 1）在线数据处理与交易处理业务（经营性电子商务网站除外）； 2）内地境内因特网虚拟专用网业务； 3）因特网数据中心业务； 4）因特网接入服务业务（为上网用户提供因特网接入服务除外）； 5）信息服务业务（应用商店除外）。 3. 允许香港服务提供者在广东省销售只在香港使用的固定/移动电话卡（不包括卫星移动电话卡）[④]。 4. 允许香港服务提供者雇用的合同服务提供者以自然人流动的方式在内地提供下列电信服务[⑤]： 1）在线数据处理与交易处理业务（仅限于经营性电子商务网站）； 2）呼叫中心业务； 3）因特网接入服务业务

[①] 对电信服务部门（分部门）的商业存在和跨境服务模式，内地对香港服务提供者的开放承诺沿用正面清单形式列举开放措施。本协议附件1表3涵盖《安排》及其所有补充协议、《广东协议》在电信服务部门（分部门）下的全部开放措施。

[②] 涵盖《安排》补充协议十、《广东协议》中已有开放措施及本协议新增开放措施。

[③] 涵盖《安排》补充协议四中已有开放措施。

[④] 涵盖《安排》补充协议六中已有开放措施；须符合内地与香港电信监管部门签订的关于在广东省销售香港电话卡备忘录的规定。

[⑤] 涵盖《安排》补充协议十中已有开放措施。

表4　　　　　　　　文化领域开放措施（正面清单）①

部门或分部门	商务服务
	F. 其他商务服务
	r. 印刷和出版服务（CPC88442）
具体承诺	1. 允许香港服务提供者在内地设立合资、合作企业，从事出版物和其他印刷品的印刷业务，合资企业中香港服务提供者拥有的股权比例不超过49%，合作企业中内地方投资者应当占主导地位。其中，在前海、横琴试点设立合资企业，香港服务提供者拥有的股权比例不超过70%。② 2. 允许香港服务提供者在内地设立独资企业，提供包装装潢印刷品的印刷和装订服务。对香港服务提供者在内地设立从事包装装潢印刷品的印刷企业的最低注册资本要求，比照内地企业实行。③ 3. 允许香港服务提供者在内地设立独资、合资或合作排校制作服务公司，从事图书的校对、设计、排版等印前工作。④ 4. 简化香港图书进口审批程序，建立香港图书进口绿色通道。⑤ 5. 允许香港服务提供者雇用的合同服务提供者以自然人流动的方式在内地提供本部门或分部门分类项下的服务⑥
部门或分部门	分销服务
	B. 批发销售服务（图书、报纸、杂志、文物的批发销售服务）
具体承诺	1. 允许香港服务提供者以独资形式在内地设立的批发商业企业经营图书、报纸、杂志。⑦ 2. 对香港服务提供者在内地设立从事出版物分销的企业的最低注册资本要求，比照内地企业实行⑧
部门或分部门	分销服务
	C. 零售服务（图书、报纸、杂志、文物的零售服务）
具体承诺	1. 允许香港服务提供者以独资形式在内地设立的零售商业企业经营图书、报纸、杂志。⑨ 2. 对于同一香港服务提供者在内地累计开设店铺超过30家的，如经营商品包括图书、报纸、杂志等商品，且上述商品属于不同品牌，来自不同供应商的，允许香港服务提供者以独资、合资形式从事图书、报纸、杂志的零售服务。⑩ 3. 对香港服务提供者在内地设立从事出版物分销的企业的最低注册资本要求，比照内地企业实行。⑪

---

①　对文化服务部门（分部门）的商业存在和跨境服务模式，内地对香港服务提供者的开放承诺沿用正面清单形式列举开放措施。本协议附件1表4涵盖《安排》及其所有补充协议、《广东协议》在文化服务部门（分部门）下的全部开放措施。在本协议及其附件中，文化领域包括社会科学和人文科学的研究和开发服务（CPC852）、印刷和出版服务（CPC88442）、其他商务服务（CPC8790）中的光盘复制服务、电影和录像的制作和发行服务（CPC9611）、电影放映服务（CPC9612）、广播和电视服务（CPC9613）、广播和电视传输服务（CPC7524）、录音服务、其他视听服务、图书、报纸、杂志、文物的批发销售服务（CPC622）、图书、报纸、杂志、文物的零售服务（CPC631＋632＋6111＋6113＋6121）、其他分销服务中的文物拍卖服务、文娱服务（CPC9619）、新闻社服务（CPC962）、图书馆、档案馆、博物馆和其他文化服务（CPC963）等服务贸易部门、分部门（包括通过互联网提供的新闻、出版、视听节目、音像、游戏等文化信息服务、文物服务）。

②　涵盖《安排》补充协议四、补充协议九、补充协议十中已有开放措施。
③　涵盖《安排》补充协议四、补充协议五中已有开放措施。
④　涵盖《安排》补充协议六中已有开放措施。
⑤　涵盖《安排》补充协议十中已有开放措施。
⑥　指印刷及其辅助服务；涵盖《安排》补充协议十中已有开放措施。
⑦　涵盖《安排》补充协议中已有开放措施。
⑧　涵盖《安排》补充协议六中已有开放措施。
⑨　涵盖《安排》补充协议中已有开放措施。
⑩　涵盖《安排》补充协议二、补充协议三中已有开放措施及本协议新增开放措施。
⑪　涵盖《安排》补充协议六中已有开放措施。

续表

部门或分部门	4. 允许香港服务提供者雇用的合同服务提供者以自然人流动的方式在内地提供本部门或分部门分类项下的服务①
部门或分部门	通信服务 D. 视听服务 录像分销服务（CPC83202），录音制品的分销服务 电影院服务 华语影片和合拍影片 有线电视技术服务 合拍电视剧 电影或录像带制作服务（CPC96112） 其他
具体承诺	录像、录音制品 1. 允许香港服务提供者在内地以独资、合资形式提供音像制品（含后电影产品）的分销服务。② 2. 允许香港服务提供者在内地设立独资、合资或合作企业，从事音像制品制作业务。③ 3. 允许香港影片因剧情需要，在影片中如有方言，可以原音呈现，但须加注标准汉语字幕。④ 4. 允许香港服务提供者雇用的合同服务提供者以自然人流动的方式在内地提供本部门或分部门分类项下具体开放承诺的服务⑤ 电影院服务 5. 允许香港服务提供者在内地设立的独资公司，在多个地点新建或改建多间电影院，经营电影放映业务。⑥ 华语影片和合拍影片 6. 香港拍摄的华语影片经内地主管部门审查通过后，由中国电影集团公司统一进口，由拥有《电影发行经营许可证》的发行公司在内地发行，不受进口配额限制。⑦ 7. 香港拍摄的华语影片是指根据香港特别行政区有关条例设立或建立的制片单位所拍摄的，拥有50%以上的影片著作权的华语影片。该影片主要工作人员组别⑧中香港居民应占该组别整体员工数目的50%以上。⑨ 8. 香港与内地合拍的影片视为国产影片在内地发行。该影片以普通话为标准译制的其他中国民族语言及方言的版本可在内地发行。⑩ 9. 香港与内地合拍的影片，港方主创人员⑪所占比例不受限制，但内地主要演员的比例不得少于影片主要演员总数的1/3；对故事发生地无限制，但故事情节或主要人物应与内地有关。⑫ 10. 允许内地与香港合拍的影片经内地主管部门批准后在内地以外的地方冲印。⑬

---

① 涵盖《安排》补充协议十中已有开放措施。
② 涵盖《安排》、补充协议六中已有开放措施。
③ 涵盖《安排》补充协议七中已有开放措施。
④ 涵盖《安排》补充协议十中已有开放措施。
⑤ 电影或录像带制作服务、电影或录像的分销服务，包括娱乐软件及录音制品分销服务；涵盖《安排》补充协议十中已有开放措施。
⑥ 涵盖《安排》补充协议二中已有开放措施。
⑦ 涵盖《安排》中已有开放措施及本协议新增开放措施。
⑧ 主要工作人员组别包括导演、编剧、男主角、女主角、男配角、女配角、监制、摄影师、剪辑师、美术指导、服装设计、动作/武术指导以及原创音乐。
⑨ 涵盖《安排》补充协议二中已有开放措施。
⑩ 涵盖《安排》中已有开放措施。
⑪ 主创人员是指导演、编剧、摄影和主要演员，主要演员是指主角和主要配角。
⑫ 涵盖《安排》中已有开放措施。
⑬ 涵盖《安排》补充协议中已有开放措施。

续表

	11. 允许国产影片及合拍片在香港进行冲印作业。①
	12. 允许香港服务提供者经内地主管部门批准，在内地试点设立独资公司，发行国产影片。②
	13. 允许香港与内地合拍影片的方言话版本，经内地主管部门批准，在内地发行放映，但须加注标准汉语字幕。③
	14. 允许香港影片的方言话版本，经内地主管部门审查通过后，由中国电影集团公司统一进口，由拥有《电影发行经营许可证》的发行公司在内地发行，但均须加注标准汉语字幕。④
	15. 允许国产影片（含合拍片）由内地第一出品单位提出申请并经国家广电总局批准后，在香港进行后期制作。⑤
	16. 允许香港服务提供者雇用的合同服务提供者以自然人流动的方式在内地提供本部门或分部门分类项下具体开放承诺的服务⑥
	有线电视技术服务
	17. 允许香港经营有线电视网络的公司经内地主管部门批准后，在内地提供有线电视网络的专业技术服务⑦
	合拍电视剧
	18. 内地与香港合拍的电视剧经内地主管部门审查通过后，可视为国产电视剧播出和发行。⑧
	19. 允许内地与香港合拍电视剧集数与国产剧标准相同。⑨
	20. 国家广电总局将各省、自治区或直辖市所属制作机构生产的有香港演职人员参与拍摄的国产电视剧完成片的审查工作，交由省级广播电视行政部门负责。⑩
	21. 内地与香港节目制作机构合拍电视剧立项的分集梗概，调整为每集不少于1500字⑪
部门或分部门	娱乐、文化和体育服务
	A. 文娱服务（除视听服务以外）（CPC9619）
具体承诺	1. 允许香港服务提供者在内地设立独资、合资、合作经营的演出场所。⑫
	2. 允许香港演艺经纪公司在内地设立分支机构。⑬
	3. 允许香港服务提供者在内地设立独资、合资、合作经营的演出经纪机构。⑭
	4. 允许香港服务提供者在内地以合资、合作方式，设立内地方控股的互联网文化经营单位或内地方占主导权益的合作互联网文化经营单位。⑮
	5. 允许香港服务提供者在内地以独资、合资、合作方式，设立互联网上网服务营业场所或设立内地方占主导权益的合作互联网上网服务营业场所。⑯

---

① 涵盖《安排》补充协议十中已有开放措施。
② 涵盖《安排》补充协议中已有开放措施。
③ 涵盖《安排》补充协议十中已有开放措施。
④ 涵盖《安排》补充协议十中已有开放措施及本协议新增开放措施。
⑤ 涵盖《安排》补充协议六中已有开放措施。
⑥ 电影或录像带制作服务、电影或录像的分销服务，包括娱乐软件及录音制品分销服务；涵盖补充协议十中已有开放措施。
⑦ 涵盖《安排》补充协议九中已有开放措施。
⑧ 涵盖《安排》补充协议中已有开放措施。
⑨ 涵盖《安排》补充协议二中已有开放措施。
⑩ 涵盖《安排》补充协议三中已有开放措施。
⑪ 涵盖《安排》补充协议四中已有开放措施。
⑫ 涵盖《安排》补充协议中已有开放措施。
⑬ 同上。
⑭ 涵盖《安排》补充协议、补充协议四中已有开放措施。
⑮ 涵盖《安排》补充协议、补充协议七中已有开放措施。
⑯ 涵盖《安排》补充协议、补充协议七、补充协议九中已有开放措施。

续表

	6. 允许香港服务提供者在内地设立独资、合资、合作经营的画廊、画店、艺术品展览单位机构。① 7. 允许香港服务提供者在内地设立内地方控股的合资演出团体② 8. 允许香港的演出经纪机构或文艺表演团体经广东省、上海市主管部门批准，以跨境交付方式试点在该省、市举办营业性演出活动。来内地举办演出的演出经纪机构或文艺表演团体应事先报文化部核准。③ 9. 允许香港服务提供者在广东设立独资娱乐场所。④ 10. 在申请材料齐全的情况下，对进口香港研发的网络游戏产品进行内容审查（包括专家审查）的工作时限为2个月。⑤ 11. 允许香港服务提供者在内地从事游戏游艺设备的销售服务。⑥ 12. 允许香港服务提供者雇用的合同服务提供者以自然人流动的方式在内地提供本部门或分部门分类项下的服务⑦
部门或分部门	娱乐、文化和体育服务 C. 图书馆、档案馆、博物馆和其他文化服务（CPC963）
具体承诺	1. 进一步密切内地与香港图书馆业的合作，探索合作开展图书馆服务。⑧ 2. 允许香港服务提供者以独资形式在内地为图书馆提供专业服务。⑨ 3. 允许香港服务提供者以独资形式在内地提供博物馆专业服务⑩

附件2　香港向内地开放服务贸易的具体承诺⑪

附件3　关于"服务提供者"定义及相关规定

一、根据《内地与香港关于建立更紧密经贸关系的安排》（以下简称《安排》）及本协议，内地与香港特别行政区就"服务提供者"定义及相关规定制定本附件。

二、除非本协议及其附件另有规定，本协议及其附件中的"服务提供者"指提供服务的任何人，其中：

（一）"人"指自然人或法人；

（二）"自然人"：

---

① 涵盖《安排》补充协议中已有开放措施。
② 涵盖《安排》补充协议九中已有开放措施。
③ 涵盖《安排》补充协议四中已有开放措施。
④ 涵盖《安排》补充协议九、《广东协议》中已有开放措施及本协议新增开放措施。
⑤ 涵盖《安排》补充协议六中已有开放措施。
⑥ 涵盖《广东协议》中已有开放措施及本协议新增开放措施。
⑦ 涵盖《安排》补充协议十中已有开放措施。
⑧ 涵盖《安排》补充协议八中已有开放措施。
⑨ 同上。
⑩ 同上。
⑪ 根据本协议的有关规定实施，有关香港保留的限制性措施和进一步开放措施经双方磋商后会列入本附件。

1. 对内地而言，指中华人民共和国公民；

2. 对香港而言，指中华人民共和国香港特别行政区永久性居民。

（三）"法人"指根据内地或香港特别行政区适用法律适当组建或设立的任何法律实体，无论是否以盈利为目的，无论属私有还是政府所有，包括任何公司、基金、合伙企业、合资企业、独资企业或协会（商会）。

三、以法人形式提供服务的香港服务提供者的具体标准：

（一）除法律服务部门外，香港服务提供者申请在内地提供附件1中的有关服务时应：

1. 根据香港特别行政区《公司条例》或其他有关条例注册或登记设立，①并取得有效商业登记证。法例如有规定，应取得提供该服务的牌照或许可。

2. 在香港从事实质性商业经营。其判断标准为：

（1）业务性质和范围

拟在内地提供服务的香港服务提供者在香港提供服务的性质和范围，应符合本协议的规定，内地法律法规和行政规章对外商投资主体的业务性质和范围有限制性规定的从其规定。

（2）年限

香港服务提供者应已在香港注册或登记设立并从事实质性商业经营3年以上（含3年），②其中：

提供建筑及相关工程服务的香港服务提供者，应已在香港注册或登记设立并从事实质性商业经营5年以上（含5年）；提供房地产服务的香港服务提供者在香港从事实质性商业经营的年限不作限制；

提供银行及其他金融服务（不包括保险和证券）的香港服务提供者，即香港银行或财务公司，应在获得香港金融管理专员根据《银行业条例》批给有关牌照后，从事实质性商业经营5年以上（含5年）；或以分行形式经营2年并且以本地注册形式从事实质性商业经营3年以上（含3年）；

提供保险及其相关服务的香港服务提供者，即香港保险公司，应在香港注册或登记设立并从事实质性商业经营5年以上（含5年）；

提供航空运输地面服务的香港服务提供者应已获得香港从事航空运输地面服务

---

① 在香港登记的海外公司、办事处、联络处、"信箱公司"和特别成立用于为母公司提供某些服务的公司不属于本附件所指的香港服务提供者。

② 自《安排》生效之日起，双方以外的服务提供者通过收购或兼并的方式取得香港服务提供者50%以上股权满1年的，该被收购或兼并的服务提供者属于香港服务提供者。

业务的专门牌照,从事实质性商业经营 5 年以上(含 5 年);

提供第三方国际船舶代理服务的香港服务提供者,应已在香港注册或登记设立并从事实质性商业经营 5 年以上(含 5 年)。

(3)利得税

香港服务提供者在香港从事实质性商业经营期间依法缴纳利得税。

(4)业务场所

香港服务提供者应在香港拥有或租用业务场所从事实质性商业经营,其业务场所应与其业务范围和规模相符合。

提供海运服务的香港服务提供者,所拥有的船舶总吨位应有 50% 以上(含 50%)在香港注册。

(5)雇用员工

香港服务提供者在香港雇用的员工中在香港居留不受限制的居民和持单程证来香港定居的内地人士应占其员工总数的 50% 以上。

(二)法律服务部门的香港律师事务所(行),申请在内地提供附件 1 中的有关服务时应:

1. 根据香港特别行政区有关法例登记设立为香港律师事务所(行)并取得有效商业登记证;

2. 有关律师事务所(行)的独资经营者及所有合伙人应为香港注册执业律师;

3. 有关律师事务所(行)的主要业务范围应为在香港提供本地法律服务;

4. 有关律师事务所(行)或其独资经营者或合伙人均依法缴纳利得税;

5. 有关律师事务所(行)应在香港从事实质性商业经营 3 年以上(含 3 年);

6. 有关律师事务所(行)应在香港拥有或租用业务场所从事实质性商业经营。

四、除非本协议及其附件另有规定,以自然人形式提供服务的香港服务提供者,应为中华人民共和国香港特别行政区永久性居民。

五、内地服务提供者应符合本附件第二条的定义,其具体标准由双方磋商制定。

六、香港服务提供者为取得本协议中的待遇,应提供:

(一)在香港服务提供者为法人的情况下,香港服务提供者应提交经香港有关机构(人士)核证的文件资料、法定声明,以及香港特别行政区政府发出的证明书:

1. 文件资料(如适用)

(1)香港特别行政区公司注册处签发的公司注册证明书副本;

(2)香港特别行政区商业登记证及登记册内资料摘录的副本;

（3）香港服务提供者过去3年（或5年）在香港的公司年报或经审计的财务报表；

（4）香港服务提供者在香港拥有或租用业务场所的证明文件正本或副本；①

（5）香港服务提供者过去3年（或5年）利得税报税表和评税及缴纳税款通知书的副本；在亏损的情况下，香港服务提供者须提供香港特别行政区政府有关部门关于其亏损情况的证明文件；

（6）香港服务提供者在香港的雇员薪酬及退休金报税表副本，以及有关文件或其副本以证明该服务提供者符合本附件第三条第（一）2款第（5）项规定的百分比；

（7）其他证明香港服务提供者在香港从事实质性商业经营的有关文件或其副本，如香港法例、附件1或本附件有关香港业务性质和范围规定所需的牌照、许可或香港有关部门、机构发出的确认信。

2. 法定声明

对于任何申请取得本协议中待遇的香港服务提供者，其负责人应根据香港特别行政区《宣誓及声明条例》的程序及要求作出法定声明。②声明格式由内地与香港特别行政区有关部门磋商确定。

3. 证明书

香港服务提供者将本附件第六条第（一）款第1项和第2项规定的文件资料、法定声明提交香港特别行政区工业贸易署（以下简称工业贸易署）审核。工业贸易署在认为必要的情况下，委托香港特别行政区有关政府部门、法定机构或独立专业机构（人士）作出核实证明。③工业贸易署认为符合本附件规定的香港服务提供者标准的，向其出具证明书。证明书内容及格式由内地与香港特别行政区有关部门磋商确定。

（二）在香港服务提供者为自然人的情况下，香港服务提供者应提供香港永久性居民的身份证明，其中属于中国公民的还应提供港澳居民来往内地通行证（回乡证）或香港特别行政区护照。

（三）本附件第六条第（一）款第1项和第2项、第（二）款规定的法定声明、

---

① 申请在内地提供海运服务的香港服务提供者，应另外提交文件或其副本（已核证）以证明其所拥有的船舶总吨位有50%以上（含50%）在香港注册。

② 任何人如按《宣誓及声明条例》故意作出虚假或不真实声明，将根据香港法律负刑事法律责任。

③ 在电信部门中，有关提供因特网数据中心业务、呼叫中心业务和信息服务业务的香港服务提供者的业务性质和范围，工业贸易署应委托香港特别行政区政府电信主管部门作出核实证明。

自然人身份证明的复印件，以及工业贸易署认为需要由律师作出核实证明的文件资料，应经内地认可的公证人核证。

七、香港服务提供者向内地审核机关申请取得本协议中的待遇，按以下程序进行：

（一）香港服务提供者申请在内地提供附件1中的服务时，向内地审核机关提交本附件第六条规定的文件资料、法定声明和证明书；

（二）根据法律法规规定的审核权限，内地审核机关在审核香港服务提供申请时，一并对香港服务提供者的资格进行核证；

（三）内地审核机关对香港服务提供者的资格有异议时，应在规定时间内通知香港服务提供者，并向商务部通报，由商务部通知工业贸易署，并说明原因。香港服务提供者可通过工业贸易署向商务部提出书面理由，要求给予再次考虑。商务部应在规定时间内书面回复工业贸易署。

八、已在内地提供服务的香港服务提供者申请取得本协议中的待遇，应按照本附件第六条、第七条的规定申请。

附录4

《内地与澳门关于建立更紧密经贸关系的安排》服务贸易协议

序 言

为推动内地①与澳门特别行政区(以下简称"双方")基本实现服务贸易自由化,逐步减少或取消双方之间服务贸易实质上所有歧视性措施,进一步提高双方经贸交流与合作的水平,双方决定,就内地与澳门特别行政区(以下简称"澳门")基本实现服务贸易自由化签署本协议。

第一章 与《安排》②的关系

第一条 与《安排》的关系

一、为逐步减少直至取消双方之间服务贸易实质上所有歧视性措施,双方决定在《安排》及其所有补充协议、《〈安排〉关于内地在广东与澳门基本实现服务贸易自由化的协议》(以下简称《广东协议》)已实施开放措施基础上签署本协议。本协议是《安排》的服务贸易协议。

二、《安排》第四章第十一条、第十二条的有关内容按照本协议执行。本协议条款与《安排》及其所有补充协议、《广东协议》条款产生抵触时,以本协议条款为准。

---

① 内地系指中华人民共和国的全部关税领土。
② 《安排》系《内地与澳门关于建立更紧密经贸关系的安排》的简称。

第二章 范围及定义

第二条 范围及定义

一、本协议附件1和附件2的所有措施适用于内地和澳门之间的服务贸易。

二、本协议所称服务贸易,是指:

(一)自一方境内向另一方境内提供服务;

(二)在一方境内对另一方的服务消费者提供服务;

(三)一方的服务提供者通过在另一方境内的商业存在提供服务;

(四)一方的服务提供者通过在另一方境内的自然人存在提供服务。

上述(一)、(二)、(四)统称为跨境服务。

三、就本协议而言:

(一)"措施"指一方的任何措施,无论是以法律、法规、规则、程序、决定、行政行为的形式还是以任何其他形式。

在履行本协议项下的义务和承诺时,每一方应采取其所能采取的合理措施,以保证其境内的政府和主管机关以及非政府机构遵守这些义务和承诺。

(二)"服务"包括任何部门的任何服务,但在行使政府职权时提供的服务除外。

(三)"行使政府职权时提供的服务"指既不依据商业基础提供,也不与一个或多个服务提供者竞争的任何服务。

(四)"商业存在"指任何类型的商业或专业机构,包括为提供服务而在一方境内:

1. 设立、收购或经营一法人;
2. 设立或经营一分支机构或代表处。

(五)"政府采购"指政府以购买、租赁等各种合同形式,取得商品或服务的使用权或获得商品或服务,或两者兼得的行为。其目的并非是商业销售或转售,或为商业销售或转售而在生产中使用、提供商品或服务。

四、本协议中的"服务提供者"定义及相关规定载于附件3。

第三章 义务及规定

第三条 义务

一、内地对澳门服务和服务提供者的具体措施载于本协议附件1。对于本协议附件1表2、表3和表4所列明的具体承诺的实施,除执行本协议规定外,还应适用内地有关法律法规和行政规章。

二、对本协议涵盖的服务领域,澳门对内地服务和服务提供者不增加任何限制性措施。双方将通过磋商,拟订和实施澳门对内地服务和服务提供者进一步开放服务贸易的内容。有关具体承诺将列入本协议附件2。

三、应一方要求,双方可通过协商,进一步提高双方服务贸易自由化的水平。

四、任何根据本条第三款实行的提高服务贸易自由化水平的措施应纳入本协议附件1及附件2予以实施。

第四条 国民待遇

一、一方在影响服务提供的所有措施方面给予另一方的服务和服务提供者的待遇,不得低于其给予本方同类服务和服务提供者的待遇。[1]

二、一方可通过对另一方的服务或服务提供者给予与其本方同类服务或服务提供者的待遇形式上相同或不同的待遇,满足第一款的要求。

三、如形式上相同或不同的待遇改变竞争条件,与另一方的同类服务或服务提供者相比,有利于该方的服务或服务提供者,则此类待遇应被视为较为不利的待遇。

第五条 最惠待遇

一、关于本协议涵盖的任何措施,一方对于另一方的服务和服务提供者,应立即和无条件地给予不低于其给予其他方同类服务和服务提供者的待遇。

二、本协议的规定不得解释为阻止一方对相邻国家或地区授予或给予优惠,以便利仅限于毗连边境地区的当地生产和消费的服务的交换。

第六条 金融审慎原则

一、尽管本协议有其他规定,一方不应被阻止出于审慎原因而采取或维持与金融服务有关的措施。这些审慎原因包括保护投资者、存款人、投保人或金融服务提供者对其负有信托义务的人或确保金融系统的完整与稳定。[2]

---

[1] 根据本条承担的具体承诺不得解释为要求任何一方对由于有关另一方服务或服务提供者的外来特性而产生的任何固有的竞争劣势作出补偿。

[2] "审慎原因"这一用语应理解为包括维持单个金融机构或金融体系的安全、稳固、稳健和财务责任,以及维护支付和清算系统的安全以及财务和运营的稳健性。

二、本协议的任何规定不适用于为执行货币或相关信贷政策或汇率政策而采取的普遍适用的非歧视性措施。①

三、"金融服务"应当与世界贸易组织《服务贸易总协定》的《关于金融服务的附件》第五款第（a）项中的金融服务具有相同的含义，并且该条款中"金融服务提供者"也包括《关于金融服务的附件》第五款第（c）项所定义的公共实体。

四、为避免歧义，本协议不应被解释为阻止一方在金融机构中适用或者执行为保证遵守与本协议不冲突的法律或法规而采取的与另一方的服务提供者或者涵盖服务有关的必要措施，包括与防范虚假和欺诈做法或者应对金融服务合同违约影响有关的措施，但这些措施的实施方式不得在情形类似的国家（或地区）间构成任意的或者不合理的歧视，或者构成对金融机构的投资的变相限制。

五、对于现行法规未明确涉及的领域，一方保留采取限制性措施的权利。

第七条 保障措施

一、当因执行本协议对任何一方的贸易和相关产业造成重大影响时，一方保留新设或维持与服务有关的限制性措施的权利。

二、一方根据第一款准备采取的措施，应尽可能充分及时地通知另一方，并磋商解决。

第八条 例外

一、本协议及其附件所载规定并不妨碍一方维持或采取与世界贸易组织《服务贸易总协定》第 14 条及 14 条之二相一致的例外措施。

二、一方针对另一方服务或服务提供者的外来特性采取的水平管理措施不应视为较为不利的待遇。

第四章 商业存在②

第九条 保留的限制性措施

一、第四条"国民待遇"和第五条"最惠待遇"不适用于：

---

① 为避免歧义，为执行货币或相关信贷政策或汇率政策而采取的普遍适用的措施，不包括明确将规定了计价货币或货币汇率的合同条款宣布为无效或修改这种条款的措施。

② 在本协议下，本章的商业存在不包括第六章电信专章第十一条电信服务和第七章文化专章第十二条文化服务项下的商业存在。

（一）一方保留的限制性措施，列明在附件1表1和附件2中；

（二）一般情况下，第（一）项所指保留的限制性措施可作修订，但经修订后的保留措施与修订前相比，不可更不符合第四条"国民待遇"和第五条"最惠待遇"作出的义务。

二、第四条"国民待遇"和第五条"最惠待遇"不适用于：

（一）政府采购；

（二）一方给予的补贴或赠款，包括政府支持的贷款、担保和保险。

但一方法律法规就第（一）、（二）项另有规定的从其规定。

第五章　跨境服务[①]

第十条　跨境服务

双方同意就逐步减少歧视性措施保持磋商，具体开放措施列明在附件1表2和附件2中，其他不做承诺。

第六章　电信专章

第十一条　电信服务

双方同意就逐步减少歧视性措施保持磋商，具体开放措施列明在附件1表3和附件2中，其他不做承诺。

第七章　文化专章

第十二条　文化服务

双方同意就逐步减少歧视性措施保持磋商，具体开放措施列明在附件1表4和附件2中，其他不做承诺。

[①] 在本协议下，本章的跨境服务不包括第六章电信专章第十一条电信服务和第七章文化专章第十二条文化服务项下的跨境服务。

第八章　特殊手续和信息要求

第十三条　特殊手续和信息要求

一、如果特殊手续要求不实质性损害一方根据本协议承担的对另一方服务提供者的义务，则第四条"国民待遇"不应被解释为阻止一方采取或维持与服务相关的特殊手续的措施。

二、尽管有第四条"国民待遇"和第五条"最惠待遇"，一方可仅为了信息或统计的目的，要求另一方的服务提供者提供与服务或服务提供者有关的信息。该一方应保护商业机密信息防止因泄露而有损服务提供者的竞争地位。本款不应被解释为阻碍一方获得或披露与公正和诚信适用法律有关的信息。

第九章　投资便利化

第十四条　投资便利化

为提高投资便利化水平，内地同意对澳门服务提供者在内地投资本协议对澳门开放的服务贸易领域，公司设立及变更的合同、章程审批改为备案管理，备案后按内地有关规定办理相关手续。以下两种情形除外：

（一）第四章第九条涉及保留的限制性措施及电信、文化领域公司、金融机构的设立及变更按现行外商投资法律法规以及相关规定办理；或

（二）公司以外其他形式的商业存在的设立及变更按现行有关规定办理。

第十章　其他条款

第十五条　附件

本协议的附件构成本协议的组成部分。

第十六条　生效和实施

本协议自双方代表正式签署之日起生效，自 2016 年 6 月 1 日起实施。

本协议以中文书就，一式两份。

本协议于二○一五年十一月二十八日在澳门签署。

中华人民共和国　　　　中华人民共和国
商务部副部长　　　　澳门特别行政区经济财政司司长

附件1　内地向澳门开放服务贸易的具体承诺[①]

表1　　　　　　　　　对商业存在保留的限制性措施（"负面清单"）

部门	商务服务
分部门	A. 专业服务 a. 法律服务（CPC861）
所涉及的义务	国民待遇
保留的限制性措施	商业存在 独资设立的代表机构不得办理涉及内地法律适用的法律事务，或聘用内地执业律师。 与内地方以合作形式提供法律服务限于： 可由内地律师事务所向澳门律师事务所驻内地代表机构派驻内地执业律师担任内地法律顾问，或由澳门律师事务所向内地律师事务所派驻澳门律师担任涉澳门或跨境法律顾问。 内地律师事务所和已在内地设立代表机构的澳门律师事务所按照协议约定进行联合经营的，在各自执业范围、权限内以分工协作方式开展业务合作。 在广州市、深圳市、珠海市与内地方以合伙方式联营，联营方式按照司法行政主管部门批准的具体规定执行
部门	商务服务
分部门	A. 专业服务 b. 会计、审计和簿记服务（CPC862）
所涉及的义务	国民待遇
保留的限制性措施	商业存在 取得中国注册会计师资格的澳门永久性居民可在内地担任合伙制会计师事务所合伙人，会计师事务所的控制权须由内地居民持有，具体要求按照内地财政主管部门的规定执行； 担任合伙人的澳门永久性居民在内地有固定住所，其中每年在内地居留不少于6个月
部门	商务服务
分部门	A. 专业服务 c. 税收服务（CPC863）
所涉及的义务	国民待遇
保留的限制性措施	商业存在 实行国民待遇
部门	商务服务
分部门	A. 专业服务 d. 建筑及设计服务（CPC8671）
所涉及的义务	国民待遇
保留的限制性措施	商业存在 澳门服务提供者应是在澳门从事建设工程设计的企业或者注册建筑师、注册工程师

---

① 部门分类使用世界贸易组织《服务贸易总协定》服务部门分类（GNS/W/120），部门的内容参考相应的联合国中央产品分类（CPC, United Nations Provisional Central Product Classification）。

续表

部门	商务服务
分部门	A. 专业服务 e. 工程服务（CPC8672）
所涉及的义务	国民待遇
保留的限制性措施	商业存在 澳门服务提供者应是在澳门从事建设工程设计的企业或者注册建筑师、注册工程师。 从事综合水利枢纽的建设、经营须由内地方控股
部门	商务服务
分部门	A. 专业服务 f. 集中工程服务（CPC8673）
所涉及的义务	国民待遇
保留的限制性措施	商业存在 澳门服务提供者应是在澳门从事建设工程设计的企业或者注册建筑师、注册工程师。 从事综合水利枢纽的建设、经营须由内地方控股
部门	商务服务
分部门	A. 专业服务 g. 城市规划和园林建筑服务（CPC8674）
所涉及的义务	国民待遇
保留的限制性措施	商业存在 不得提供城市总体规划、国家级风景名胜区总体规划服务
部门	商务服务
分部门	A. 专业服务 h. 医疗和牙科服务（CPC9312）
所涉及的义务	国民待遇
保留的限制性措施	商业存在 申请设立医疗机构须经省级卫生计生委和省级商务主管部门按国家规定审批和登记
部门	商务服务
分部门	A. 专业服务 i. 兽医服务（CPC932）
所涉及的义务	国民待遇
保留的限制性措施	商业存在 实行国民待遇
部门	商务服务
分部门	A. 专业服务 j. 助产士、护士、理疗医师和护理员提供的服务（CPC93191）
所涉及的义务	国民待遇
保留的限制性措施	商业存在 不作承诺[①]
部门	商务服务
分部门	A. 专业服务 k. 其他（专利代理、商标代理等）（CPC8921－8923）
所涉及的义务	国民待遇
保留的限制性措施	商业存在 实行国民待遇
部门	商务服务
分部门	B. 计算机及相关服务 a. 与计算机硬件安装有关的咨询服务（CPC841）

① 内地在此服务贸易部门（分部门）尚不存在商业存在模式。

续表

所涉及的义务	国民待遇
保留的限制性措施	商业存在 实行国民待遇
部门	商务服务
分部门	B. 计算机及相关服务 b. 软件执行服务（CPC842）
所涉及的义务	国民待遇
保留的限制性措施	商业存在 实行国民待遇
部门	商务服务
分部门	B. 计算机及相关服务 c. 数据处理服务（CPC843）
所涉及的义务	国民待遇
保留的限制性措施	商业存在 实行国民待遇
部门	商务服务
分部门	B. 计算机及相关服务 d. 数据库服务（CPC844，网络运营服务和增值电信业务除外①）
所涉及的义务	国民待遇
保留的限制性措施	商业存在 实行国民待遇
部门	商务服务
分部门	B. 计算机及相关服务 e. 其他（CPC845＋849）
所涉及的义务	国民待遇
保留的限制性措施	商业存在 实行国民待遇
部门	商务服务
分部门	C. 研究和开发服务 a. 自然科学的研究和开发服务（CPC851）
所涉及的义务	国民待遇
保留的限制性措施	商业存在 不得从事人体干细胞、基因诊断与治疗技术的开发和应用。 不得从事稀有和特有的珍贵优良品种研发、养殖、种植和相关繁殖材料的生产，农作物、种畜禽、水产苗种转基因品种选育及其转基因种子（苗）生产，以及原产于内地的国家保护的野生动、植物资源种的开发活动。 与内地方合作研究利用列入保护名录的畜禽遗传资源的，应当向省级人民政府畜牧兽医行政主管部门提出申请，同时提出国家共享惠益的方案；受理申请的省级畜牧兽医行政主管部门经审核，报国务院畜牧兽医行政主管部门批准。新发现的畜禽遗传资源在国家畜禽遗传资源委员会鉴定前，不得合作研究利用。从事农业转基因生物研究与试验的，应当经国务院农业行政主管部门批准
部门	商务服务
分部门	C. 研究和开发服务 c. 边缘学科的研究和开发服务（CPC853）
所涉及的义务	国民待遇
保留的限制性措施	商业存在 限于自然科学跨学科的研究与实验开发服务

① "网络运营服务和增值电信业务"属于本协议附件1表3（电信领域正面清单）涵盖范畴。

续表

部门	商务服务
分部门	D. 房地产服务 a. 涉及自有或租赁房地产的服务（CPC821）
所涉及的义务	国民待遇
保留的限制性措施	商业存在 实行国民待遇。 为明晰起见，澳门服务提供者在澳门和内地承接的物业建筑面积，可共同作为评定其在内地申请物业管理企业资质的依据
部门	商务服务
分部门	D. 房地产服务 b. 基于收费或合同的房地产服务（CPC822）
所涉及的义务	国民待遇
保留的限制性措施	商业存在 实行国民待遇。 为明晰起见，澳门服务提供者在澳门和内地承接的物业建筑面积，可共同作为评定其在内地申请物业管理企业资质的依据
部门	商务服务
分部门	E. 无操作人员的租赁服务 a. 船舶租赁（CPC83103）
所涉及的义务	国民待遇
保留的限制性措施	商业存在 实行国民待遇
部门	商务服务
分部门	E. 无操作人员的租赁服务 b. 航空器租赁（CPC83104）
所涉及的义务	国民待遇
保留的限制性措施	商业存在 实行国民待遇
部门	商务服务
分部门	E. 无操作人员的租赁服务 c. 个人车辆（CPC83101）、货运车辆（CPC83102）及其他陆地运输设备（CPC83105）的租赁服务
所涉及的义务	国民待遇
保留的限制性措施	商业存在 实行国民待遇
部门	商务服务
分部门	E. 无操作人员的租赁服务 d. 农业机械等设备租赁服务（CPC83106–83109）
所涉及的义务	国民待遇
保留的限制性措施	商业存在 实行国民待遇
部门	商务服务
分部门	E. 无操作人员的租赁服务 e. 个人和家用物品等其他租赁服务（CPC832）
所涉及的义务	国民待遇
保留的限制性措施	商业存在 实行国民待遇
部门	商务服务
分部门	F. 其他商务服务 a. 广告服务（CPC871）

续表

所涉及的义务	国民待遇
保留的限制性措施	商业存在 实行国民待遇
部门	商务服务
分部门	F. 其他商务服务 b. 市场调研和公共民意测验服务（CPC864）
所涉及的义务	国民待遇
保留的限制性措施	商业存在 提供市场调查①服务限于合资、合作（其中广播电视收听、收视调查须由内地方控股）。 不得提供公共民意测验服务和非市场调查的市场调研服务。 内地实行涉外调查机构资格认定制度和涉外社会调查项目审批制度。涉外市场调查需通过取得涉外调查资格的机构进行；涉外社会调查需通过取得涉外调查资格的内资机构报经批准后进行
部门	商务服务
分部门	F. 其他商务服务 c. 管理咨询服务（CPC865）
所涉及的义务	国民待遇
保留的限制性措施	商业存在 实行国民待遇
部门	商务服务
分部门	F. 其他商务服务 d. 与管理咨询相关的服务（CPC866）
所涉及的义务	国民待遇
保留的限制性措施	商业存在 实行国民待遇
部门	商务服务
分部门	F. 其他商务服务 e. 技术测试和分析服务（CPC8676）
所涉及的义务	国民待遇
保留的限制性措施	商业存在 不得为内地籍船舶提供船舶检验服务
部门	商务服务
分部门	F. 其他商务服务 f. 与农业、狩猎和林业有关的服务（CPC881）
所涉及的义务	国民待遇
保留的限制性措施	商业存在 农作物新品种选育和种子生产，须由内地方控股。 不得从事国家保护的原产于内地的野生动、植物种类资源开发。 不得从事国家保护野生动物（包括但不限于象牙、虎骨）的雕刻、加工、销售。 不得从事森林火灾损失评估以及其他森林评估。 不得获得林权证
部门	商务服务
分部门	F. 其他商务服务 g. 与渔业有关的服务（CPC882）
所涉及的义务	国民待遇

① 市场调查是指，旨在获得关于一组织的产品在市场中的前景和表现的信息的调查服务，包括市场分析（市场的规模和其他特点）及对消费者态度和喜好的分析。

续表

保留的限制性措施	商业存在 不得从事内地远洋渔业和内地捕捞业
部门	商务服务
分部门	F. 其他商务服务 h. 与采矿业有关的服务（CPC883+5115）
所涉及的义务	国民待遇
保留的限制性措施	商业存在 实行国民待遇
部门	商务服务
分部门	F. 其他商务服务 i. 与制造业有关的服务（CPC884+885，CPC88442除外）
所涉及的义务	国民待遇
保留的限制性措施	商业存在 不得提供与禁止外商投资的制造业有关的服务
部门	商务服务
分部门	F. 其他商务服务 j. 与能源分配有关的服务（CPC887）
所涉及的义务	国民待遇
保留的限制性措施	商业存在 从事输电网、核电站的建设、经营须由内地方控股。 在广东省以外50万人口以上的内地城市及广东省100万人口以上的城市，从事城市燃气、热力和供排水管网的建设经营须由内地方控股
部门	商务服务
分部门	F. 其他商务服务 k. 人员提供与安排服务（CPC872）
所涉及的义务	国民待遇
保留的限制性措施	商业存在 实行国民待遇
部门	商务服务
分部门	F. 其他商务服务 l. 调查与保安服务（CPC873）
所涉及的义务	国民待遇
保留的限制性措施	商业存在 不得从事调查服务。 不得提供经设区的市级以上地方人民政府确定的关系国家安全、涉及国家秘密等治安保卫重点单位的保安服务。 不得设立或入股内地提供武装守护押运服务的保安服务公司
部门	商务服务
分部门	F. 其他商务服务 m. 与工程相关的科学和技术咨询服务（CPC8675）
所涉及的义务	国民待遇
保留的限制性措施	商业存在 不得从事： 钨、锡、锑、钼、萤石的勘查。 稀土的勘查、选矿。 放射性矿产的勘查、选矿。 与水利工程相关的科学和技术咨询服务。

续表

		大地测量；测绘航空摄影；行政区域界线测绘；海洋调查①；地形图、世界政区地图、全国政区地图、省级及以下政区地图、全国性教学地图、地方性教学地图和真三维地图的编制；导航电子地图编制；区域性的地质填图、矿产地质、地球物理、地球化学、水文地质、环境地质、地质灾害、遥感地质等调查。 不得以独资形式从事： 特殊和稀缺煤类的勘查（须由内地方控股）。 贵金属（金族）的勘查。 石墨的勘查。 锂矿的选矿。 设立测绘公司（须由内地方控股）
部门		商务服务
分部门		F. 其他商务服务 n. 设备的维修和保养服务（个人和家用物品的维修，与金属制品、机械和设备有关的修理服务）（CPC633+8861-8866）
所涉及的义务		国民待遇
保留的限制性措施		商业存在 从事海洋工程装备（含模块）的修理须由内地方控股
部门		商务服务
分部门		F. 其他商务服务 o. 建筑物清洁服务（CPC874）
所涉及的义务		国民待遇
保留的限制性措施		商业存在 实行国民待遇
部门		商务服务
分部门		F. 其他商务服务 p. 摄影服务（CPC875）
所涉及的义务		国民待遇
保留的限制性措施		商业存在 实行国民待遇
部门		商务服务
分部门		F. 其他商务服务 q. 包装服务（CPC876）
所涉及的义务		国民待遇
保留的限制性措施		商业存在 实行国民待遇
部门		商务服务
分部门		F. 其他商务服务 s. 会议服务（CPC87909）
所涉及的义务		国民待遇
保留的限制性措施		商业存在 实行国民待遇
部门		商务服务
分部门		F. 其他商务服务 t. 其他（CPC8790，光盘复制服务除外②）
所涉及的义务		国民待遇
保留的限制性措施		商业存在 不得从事印章刻制服务。 为明晰起见，澳门服务提供者可在广东省深圳市、广州市试点设立商业保理企业

① 海洋调查指海洋水体调查及海洋测绘等。
② "光盘复制服务"属于本协议附件1表4（文化领域正面清单）涵盖范畴。

续表

部门	通信服务
分部门	A. 邮政服务（CPC7511）
所涉及的义务	国民待遇
保留的限制性措施	商业存在 不得提供邮政服务
部门	通信服务
分部门	B. 速递服务（CPC7512）
所涉及的义务	国民待遇
保留的限制性措施	商业存在 不得提供信件的内地境内快递业务、国家机关公文寄递业务
部门	建筑和相关的工程服务
分部门	A. 建筑物的总体建筑工作（CPC512）
所涉及的义务	国民待遇
保留的限制性措施	商业存在 实行国民待遇。 为明晰起见，澳门服务提供者在内地设立建筑业企业时，其在内地以及内地以外的工程承包业绩可共同作为评定其在内地设立的建筑业企业资质的依据；其经资质管理部门认可的项目经理人数中，澳门永久性居民所占比例可不受限制
部门	建筑和相关的工程服务
分部门	B. 民用工程的总体建筑工作（CPC513）
所涉及的义务	国民待遇
保留的限制性措施	商业存在 从事综合水利枢纽的总体建筑服务须由内地方控股。 不得提供国境、国际河流航道建设工程、设施设备采购、航道及设施设备养护管理服务。 不得提供航道维护性疏浚服务。 为明晰起见，澳门服务提供者在内地设立建筑业企业时，其在内地以及内地以外的工程承包业绩可共同作为评定其在内地设立的建筑业企业资质的依据；其经资质管理部门认可的项目经理人数中，澳门永久性居民所占比例可不受限制
部门	建筑和相关的工程服务
分部门	C. 安装和组装工作（CPC514+516）
所涉及的义务	国民待遇
保留的限制性措施	商业存在 实行国民待遇
部门	建筑和相关的工程服务
分部门	D. 建筑物的装修工作（CPC517）
所涉及的义务	国民待遇
保留的限制性措施	商业存在 实行国民待遇
部门	建筑和相关的工程服务
分部门	E. 其他（CPC511+515+518）
所涉及的义务	国民待遇
保留的限制性措施	商业存在 实行国民待遇
部门	分销服务
分部门	A. 佣金代理服务（CPC621）
所涉及的义务	国民待遇

续表

保留的限制性措施	商业存在 实行国民待遇
部门	分销服务
分部门	B. 批发销售服务（CPC622，图书、报纸、杂志、文物的批发销售服务除外①）
所涉及的义务	国民待遇
保留的限制性措施	商业存在 不得从事粮食收购以及粮食、棉花、植物油、食糖、农作物种子的批发销售服务。 从事大型农产品批发市场的建设、经营须由内地方控股
部门	分销服务
分部门	C. 零售服务（CPC631+632+6111+6113+6121，图书、报纸、杂志、文物的零售服务除外②）
所涉及的义务	国民待遇
保留的限制性措施	商业存在 不得提供烟草的零售服务。 同一澳门服务提供者设立超过30家分店、销售来自多个供应商的不同种类和品牌成品油的连锁加油站，须内地控股
部门	分销服务
分部门	D. 特许经营服务（CPC8929）
所涉及的义务	国民待遇
保留的限制性措施	商业存在 实行国民待遇
部门	分销服务
分部门	E. 其他分销服务（文物拍卖除外③）
所涉及的义务	国民待遇
保留的限制性措施	商业存在 设立、经营免税商店应符合内地有关规定。 申请设立直销企业，应当有3年以上在境外从事直销活动的经验，直销企业及其分支机构不得招募境外人员为直销员，境外人员不得从事直销员业务培训
部门	教育服务
分部门	A. 初级教育服务（CPC921）
所涉及的义务	国民待遇
保留的限制性措施	商业存在 设立以内地中国公民为主要招生对象的学校及其他教育机构限于合作。 不得投资举办义务教育及军事、警察、政治、宗教等特殊领域教育机构。 为明晰起见，在广东设立独资外籍人员子女学校，招生范围除在内地持有居留证件的外籍人员的子女，可扩大至在广东工作的海外华侨和归国留学人才的子女
部门	教育服务
分部门	B. 中等教育服务（CPC922）
所涉及的义务	国民待遇
保留的限制性措施	商业存在 设立以内地中国公民为主要招生对象的学校及其他教育机构限于合作。④ 不得投资举办义务教育及军事、警察、政治、宗教等特殊领域教育机构。 为明晰起见，在广东设立独资外籍人员子女学校，招生范围除在内地持有居留证件的外籍人员的子女，可扩大至在广东工作的海外华侨和归国留学人才的子女

① "图书、报纸、杂志、文物的批发服务"属于本协议附件1表4（文化领域正面清单）涵盖范畴。
② 同上。
③ "文物拍卖服务"属于本协议附件1表4（文化领域正面清单）涵盖范畴。
④ 允许在内地独资举办非学历中等职业技能培训机构，招生范围比照内地职业技能培训机构执行。

续表

部门	教育服务
分部门	C. 高等教育服务（CPC923）
所涉及的义务	国民待遇
保留的限制性措施	商业存在 设立以内地中国公民为主要招生对象的学校及其他教育机构限于合作。① 不得投资举办军事、警察、政治、宗教等特殊领域教育机构
部门	教育服务
分部门	D. 成人教育服务（CPC924）
所涉及的义务	国民待遇
保留的限制性措施	商业存在 不得投资举办军事、警察、政治、宗教等特殊领域教育机构
部门	教育服务
分部门	E. 其他教育服务（CPC929）
所涉及的义务	国民待遇
保留的限制性措施	商业存在 不得投资举办军事、警察、政治、宗教等特殊领域教育机构。投资举办自费出国留学中介服务机构限于中国（广东）自由贸易试验区、中国（天津）自由贸易试验区
部门	环境服务
分部门	A. 排污服务（CPC9401）
所涉及的义务	国民待遇
保留的限制性措施	商业存在 实行国民待遇
部门	环境服务
分部门	B. 固体废物处理服务（CPC9402）
所涉及的义务	国民待遇
保留的限制性措施	商业存在 实行国民待遇
部门	环境服务
分部门	C. 公共卫生及类似服务（CPC9403）
所涉及的义务	国民待遇
保留的限制性措施	商业存在 实行国民待遇
部门	环境服务
分部门	D. 废气清理服务（CPC9404）
所涉及的义务	国民待遇
保留的限制性措施	商业存在 实行国民待遇
部门	环境服务
分部门	E. 降低噪音服务（CPC9405）
所涉及的义务	国民待遇
保留的限制性措施	商业存在 实行国民待遇
部门	环境服务
分部门	F. 自然和风景保护服务（CPC9406）

---

① 允许在内地独资举办非学历中等职业技能培训机构，招生范围比照内地职业技能培训机构执行。

续表

所涉及的义务	国民待遇
保留的限制性措施	商业存在 实行国民待遇
部门	环境服务
分部门	G. 其他环境保护服务（CPC9409）
所涉及的义务	国民待遇
保留的限制性措施	商业存在 实行国民待遇
部门	金融服务
分部门	A. 所有保险和与其相关的服务（CPC812） 人寿险、意外险和健康保险服务（CPC8121） 非人寿保险服务（CPC8129） 再保险和转分保服务（CPC81299） 保险辅助服务（保险经纪、保险代理、咨询、精算等）（CPC8140）
所涉及的义务	国民待遇
保留的限制性措施	商业存在 澳门保险公司及其经过整合或战略合并组成的集团进入内地保险市场须满足下列条件： 1）集团总资产50亿美元以上，其中任何一家澳门保险公司的经营历史在30年以上，且其中任何一家澳门保险公司在内地设立代表处2年以上； 2）所在地区有完善的保险监管制度，并且该保险公司已经受到所在地区有关主管当局的有效监管； 3）符合所在地区偿付能力标准； 4）所在地区有关主管当局同意其申请； 5）法人治理结构合理，风险管理体系稳健； 6）内部控制制度健全，管理信息系统有效； 7）经营状况良好，无重大违法违规记录。 支持符合条件的澳门保险公司在中国（广东）自由贸易试验区设立分支机构，对进入自贸试验区的澳门保险公司分支机构视同内地保险机构，适用相同或相近的监管法规。 澳门保险公司参股内地保险公司的最高股比不超过24.9%。境外金融机构向保险公司投资入股，应当符合以下条件： 1）财务状况良好稳定，最近3个会计年度连续盈利； 2）最近1年年末总资产不少于20亿美元； 3）国际评级机构最近3年对其长期信用评级为A级以上； 4）最近3年内无重大违法违规记录； 5）符合所在地金融监管机构的审慎监管指标要求。 境外保险公司与内地境内的公司、企业合资在内地设立经营人身保险业务的合资保险公司（以下简称合资寿险公司），其中外资比例不可超过公司总股本的50%。境外保险公司直接或者间接持有的合资寿险公司股份，不可超过前款规定的比例限制。 内地境内保险公司合计持有保险资产管理公司的股份不可低于75%。 澳门保险代理公司在内地设立独资保险代理公司，为内地的保险公司提供保险代理服务，申请人须满足下列条件： 1）申请人必须为澳门本地的保险专业代理机构； 2）经营保险代理业务10年以上，提出申请前3年的年均业务收入不低于50万港元，提出申请上一年度的年末总资产不低于50万港元 3）申请前3年无严重违规、受处罚记录。 澳门保险代理公司进入中国（广东）自由贸易试验区提供保险代理服务，可适用与内地保险中介机构相同或相近的准入标准和监管法规。 澳门的保险经纪公司在内地设立独资保险代理公司，申请人须满足以下条件： 1）申请人在澳门经营保险经纪业务10年以上； 2）提出申请前3年的年均保险经纪业务收入不低于50万港元，提出申请上一年度的年末总资产不低于50万港元 3）提出申请前3年无严重违规和受处罚记录。

	续表
	澳门保险经纪公司进入中国（广东）自由贸易试验区提供保险代理服务，可适用与内地保险中介机构相同或相近的准入标准和监管法规。 澳门的保险经纪公司在内地设立独资保险经纪公司，须满足下列条件： 1）总资产2亿美元以上； 2）经营历史在30年以上； 3）在内地设立代表处2年以上。 澳门保险经纪公司进入中国（广东）自由贸易试验区提供保险经纪服务，可适用与内地保险中介机构相同或相近的准入标准和监管法规。 澳门服务提供者在内地不得设立保险公估机构。 澳门保险公估机构进入中国（广东）自由贸易试验区提供保险公估服务，可适用与内地保险中介机构相同或相近的准入标准和监管法规。 除经中国保监会批准外，澳门资保险公司不可与其关联企业从事下列交易活动： 1）再保险的分出或者分入业务； 2）资产买卖或者其他交易。 经批准与其关联企业从事再保险交易的外资保险公司应提交中国保监会所规定的材料
部门	金融服务
分部门	B. 银行和其他金融服务（不含保险） 接受公众存款和其他需偿还的资金（CPC81115 – 81119） 所有类型的贷款，包括消费信贷、抵押贷款、保理和商业交易的融资（CPC8113） 金融租赁（CPC8112） 所有支付和货币汇兑服务（除清算所服务外）（CPC81339） 担保与承兑（CPC81199） 在交易市场、公开市场或其他场所自行或代客交易 f1. 货币市场票据（CPC81339） f2. 外汇（CPC81333） f3. 衍生产品，包括，但不限于期货和期权（CPC81339） f4. 汇率和利率契约，包括掉期和远期利、汇率协议（CPC81339） f5. 可转让证券（CPC81321） f6. 其他可转让的票据和金融资产，包括金银条块（CPC81339） 参与各类证券的发行（CPC8132） 货币经纪（CPC81339） 资产管理（CPC8119 + 81323） 金融资产的结算和清算，包括证券、衍生产品和其他可转让票据（CPC81339 或 81319） 咨询和其他辅助金融服务（CPC8131 或 8133） 提供和传输其他金融服务提供者提供的金融信息、金融数据处理和相关的软件（CPC8131）
所涉及的义务	国民待遇
保留的限制性措施	商业存在 澳门服务提供者投资银行业金融机构，应为金融机构或特定类型金融机构，具体要求： 1）设立外商独资银行的股东应当为金融机构，其中唯一或者控股股东应当为商业银行；拟设中外合资银行的澳门股东应当为金融机构，且作为外方唯一或者主要股东时应当为商业银行； 2）大型商业银行①、股份制商业银行、城市商业银行、中国邮政储蓄银行的境外发起人或战略投资者应为金融机构； 3）农村商业银行、农村合作银行、农村信用（合作）联社、村镇银行的境外发起人或战略投资者应为银行； 4）信托公司的境外出资人应为金融机构； 5）金融租赁公司的境外发起人应为金融机构或融资租赁公司； 6）消费金融公司的境外主要出资人应为金融机构； 7）货币经纪公司的境外投资人应为货币经纪公司； 8）金融资产管理公司的境外战略投资者应为金融机构。

① 为本条目之目的，大型商业银行指中国工商银行、中国农业银行、中国银行、中国建设银行、中国交通银行。

续表

投资下列金融机构须经审批：
1）澳门服务提供者投资入股内地大型商业银行、股份制商业银行、中国邮政储蓄银行、城市商业银行须经审批；
2）澳门服务提供者投资入股农村商业银行、农村合作银行、农村信用（合作）联社、村镇银行、贷款公司须经审批；
3）澳门服务提供者投资设立外商独资银行、中外合资银行、外国银行分行须经审批；
4）外国银行变更内地外国银行分行营运资金须经审批。
5）征信机构经营征信业务，应当经国务院征信业监督管理部门批准。
6）设立金融信息服务企业需经国家互联网信息办公室、商务部、工商总局批准，取得《外国机构在中国境内投资设立企业提供金融信息服务许可证》。
澳门服务提供者投资银行业金融机构应符合总资产数量要求，具体包括：
1）拟设立外商独资银行的唯一或者控股股东、中外合资银行的外方唯一或者主要股东、外国银行分行的外国银行，提出设立申请前1年年末总资产不少于60亿美元（在横琴设立外商独资银行的唯一或者控股股东、中外合资银行的外方唯一或者主要股东、外国银行分行的外国银行，提出设立申请前1年年末总资产不少于40亿美元）；
2）大型商业银行、股份制商业银行、城市商业银行、中国邮政储蓄银行的境外发起人或战略投资者，最近1年年末总资产原则上不少于60亿美元
3）农村商业银行、农村合作银行、村镇银行、贷款公司的境外发起人或战略投资者，最近1年年末总资产原则上不少于60亿美元。农村信用（合作）联社的境外发起人或战略投资者，最近1年年末总资产原则上不少于10亿美元；
4）信托公司的境外出资人，最近1年年末总资产原则上不少于10亿美元；
5）企业集团财务公司成员单位以外的战略投资者为境外金融机构的，其最近1年年末总资产原则上不少于10亿美元；
6）金融租赁公司的境外发起人，最近1年年末总资产原则上不少于10亿美元；
7）金融资产管理公司的境外战略投资者，最近1年年末总资产原则上不少于100亿美元。
澳门服务提供者投资下列银行业金融机构，受单一股东持股和合计持股比例限制，具体如下：
1）单个境外金融机构及被其控制或共同控制的关联方作为发起人或战略投资者向单个中资商业银行（包括：大型商业银行、股份制商业银行、城市商业银行、中国邮政储蓄银行）投资入股比例不可超过20％，多个境外金融机构及被其控制或共同控制的关联方作为发起人或战略投资者入股比例合计不可超过25％。前款所称投资入股比例是指境外金融机构所持股份占中资商业银行股份总额的比例。境外金融机构关联方的持股比例应当与境外金融机构的持股比例合并计算。
2）单个境外银行及被其控制或共同控制的关联方作为发起人或战略投资者向单个农村商业银行、农村合作银行、农村信用（合作）联社投资入股比例不可超过20％，多个境外银行及被其控制或共同控制的关联方作为发起人或战略投资者入股比例合计不可超过25％。
3）单个境外机构向金融资产管理公司投资入股比例不可超过20％，多个境外机构投资入股比例合计不可超过25％。
澳门服务提供者设立的外国银行分行不得经营下列外汇和人民币业务：代理发行、代理兑付、承销政府债券；代理收付款项；从事银行卡业务。除可以吸收内地中国公民每笔不少于100万元人民币的定期存款外，澳门服务提供者设立的外国银行分行不可以经营对内地中国公民的人民币业务。不可以提供仅独资银行或合资银行主体才能提供的业务。不可以提供证券、保险业务。
澳门服务提供者设立的外国银行分行营运资金加准备金等项之和中的人民币份额与其人民币风险资产的比例不可低于8％。外国银行分行应当由总行无偿拨付不少于2亿元人民币或等值的自由兑换货币的营运资金，营运资金的30％应以指定的生息资产形式存在；以定期存款形式存在的生息资产应当存放在内地3家或3家以下内地中资商业银行。
澳门服务提供者设立的外商独资银行、中外合资银行和外国银行分行经营人民币业务的，应当满足审慎性条件，并经批准。
澳门服务提供者设立的外商独资银行、中外合资银行不可投资设立、参股、收购境内法人金融机构。法规、规范性文件另有规定的，依照其规定。

续表

外商独资银行、中外合资银行及外国银行分行开展同业拆借业务，须经中国人民银行批准具备人民币同业拆借业务资格。外商独资银行、中外合资银行的最高拆入限额和最高拆出限额均不超过该机构实收资本的 2 倍，外国银行分行的最高拆入限额和最高拆出限额均不超过该机构人民币营运资金的 2 倍 澳门服务提供者设立的外国银行分行不得从事代理国库支库业务。 澳门服务提供者投资货币经纪公司，应满足从事货币经纪业务 20 年以上、申请前连续 2 年盈利、具有从事货币经纪服务所必需的全球机构网络和资讯通信网络的要求。 境外机构不可参与发起设立金融资产管理公司。 投资证券公司限于以下 2 种形式： 1）投资证券公司为合资形式时，包括：与境内股东依法共同出资设立合资证券公司；依法受让、认购内资证券公司股权，内资证券公司依法变更为合资证券公司。（同一澳门资金融机构，或者受同一主体实际控制的多家澳门资金融机构，入股两地合资证券公司的数量参照国民待遇实行"参一控一"）。 2）境外投资者投资上市内资证券公司时，可以通过证券交易所的证券交易持有上市内资证券公司股份，或者与上市内资证券公司建立战略合作关系并经中国证监会批准持有上市内资证券公司股份，上市内资证券公司经批准的业务范围不变（在控股股东为内资股东的前提下，上市内资证券公司可不受至少 1 名内资股东的持股比例不低于 49% 的限制）。 境外投资者依法通过证券交易所的证券交易持有或者通过协议、其他安排与他人共同持有上市内资证券公司 5% 以上股份的，应当符合对合资证券公司的境外股东资质条件的规定。 单个境外投资者持有（包括直接持有和间接控制）上市内资证券公司股份的比例不可超过 20%；全部境外投资者持有（包括直接持有和间接控制）上市内资证券公司股份的比例不可超过 25%。 投资证券公司为合资形式时，除以下情形外，境外股东持股比例或者在外资参股证券公司中拥有的权益比例，累计（包括直接持有和间接控制）不可超过 49%。境内股东中应当至少有 1 名为内资证券公司，且持股比例或者在外资参股证券公司中拥有的权益比例不低于 49%： 1）符合条件的澳门资金融机构可在上海市、广东省、深圳市各设立 1 家两地合资全牌照证券公司，澳门资合并持股比例最高可达 51%，内地股东不限于证券公司； 2）符合条件的澳门资金融机构可按照内地有关规定在内地批准的"在金融改革方面先行先试"的若干改革试验区内，各新设 1 家两地合资全牌照证券公司，内地股东不限于证券公司，澳门资合并持股比例不超过 49%，且取消内地单一股东持股 49% 的限制。 除 14（1）、14（2）情形外，合资证券公司的境外股东应当具备下列条件：至少 1 名是具备合法的金融业经营资格的机构；持续经营 5 年以上。 在 14（1）、14（2）情形下，合资证券公司的澳门资股东应当符合内地关于澳门资金融机构的认定标准。 除 14（1）、14（2）情形外，合资证券公司的经营范围限于：股票（包括人民币普通股、外资股）和债券（包括政府债券、公司债券）的承销与保荐；外资股的经纪；债券（包括政府债券、公司债券）的经纪和自营。 澳门资金融机构投资基金管理公司限于合资形式（允许入股两地合资基金公司的家数参照国民待遇实行"参一控一"） 投资期货公司限于合资形式，符合条件的澳门服务提供者在合资期货公司中拥有的权益比例不可超过 49%（含关联方股权）。（同一澳门资金融机构，或者受同一主体实际控制的多家澳门资金融机构，入股两地合资期货公司的数量参照国民待遇实行"参一控一"）。 持有期货公司 5% 以上股权的境外股东应具备下列条件：依澳门地区法律设立、合法存续的金融机构；近 3 年各项财务指标及监管指标符合澳门地区法律的规定和监管机构的要求。 澳门资金融机构投资证券投资咨询机构限于合资形式。（同一澳门资金融机构，或者受同一主体实际控制的多家澳门资金融机构，入股两地合资证券投资咨询机构的数量参照国民待遇实行"参一控一"）。 允许符合外资参股证券公司境外股东资质条件的澳门证券公司与内地具备设立子公司条件的证券公司，设立合资证券投资咨询机构。合资证券投资咨询机构作为内地证券公司的子公司，专门从事证券投资咨询业务，澳门证券公司持股比例最高可达到 49%。

续表

	在内地批准的"在金融改革方面先行先试"的若干改革试验区内，符合内地关于澳门资金融机构认定标准的澳门资证券公司持股比例可达50%以上。 澳门资股东入股两地合资证券公司、基金管理公司、期货公司、证券投资咨询机构，须以可自由兑换的货币出资。 为明晰起见，澳门银行在广东省设立的外国银行分行可以参照内地相关申请设立支行的法规要求提出在广东省内设立异地（不同于分行所在城市）支行的申请。若澳门银行在内地设立的外商独资银行已在广东省设立分行，则该分行可以参照内地相关申请设立支行的法规要求提出在广东省内设立异地（不同于分行所在城市）支行的申请
部门	金融服务
分部门	C. 其他
所涉及的义务	国民待遇
保留的限制性措施	商业存在 实行国民待遇
部门	与健康相关的服务和社会服务
分部门	A. 医院服务（CPC9311）
所涉及的义务	国民待遇
保留的限制性措施	商业存在 申请设立医疗机构须经省级卫生计生委和省级商务主管部门按国家规定审批和登记
部门	与健康相关的服务和社会服务
分部门	B. 其他人类健康服务（CPC93192+93193+93199）
所涉及的义务	国民待遇
保留的限制性措施	商业存在 不得开展基因信息、血液采集、病理数据及其他可能危害公共卫生安全的服务
部门	与健康相关的服务和社会服务
分部门	C. 社会服务（CPC933）
所涉及的义务	国民待遇
保留的限制性措施	商业存在 不得提供灾民社会救助服务
部门	旅游和与旅游相关的服务
分部门	A. 饭店和餐饮服务（CPC641-643）
所涉及的义务	国民待遇
保留的限制性措施	商业存在 实行国民待遇
部门	旅游和与旅游相关的服务
分部门	B. 旅行社和旅游经营者服务（CPC7471）
所涉及的义务	国民待遇
保留的限制性措施	商业存在 独资设立旅行社试点经营内地居民前往香港及澳门以外目的地（不含台湾）的团队出境游业务限于5家
部门	旅游和与旅游相关的服务
分部门	C. 导游服务（CPC7472）
所涉及的义务	国民待遇
保留的限制性措施	商业存在 实行国民待遇
部门	旅游和与旅游相关的服务
分部门	D. 其他

续表

所涉及的义务	国民待遇
保留的限制性措施	商业存在 实行国民待遇
部门	娱乐、文化和体育服务
分部门	D. 体育和其他娱乐服务（CPC964）
所涉及的义务	国民待遇
保留的限制性措施	商业存在 实行国民待遇
部门	运输服务
分部门	A. 海洋运输服务 a. 客运服务（CPC7211）
所涉及的义务	国民待遇
保留的限制性措施	商业存在 1. 从事沿海水路运输服务应符合下列条件： 在拟经营的范围内，内地水路运输经营者无法满足需求。 应当具有经营水路运输业务的良好业绩和运营记录。 限于合资、合作，且澳门服务提供者的出资额低于50%。 2. 经批准取得水路运输经营许可的企业中，澳门服务提供者或其投资股比等事项发生变化的，应当报原许可机关批准
部门	运输服务
分部门	A. 海洋运输服务 b. 货运服务（CPC7212）
所涉及的义务	国民待遇
保留的限制性措施	商业存在 1. 从事沿海水路运输服务应符合下列条件： 在拟经营的范围内，内地水路运输经营者无法满足需求。 应当具有经营水路运输业务的良好业绩和运营记录。 限于合资、合作，且澳门服务提供者的出资额低于50%。 2. 经批准取得水路运输经营许可的企业中，澳门服务提供者或其投资股比等事项发生变化的，应当报原许可机关批准
部门	运输服务
分部门	A. 海洋运输服务 c. 船舶和船员的租赁（CPC7213）
所涉及的义务	国民待遇
保留的限制性措施	商业存在 不得提供沿海水路运输的船舶和船员租赁服务
部门	运输服务
分部门	A. 海洋运输服务 d. 船舶维修和保养（CPC8868）
所涉及的义务	国民待遇
保留的限制性措施	商业存在 实行国民待遇
部门	运输服务
分部门	A. 海洋运输服务 e. 拖驳服务（CPC7214）
所涉及的义务	国民待遇

续表

保留的限制性措施	商业存在 1. 从事沿海水路运输服务应符合下列条件： 在拟经营的范围内，内地水路运输经营者无法满足需求。 应当具有经营水路运输业务的良好业绩和运营记录。 限于合资、合作，且澳门服务提供者的出资额低于50%。 2. 经批准取得水路运输经营许可的企业中，澳门服务提供者或其投资股比等事项发生变化的，应当报原许可机关批准
部门	运输服务
分部门	A. 海洋运输服务 f. 海运支持服务（CPC745）
所涉及的义务	国民待遇
保留的限制性措施	商业存在 可从事的海洋运输支持服务限于： 设立独资公司，提供除燃料及水以外的物料供应服务。 为进港或抛锚的船舶提供清洁、消毒、熏蒸、灭害虫及船舶封存和储存服务。 与内地方打捞人成立合作打捞企业，实施打捞活动。内地方打捞人为具有实施打捞作业资格的专业打捞机构，其资格由交通运输部按照国家规定的专业打捞机构的条件予以审定
部门	运输服务
分部门	B. 内水运输服务 a. 客运服务（CPC7221）
所涉及的义务	国民待遇
保留的限制性措施	商业存在 1. 从事内水运输服务应符合下列条件： 在拟经营的范围内，内地水路运输经营者无法满足需求。 应当具有经营水路运输业务的良好业绩和运营记录。 限于合资、合作，且澳门服务提供者的出资额低于50%。 2. 经批准取得水路运输经营许可的企业中，澳门服务提供者或其投资股比等事项发生变化的，应当报原许可机关批准
部门	运输服务
分部门	B. 内水运输服务 b. 货运服务（CPC7222）
所涉及的义务	国民待遇
保留的限制性措施	商业存在 1. 从事内水运输服务应符合下列条件： 在拟经营的范围内，内地水路运输经营者无法满足需求。 应当具有经营水路运输业务的良好业绩和运营记录。 限于合资、合作，且澳门服务提供者的出资额低于50%。 2. 经批准取得水路运输经营许可的企业中，澳门服务提供者或其投资股比等事项发生变化的，应当报原许可机关批准
部门	运输服务
分部门	B. 内水运输服务 c. 船舶和船员的租赁（CPC7223）
所涉及的义务	国民待遇
保留的限制性措施	商业存在 不得提供内水船舶和船员租赁服务
部门	运输服务
分部门	B. 内水运输服务 d. 船舶维修和保养（CPC8868）
所涉及的义务	国民待遇

续表

保留的限制性措施	商业存在 实行国民待遇
部门	运输服务
分部门	B. 内水运输服务 e. 拖驳服务（CPC7224）
所涉及的义务	国民待遇
保留的限制性措施	商业存在 1. 从事内水运输服务应符合下列条件： 在拟经营的范围内，内地水路运输经营者无法满足需求。 应当具有经营水路运输业务的良好业绩和运营记录。 限于合资、合作，且澳门服务提供者的出资额低于50%。 2. 经批准取得水路运输经营许可的企业中，澳门服务提供者或其投资股比等事项发生变化的，应当报原许可机关批准。
部门	运输服务
分部门	B. 内水运输服务 f. 内水运输的支持服务（CPC745）
所涉及的义务	国民待遇
保留的限制性措施	商业存在 可从事的内水运输支持服务限于： 设立独资公司，提供除燃料及水以外的物料供应服务。 为进港或抛锚的船舶提供清洁、消毒、熏蒸、灭害虫及船舶封存和储存服务。 与内地打捞人成立合作打捞企业，实施打捞活动。内地方打捞人为具有实施打捞作业资格的专业打捞机构，其资格由交通运输部按照国家规定的专业打捞机构的条件予以审定
部门	运输服务
分部门	C. 航空运输服务 a. 客运服务（CPC731）
所涉及的义务	国民待遇
保留的限制性措施	商业存在 设立经营公共航空客运公司，须由内地方控股，一家澳门服务提供者（包括其关联企业）投资比例不可超过25%，公司法定代表人须为中国籍公民。 设立经营从事公务飞行、空中游览、为工业服务的通用航空企业，须由内地方控股；设立经营从事农、林、渔业作业的通用航空企业，限于与内地方合资、合作。通用航空企业的法定代表人必须为中国籍公民
部门	运输服务
分部门	C. 航空运输服务 b. 货运服务（CPC732）
所涉及的义务	国民待遇
保留的限制性措施	商业存在 设立经营公共航空货运公司，须由内地方控股，一家澳门服务提供者（包括其关联企业）投资比例不可超过25%，公司法定代表人须为中国籍公民
部门	运输服务
分部门	C. 航空运输服务 c. 带乘务员的飞机租赁服务（CPC734）
所涉及的义务	国民待遇
保留的限制性措施	商业存在 实行国民待遇
部门	运输服务
分部门	C. 航空运输服务 d. 飞机的维修和保养服务（CPC8868）

续表

所涉及的义务	国民待遇
保留的限制性措施	商业存在 实行国民待遇
部门	运输服务
分部门	C. 航空运输服务 e. 空运支持服务（CPC746）
所涉及的义务	国民待遇
保留的限制性措施	商业存在 不得投资和管理内地空中交通管制系统。 投资民用机场，应由内地方相对控股。 提供中小机场委托管理服务的合同有效期不超过 20 年；不允许以独资形式提供大型机场委托管理服务。 可独资提供的航空运输地面服务不包括与安保有关的项目。 投资航空油料项目，须由内地方控股。 投资计算机订座系统项目，应与内地的计算机订座系统服务提供者合资，且内地方在合资企业中控股。 为明晰起见，澳门服务提供者申请设立独资、合资或合作航空运输销售代理企业时，可出具由内地的法人银行或中国航空运输协会推荐的担保公司提供的经济担保；也可由澳门银行作担保，待申请获内地批准后，在规定时限内再补回内地的法人银行或中国航空运输协会推荐的担保公司提供的经济担保
部门	运输服务
分部门	D. 航天运输服务（CPC733）
所涉及的义务	国民待遇
保留的限制性措施	商业存在 不得提供航天运输服务
部门	运输服务
分部门	E. 铁路运输服务 a. 客运服务（CPC7111）
所涉及的义务	国民待遇
保留的限制性措施	商业存在 设立经营铁路旅客运输公司，须由内地方控股
部门	运输服务
分部门	E. 铁路运输服务 b. 货运服务（CPC7112）
所涉及的义务	国民待遇
保留的限制性措施	商业存在 实行国民待遇
部门	运输服务
分部门	E. 铁路运输服务 c. 推车和拖车服务（CPC7113）
所涉及的义务	国民待遇
保留的限制性措施	商业存在 实行国民待遇
部门	运输服务
分部门	E. 铁路运输服务 d. 铁路运输设备的维修和保养服务（CPC8868）
所涉及的义务	国民待遇
保留的限制性措施	商业存在 实行国民待遇

续表

部门	运输服务
分部门	E. 铁路运输服务 e. 铁路运输的支持服务（CPC743）
所涉及的义务	国民待遇
保留的限制性措施	商业存在 从事铁路干线路网的建设、经营须由内地方控股
部门	运输服务
分部门	F. 公路运输服务 a. 客运服务（CPC7121＋7122）
所涉及的义务	国民待遇
保留的限制性措施	商业存在 实行国民待遇
部门	运输服务
分部门	F. 公路运输服务 b. 货运服务（CPC7123）
所涉及的义务	国民待遇
保留的限制性措施	商业存在 实行国民待遇
部门	运输服务
分部门	F. 公路运输服务 c. 商用车辆和司机的租赁（CPC7124）
所涉及的义务	国民待遇
保留的限制性措施	商业存在 实行国民待遇
部门	运输服务
分部门	F. 公路运输服务 d. 公路运输设备的维修和保养服务（CPC6112＋8867）
所涉及的义务	国民待遇
保留的限制性措施	商业存在 实行国民待遇
部门	运输服务
分部门	F. 公路运输服务 e. 公路运输的支持服务（CPC744）
所涉及的义务	国民待遇
保留的限制性措施	商业存在 实行国民待遇
部门	运输服务
分部门	G. 管道运输 a. 燃料传输（CPC7131）
所涉及的义务	国民待遇
保留的限制性措施	商业存在 实行国民待遇
部门	运输服务
分部门	G. 管道运输 b. 其他货物的管道运输（CPC7139）
所涉及的义务	国民待遇
保留的限制性措施	商业存在 实行国民待遇

续表

部门	运输服务
分部门	H. 所有运输方式的辅助服务 a. 装卸服务（CPC741）
所涉及的义务	国民待遇
保留的限制性措施	商业存在 实行国民待遇
部门	运输服务
分部门	H. 所有运输方式的辅助服务 b. 仓储服务（CPC742）
所涉及的义务	国民待遇
保留的限制性措施	商业存在 实行国民待遇
部门	运输服务
分部门	H. 所有运输方式的辅助服务 c. 货运代理服务（CPC748）
所涉及的义务	国民待遇
保留的限制性措施	商业存在 澳门服务提供者可提供的海洋货物运输代理服务限于： 设立的独资船务公司可从事的业务限于： 设立独资船务公司，仅可为其拥有或经营的船舶提供揽货、签发提单、结算运费及签订服务合同等日常业务服务。 设立独资船务公司，仅可为其母公司拥有或经营的船舶提供船舶代理服务，包括报关和报检；使用商业通用的提单或多式联运单证，开展多式联运服务。 设立独资船务公司，仅可为其母公司经营澳门与内地开放港口之间的驳船、拖船提供揽货、签发提单、结算运费、签订服务合同等日常业务。 设立独资船务公司，可为该澳门服务提供者租用的内地船舶经营澳门至内地开放港口之间的船舶运输，提供包括揽货、签发提单、结算运费、签订服务合同等日常业务服务。 设立独资企业及其分支机构，可为内地开放港口至港澳航线船舶经营人提供船舶代理服务。提供第三方国际船舶代理服务限于合资、合作，所持股权比例不超过51%。 将澳门服务提供者设立外商投资企业经营国际海运集装箱站和堆场业务、国际货物仓储业务登记下放至省地级以上市交通运输主管部门（仅限于广东省）。将澳门服务提供者设立外商投资企业经营国际船舶管理业务登记下放至省级交通运输主管部门（仅限于广东省）
部门	运输服务
分部门	H. 所有运输方式的辅助服务 d. 其他（CPC749）
所涉及的义务	国民待遇
保留的限制性措施	商业存在 提供外轮理货服务限于合资、合作。 为明晰起见，澳门服务提供者在澳门独立注册从事检验鉴定业务3年以上，可作为其在内地申请设立进出口商品检验鉴定机构的条件
部门	运输服务
分部门	I. 其他运输服务
所涉及的义务	国民待遇
保留的限制性措施	商业存在 实行国民待遇
部门	没有包括的其他服务
分部门	A. 成员组织服务（CPC95） B. 其他服务（CPC97） C. 家政服务（CPC98） D. 国外组织和机构提供的服务（CPC99）

续表

所涉及的义务	国民待遇
保留的限制性措施	商业存在 不得提供工会、少数民族团体、宗教、政治等成员组织的服务。 不得在内地设立境外组织和机构的代表机构

表 2　　　　　　　　　　跨境服务开放措施（正面清单）①

部门或分部门	商务服务
	A. 专业服务
	a. 法律服务（CPC861）
具体承诺	1. 允许内地律师事务所聘用澳门执业律师，被内地律师事务所聘用的澳门执业律师不得办理内地法律事务。② 2. 允许澳门永久性居民中的中国公民按照《国家司法考试实施办法》参加内地统一司法考试，取得内地法律职业资格。③ 3. 允许第 2 条所列人员取得内地法律职业资格后，按照《中华人民共和国律师法》，在内地律师事务所从事非诉讼法律事务。④ 4. 澳门律师⑤因个案接受内地律师事务所请求提供业务协助，可不必申请澳门法律顾问证。⑥ 5. 获准在内地执业的澳门居民，只能在一个内地律师事务所执业，不得同时受聘于外国律师事务所驻华代表机构或澳门律师事务所驻内地代表机构。⑦ 6. 允许取得内地律师资格或法律职业资格并获得内地律师执业证书的澳门居民，以内地律师身份从事涉澳民事诉讼代理业务，具体可从事业务按司法行政主管部门有关规定执行。⑧ 7. 允许澳门律师以公民身份担任内地民事诉讼的代理人。⑨ 8. 允许具有 5 年（含 5 年）以上执业经验并通过内地司法考试的澳门执业律师，按照《中华人民共和国律师法》和中华全国律师协会《申请律师执业人员实习管理规则（试行）》的规定参加内地律师协会组织的不少于 1 个月的集中培训，经培训考核合格后，可申请内地律师执业。⑩ 9. 对澳门律师事务所驻内地代表机构的代表在内地的居留时间不作要求⑪
部门或分部门	商务服务
	A. 专业服务
	b. 会计、审计和簿记服务（CPC862）

---

① 在跨境服务模式下，内地对澳门服务提供者的开放承诺沿用正面清单形式列举开放措施。本协议附件 1 表 2 涵盖《安排》及其所有补充协议、《广东协议》在跨境服务模式下的全部开放措施（电信服务、文化服务除外）。部门分类使用世界贸易组织《服务贸易总协定》服务部门分类（GNS/W/120），部门的内容参考相应的联合国中央产品分类（CPC, United Nations Provisional Central Product Classification）。

② 涵盖《安排》中已有开放措施。

③ 同上。

④ 同上。

⑤ 澳门律师执业年限须按照澳门律师公会出具的相关证明中显示的该律师在澳门的实际执业年限计算。

⑥ 涵盖《安排》补充协议中已有开放措施。

⑦ 涵盖《安排》补充协议二中已有开放措施。

⑧ 涵盖《安排》补充协议三、补充协议八、《广东协议》中已有开放措施及本协议新增开放措施。

⑨ 涵盖《安排》补充协议三中已有开放措施。

⑩ 涵盖《安排》补充协议六中已有开放措施。

⑪ 涵盖《安排》补充协议三中已有开放措施。

续表

具体承诺	1. 对已持有内地注册会计师执业资格并在内地执业的澳门核数师、会计师（包括合伙人）每年在内地的工作时间要求比照内地注册会计师实行。① 2. 允许澳门核数师和会计师在内地设立的符合内地《代理记账管理办法》规定的中介机构从事代理记账业务。从事代理记账业务的澳门核数师和会计师应取得内地会计从业资格证书，主管代理记账业务的负责人应当具有内地会计师以上（含会计师）专业技术职务资格。② 3. 澳门核数师和会计师在申请内地执业资格时，已在澳门取得的审计工作经验等同于相等时间的内地审计工作经验。③ 4. 澳门核数公司和核数师在内地临时开展审计业务时申请的《临时执行审计业务许可证》有效期延长至5年。④ 5. 同意在澳门设立内地注册会计师考试考点。⑤ 6. 适当简化对澳门会计师事务所来内地临时执业的申报材料要求。⑥ 7. 取得内地注册会计师资格的澳门永久居民申请成为内地会计师事务所合伙人时，已在澳门取得的审计工作经验等同于相等时间的内地审计工作经验⑦
部门或分部门	商务服务 A. 专业服务 d. 建筑设计服务（CPC8671） e. 工程服务（CPC8672） f. 集中工程服务（CPC8673） g. 城市规划和风景园林设计服务（城市总体规划服务和国家级风景名胜区总体规划除外）（CPC8674） 包括工程造价咨询服务
具体承诺	1. 放宽澳门专业及技术人员在内地居留期限的规定，将其居澳时间，亦计算为内地居留。⑧ 2. 允许取得内地监理工程师资格的澳门专业人士在广东、广西、福建注册执业，不受在澳门注册执业与否的限制，按照内地有关规定作为广东、广西、福建省内监理企业申报企业资质时所要求的注册执业人员予以认定⑨ 3. 允许取得内地一级注册建筑师资格的澳门专业人士作为合伙人，按相应资质标准要求在内地设立建筑工程设计事务所。对合伙企业中澳门与内地合伙人数量比例、出资比例、澳门合伙人在内地居留时间没有限制。⑩ 4. 允许通过考试取得内地注册建筑师资格的澳门专业人士在广东、广西、福建注册执业，不受在澳门注册执业与否的限制，按照内地有关规定作为广东、广西、福建省内工程设计企业申报企业资质时所要求的注册执业人员予以认定。⑪ 5. 允许取得内地一级注册结构工程师资格的澳门专业人士作为合伙人，按相应资质标准要求在内地设立建筑工程设计事务所。对合伙企业中澳门与内地合伙人数量比例、出资比例、澳门合伙人在内地居留时间没有限制。⑫

① 涵盖《安排》中已有开放措施。
② 涵盖《安排》补充协议中已有开放措施。
③ 同上。
④ 涵盖《安排》补充协议五中已有开放措施。
⑤ 同上。
⑥ 涵盖《安排》补充协议九中已有开放措施。
⑦ 涵盖《广东协议》中已有开放措施。
⑧ 涵盖《安排》补充协议、补充协议二、补充协议十中已有开放措施。
⑨ 涵盖《安排》补充协议九中已有开放措施及本协议新增开放措施。
⑩ 涵盖《安排》补充协议七中已有开放措施。
⑪ 涵盖《安排》补充协议九中已有开放措施及本协议新增开放措施。
⑫ 涵盖《安排》补充协议七中已有开放措施。

续表

	6. 允许通过考试取得内地注册结构工程师、注册土木工程师（港口与航道）、注册公用设备工程师、注册化工工程师、注册电气工程师资格的澳门专业人士在广东、广西、福建注册执业，不受在澳门注册执业与否的限制，按照内地有关规定作为广东、广西、福建省内工程设计企业申报企业资质时所要求的注册执业人员予以认定。① 7. 允许澳门服务提供者在广东省设立的建设工程设计企业聘用澳门注册建筑师、注册结构工程师（在尚未取得内地专业资格的情况下），可以作为资质标准要求的主要专业技术人员进行考核，不能作为资质标准要求的注册人员进行考核。② 8. 对于注册建筑师继续教育中选修课部分，澳门服务提供者可以在澳门完成或由内地派师资授课，选修课继续教育方案须经内地认可。③ 9. 对于在广东省内，外商独资、合资城乡规划企业申报资质时，通过互认取得内地注册规划师资格，在上述企业工作的澳门人士，在审查时可以作为必需的注册人员予以认定。④ 10. 对于一级注册结构工程师继续教育中选修课部分，澳门服务提供者可以在澳门完成或由内地派师资授课，选修课继续教育方案须经内地认可。⑤ 11. 对于监理工程师继续教育中选修课部分，澳门服务提供者可以在深圳市统一完成⑥ 12. 允许澳门服务提供者雇用的合同服务提供者⑦以自然人流动的方式在内地提供本部门或分部门分类项下的服务⑧⑨
部门或分部门	商务服务 A. 专业服务 h. 医疗及牙医服务（CPC9312） j. 分娩及其有关服务、护理服务、理疗及辅助候疗服务（CPC93191）包括药剂服务 与健康相关的服务和社会服务（除专业服务中所列以外） A. 医院服务 B. 其他人类卫生服务 医院服务（CPC9311） 疗养院服务
具体承诺	1. 允许澳门具有合法执业资格的医疗专业人员⑩来内地短期执业。⑪ 2. 短期执业的最长时间为 3 年，期满需要延期的，应重新办理短期执业手续。⑫ 3. 具有澳门特别行政区合法行医权的澳门永久性居民在内地短期执业不需参加国家医师资格考试。⑬

---

① 涵盖《安排》补充协议九中已有开放措施及本协议新增开放措施。
② 涵盖《广东协议》中已有开放措施。
③ 涵盖《安排》补充协议十中已有开放措施。
④ 涵盖《广东协议》中已有开放措施。
⑤ 同上。
⑥ 同上。
⑦ 本协议附件中的"合同服务提供者"，是为履行雇主从内地获取的服务合同，进入内地提供临时性服务的持有澳门特别行政区身份证明文件的自然人。其雇主为在内地无商业存在的澳门服务提供者。合同服务提供者在内地期间报酬由雇主支付。合同服务提供者应具备与所提供服务相关的学历和技术（职业）资格。在内地停留期间不得从事与合同无关的服务活动。
⑧ 建筑设计服务、工程服务及集中工程服务。
⑨ 涵盖《安排》补充协议十中已有开放措施。
⑩ 根据澳门法例的规定，12 类澳门具有合法执业资格的医疗专业人员包括医生、中医生、中医师、牙科医生、牙科医师、药剂师、药房技术助理、护士、治疗师、按摩师、针灸师、诊疗辅助技术员。
⑪ 涵盖《安排》补充协议七中已有开放措施。
⑫ 同上。
⑬ 同上。

续表

4. 允许取得澳门合法行医权的澳门永久性居民在澳门执照行医 1 年后,报名参加内地医师资格考试(不含中医)。成绩合格者,发给内地的《医师资格证书》。① 5. 允许取得澳门合法行医权,并在澳门执业满 5 年的澳门永久性居民,取得内地《医师资格证书》(执业医师)后在内地开设诊所。诊所申办和登记注册等事宜按内地有关规定办理② 6. 允许取得内地医学(西医)专业本科以上学历的澳门永久性居民,在内地三级医院执业医师指导下不间断实习满 1 年并考核合格的,或者取得合法行医权并执照行医 1 年以上的,参加内地的医师资格考试,成绩合格者,发给内地的《医师资格证书》。③ 7. 允许取得内地口腔(牙医)专业本科以上学历的澳门永久性居民,在内地三级医院执业医师指导下不间断实习满 1 年并考核合格的,或者取得澳门合法行医权并执照行医 1 年以上的,参加内地的医师资格考试。成绩合格者,发给内地的《医师资格证书》。④ 8. 允许澳门科技大学的中医专业毕业并取得澳门合法行医权的澳门永久性居民,根据有关规定,在内地实习期满 1 年并考核合格后,或在澳门已经执照行医 1 年以上后,参加内地的医师资格考试。成绩合格者,发给内地的《医师资格证书》。⑤ 9. 允许具有内地国务院教育行政主管部门认可的全日制高等学校中医专业本科以上学历的澳门永久性居民,取得澳门合法行医权并执照行医 1 年以上后,参加内地的医师资格考试;也可以根据有关规定,在内地实习期满 1 年并考核合格后,参加内地的医师资格考试。成绩合格者,发给内地的《医师资格证书》。⑥ 10. 澳门永久性居民可申请参加内地医师资格考试的类别为临床、中医、口腔。⑦ 11. 允许符合条件的澳门永久性居民中的中国公民通过认定方式申请获得内地《医师资格证书》⑧⑨。 12. 允许具备澳门药剂师执照并符合内地《执业药师资格制度暂行规定》(人发〔1999〕34 号)报考条件的澳门永久性居民,报名参加内地执业药师资格考试。成绩合格者,发给内地的《执业药师资格证书》。⑩ 13. 允许具备澳门药剂师执照的澳门永久性居民在取得内地《执业药师资格证书》后,按照内地《执业药师注册管理暂行办法》(国药管人〔2000〕156 号)等相关文件规定办理注册。⑪ 14. 对澳门永久性居民申请注册内地执业药师按内地有关法律法规办理⑫ 15. 允许澳门服务提供者以跨境交付的方式在内地提供本部门或分部门分类项下的服务⑬⑭。 16. 允许澳门服务提供者雇用的合同服务提供者以自然人流动的方式在内地提供本部门或分部门分类项下的服务⑮⑯。

---

① 涵盖《安排》补充协议七中已有开放措施。
② 同上。
③ 涵盖《安排》中已有开放措施。
④ 同上。
⑤ 涵盖《安排》补充协议中已有开放措施及本协议新增开放措施。
⑥ 涵盖《安排》中已有开放措施。
⑦ 同上。
⑧ 具体实施办法由卫生主管部门(卫生计生委)颁布。
⑨ 涵盖《安排》补充协议五中已有开放措施。
⑩ 涵盖《安排》补充协议六中已有开放措施。
⑪ 同上。
⑫ 涵盖《广东协议》中已有开放措施。
⑬ 医院服务。
⑭ 涵盖《安排》补充协议十中已有开放措施。
⑮ 医院服务。
⑯ 涵盖《安排》补充协议十中已有开放措施。

续表

部门或分部门	商务服务
	A. 专业服务
	i. 兽医服务（CPC932）
具体承诺	允许取得国家执业兽医资格的澳门居民在内地执业①
部门或分部门	商务服务
	A. 专业服务
	k. 其他（专利代理、商标代理等）（CPC8921－8923）
具体承诺	1. 允许澳门服务提供者雇用的合同服务提供者在内地相关法律法规允许的范围内提供本部门或分部门分类项下的服务②③。 2. 允许符合条件的澳门永久性居民中的中国公民参加内地的全国专利代理人资格考试，成绩合格者，发给《专利代理人资格证书》。④ 3. 取得《专利代理人资格证书》的澳门永久性居民中的中国公民可以在内地已经批准设立的专利代理机构中执业，符合规定条件的可以加入成为在内地已经批准设立的专利代理机构的合伙人或者股东⑤
部门或分部门	商务服务
	B. 计算机及其相关服务
	a. 与计算机硬件安装有关的咨询服务（CPC841） b. 软件执行服务（CPC842） c. 数据处理服务（CPC843） d. 数据库服务（CPC844，网络运营服务和增值电信业务除外⑥） e. 其他（CPC845＋849）
具体承诺	1. 允许澳门服务提供者在前海、横琴试点提供跨境数据库服务。⑦ 2. 允许澳门服务提供者雇用的合同服务提供者以自然人流动的方式在内地提供本部门或分部门分类项下的服务⑧⑨。
部门或分部门	商务服务
	D. 房地产服务
	b. 以收费或合同为基础的房地产服务（CPC822）
具体承诺	允许澳门服务提供者雇用的合同服务提供者以自然人流动的方式在内地提供本部门或分部门分类项下的服务⑩
部门或分部门	商务服务
	F. 其他商务服务
	d. 与管理咨询相关的服务（CPC8660） 除建筑外的项目管理服务（CPC86601）
具体承诺	允许澳门服务提供者以跨境交付方式，提供与管理咨询相关的服务中除建筑外的项目管理服务⑪

---

① 涵盖本协议新增开放措施。
② 商标代理。
③ 涵盖《安排》补充协议十中已有开放措施。
④ 涵盖《安排》补充协议中已有开放措施。
⑤ 同上。
⑥ "网络运营服务和增值电信业务"属于本协议附件1表3（电信领域正面清单）涵盖范畴。
⑦ 涵盖《安排》补充协议九中已有开放措施。
⑧ 软件执行服务。
⑨ 涵盖《安排》补充协议十中已有开放措施。
⑩ 同上。
⑪ 涵盖《安排》补充协议四中已有开放措施。

续表

部门或分部门	商务服务
	F. 其他商务服务
	e. 技术测试和分析服务（CPC8676）及（CPC749）涵盖的货物检验服务
具体承诺	1. 在内地强制性产品认证（CCC）领域，允许经澳门特区政府认可机构认可的具备内地强制性产品认证制度相关产品检测能力的澳门检测机构，与内地指定机构开展合作，承担现行所有需 CCC 认证的澳门本地加工的（即产品加工场所在澳门境内）产品的 CCC 检测任务。具体合作安排按照《中华人民共和国认证认可条例》有关规定执行。① 2. 在强制性产品认证（CCC）领域，允许经澳门特区政府认可机构认可的具备内地强制性产品认证制度相关产品检测能力的澳门检测机构，与内地指定机构开展合作，承担在澳设计定型且在广东省加工或生产的音视频设备类产品的 CCC 检测任务② 3. 在自愿性认证领域，允许经澳门特区政府认可机构认可的具备相关产品检测能力的澳门检测机构与内地认证机构合作，对澳门本地或内地生产或加工的产品进行检测。③ 4. 在中国（广东）自由贸易试验区内试行粤港澳认证及相关检测业务互认制度，实行"一次认证、一次检测、三地通行"④。 5. 在互信互利的基础上，允许在澳门的认证检测机构与内地认证检测机构开展检测数据（结果）的接受合作。具体合作安排另行商定。⑤ 6. 允许澳门服务提供者雇用的合同服务提供者以自然人流动的方式在内地提供本部门或分部门分类项下的服务⑥⑦
部门或分部门	商务服务
	F. 其他商务服务
	k. 人员提供与安排服务（CPC872）
具体承诺	1. 允许澳门服务提供者在内地设立的独资、合资或合作国际船舶管理公司在申请外派海员类对外劳务合作经营资格时，无须申请外商投资职业介绍机构或人才中介机构资格。⑧ 2. 允许澳门服务提供者在广东省直接申请设立独资海员外派机构并仅向中国澳门籍船舶提供船员派遣服务，无须事先成立船舶管理公司⑨
部门或分部门	商务服务
	F. 其他商务服务
	o. 建筑物清洁服务（CPC874）
具体承诺	允许澳门服务提供者雇用的合同服务提供者以自然人流动的方式在内地提供本部门或分部门分类项下的服务⑩
部门或分部门	商务服务
	F. 其他商务服务
	p. 摄影服务（CPC875）
具体承诺	允许澳门服务提供者雇用的合同服务提供者以自然人流动的方式在内地提供本部门或分部门分类项下的服务⑪

① 涵盖《安排》补充协议七、补充协议八中已有开放措施。
② 涵盖《广东协议》中已有开放措施。
③ 同上。
④ 涵盖本协议新增开放措施。
⑤ 涵盖《安排》补充协议十中已有开放措施。
⑥ 技术测试和分析服务（CPC8676）及（CPC749）涵盖的货物检验服务，不包括货物检验服务中的法定检验服务。
⑦ 涵盖《安排》中已有开放措施。
⑧ 涵盖《安排》补充协议六中已有开放措施。
⑨ 涵盖《广东协议》中已有开放措施。
⑩ 涵盖《安排》补充协议十中已有开放措施。
⑪ 同上。

续表

部门或分部门	商务服务
	F. 其他商务服务
	s. 会议和展览服务（CPC87909）
具体承诺	1. 允许澳门服务提供者以跨境交付方式，在广东省、上海市、北京市、天津市、重庆市、浙江省、江苏省、福建省、江西省、湖南省、广西壮族自治区、海南省、四川省、贵州省及云南省试点举办展览①②。 2. 委托广东省审批澳门服务提供者在广东省主办展览面积1000平方米以上的对外经济技术展览会③④。 3. 允许澳门服务提供者雇用的合同服务提供者以自然人流动的方式在内地提供本部门或分部门分类项下的服务⑤⑥。
部门或分部门	商务服务
	F. 其他商务服务
	t. 其他（CPC8790） 复制服务（CPC87904） 笔译和口译服务（CPC87905）
具体承诺	允许澳门服务提供者雇用的合同服务提供者以自然人流动的方式在内地提供本部门或分部门分类项下的服务⑦⑧。
部门或分部门	建筑及相关工程服务 （CPC511＋512＋513⑨＋514＋515＋516＋517＋518⑩）
具体承诺	1. 澳门服务提供者在内地设立的建筑业企业，其经资质管理部门认可的项目经理人数中，澳门永久性居民所占比例可不受限制。⑪ 2. 澳门服务提供者在内地设立的建筑业企业中，出任工程技术人员和经济管理人员的澳门永久性居民，在内地的居留时间不受限制。⑫ 3. 允许澳门服务提供者雇用的合同服务提供者以自然人流动的方式在内地提供本部门或分部门分类项下的服务⑬。
部门或分部门	分销服务
	B. 批发销售服务（CPC622） C. 零售服务（CPC631＋632＋6111＋6113＋6121）
具体承诺	允许澳门服务提供者雇用的合同服务提供者以自然人流动的方式在内地提供本部门或分部门分类项下的服务⑭。
部门或分部门	教育服务
	C. 高等教育服务（CPC923）

---

① 须按照内地现行相关法律法规报商务部审批。
② 涵盖《安排》补充协议四、补充协议六中已有开放措施及本协议新增开放措施。
③ 含"中国"字头的展览会由广东省商务主管部门报商务部核准后审批。
④ 涵盖《安排》补充协议六中已有开放措施。
⑤ 会议服务和展览服务（CPC87909）。
⑥ 涵盖《安排》补充协议十中已有开放措施。
⑦ 复制服务、笔译和口译服务。
⑧ 涵盖《安排》补充协议十中已有开放措施。
⑨ 包括与基础设施建设有关的疏浚服务。
⑩ 涵盖范围仅限于为外国建筑企业在其提供服务过程中所拥有和所使用的配有操作人员的建筑和拆除机器的租赁服务。
⑪ 涵盖《安排》补充协议中已有开放措施。
⑫ 同上。
⑬ 涵盖《安排》补充协议十中已有开放措施。
⑭ 同上。

续表

具体承诺	允许广东省对本省普通高校招收澳门学生实施备案①
部门或分部门	环境服务 （不包括环境质量监测和污染源检查） A. 排污服务（CPC9401） B. 固体废物处理服务（CPC9402） C. 公共卫生及类似服务（CPC9403） D. 废气清理服务（CPC9404） E. 降低噪音服务（CPC9405） F. 自然和风景保护服务（CPC9406） G. 其他环境保护服务（CPC9409）
具体承诺	允许澳门服务提供者雇用的合同服务提供者以自然人流动的方式在内地提供本部门或分部门分类项下的服务②
部门或分部门	金融服务 A. 所有保险和与其相关服务（CPC812） a. 人寿险、意外险和健康保险服务（CPC8121） b. 非人寿保险服务（CPC8129） c. 再保险和转分保服务（CPC81299） d. 保险辅助服务（保险经纪、保险代理、咨询、精算等）（CPC8140）
具体承诺	1. 允许澳门居民中的中国公民在取得内地精算师资格后，无须获得预先批准，可在内地执业。③ 2. 允许澳门居民在获得内地保险从业资格并受聘于内地的保险营业机构后，从事相关的保险业务。④ 3. 同意在澳门设立内地保险中介资格考试考点。⑤ 4. 鼓励内地的保险公司以人民币结算分保到澳门的保险或再保险公司⑥
部门或分部门	金融服务 B. 银行和其他金融服务（不含保险） 接受公众存款和其他需偿还的资金（CPC81115 – 81119） 所有类型的贷款，包括消费信贷、抵押贷款、保理和商业交易的融资（CPC8113） 金融租赁（CPC8112） 所有支付和货币汇兑服务（除清算所服务外）（CPC81339） 担保与承兑（CPC81199） 在交易市场、公开市场或其他场所自行或代客交易 f1. 货币市场票据（CPC81339） f2. 外汇（CPC81333） f3. 衍生产品，包括，但不限于期货和期权（CPC81339） f4. 汇率和利率契约，包括掉期和远期利、汇率协议（CPC81339） f5. 可转让证券（CPC81321） f6. 其他可转让的票据和金融资产，包括金银条块（CPC81339） 参与各类证券的发行（CPC8132） 货币经纪（CPC81339） 资产管理（CPC8119 + 81323） 金融资产的结算和清算，包括证券、衍生产品和其他可转让票据（CPC81339 或 81319） 咨询和其他辅助金融服务（CPC8131 或 8133） 提供和传输其他金融服务提供者提供的金融信息、金融数据处理和相关的软件（CPC8131）

① 涵盖《广东协议》中已有开放措施。
② 涵盖《安排》补充协议十中已有开放措施。
③ 涵盖《安排》中已有开放措施。
④ 同上。
⑤ 涵盖《安排》补充协议四中已有开放措施。
⑥ 涵盖《广东协议》中已有开放措施。

续表

具体承诺	1. 允许符合下列条件的澳门银行在内地注册的法人银行将数据中心设在澳门：[①] （1）2008年6月30日前在内地注册成立； （2）注册成立时，其母行已在澳门设有数据中心； （3）数据中心应独立运行并应包括客户信息、账户信息以及产品信息等核心系统； （4）其董事会和高级管理层具有数据中心最高管理权； （5）设立的数据中心，须符合内地有关监管要求并经内地相关部门认可。 2. 建立更多元化的离岸人民币产品市场，增加资金双向流动渠道。[②] 3. 澳门证券期货专业人员中的澳门永久性居民可在内地依据相关程序申请从业资格。[③] 4. 支持符合条件的经中国证监会批准的内地证券公司或其他证券类金融机构根据相关要求在澳门设立分支机构及依法开展业务，内地证券公司完成澳门注册程序的时限，由6个月延长至1年[④] 5. 允许经中国证监会批准的内地基金管理公司在澳门设立分支机构，经营相关业务。[⑤] 6. 允许符合条件的内地期货公司到澳门设立分支机构，在澳门依法开展业务。[⑥] 7. 研究进一步降低QDⅡ、QFⅡ和RQFⅡ资格门槛，扩大投资额度。[⑦] 8. 深化内地与澳门金融服务及产品开发的合作，允许以人民币境外合格机构投资者（RQFⅡ）方式投资境内证券市场；允许澳门投资证券公司申请QFⅡ资格时，按照集团管理的证券资产规模计算。[⑧] 9. 研究推动符合条件的澳门公司在内地交易所市场发行人民币债券。[⑨] 10. 在总结其他地区相关试点经验、完善宏观审慎管理机制基础上，研究适时允许中国（广东）自由贸易试验区企业在一定范围内进行跨境人民币融资、允许自由贸易试验区银行业金融机构与澳门同业机构开展跨境人民币借款等业务。[⑩] 11. 支持符合条件的澳门金融机构在中国（广东）自由贸易试验区以人民币进行新设、增资或参股自由贸易试验区内金融机构等直接投资活动[⑪]
部门或分部门	与健康相关的服务和社会服务 C. 社会服务 通过住宅机构向老年人和残疾人提供的社会福利（CPC93311） 非通过住宅机构提供的社会福利（CPC93323）
具体承诺	允许澳门服务提供者雇用的合同服务提供者以自然人流动的方式在内地通过住宅机构向老年人和残疾人提供社会福利服务（CPC93311）和非通过住宅机构提供社会福利服务（CPC93323）[⑫]
部门或分部门	9. 旅游和与旅游相关的服务 A. 饭店（包括公寓楼）和餐馆（CPC641-643） B. 旅行社和旅游经营者（CPC7471） C. 导游（CPC7472） 其他

[①] 涵盖《安排》补充协议五中已有开放措施。
[②] 涵盖《广东协议》中已有开放措施。
[③] 涵盖《安排》中已有开放措施。
[④] 涵盖《安排》补充协议四中已有开放措施。
[⑤] 同上。
[⑥] 涵盖《安排》补充协议八中已有开放措施。
[⑦] 涵盖《广东协议》中已有开放措施。
[⑧] 涵盖《安排》补充协议八、补充协议九、补充协议十、《广东协议》中已有开放措施。
[⑨] 涵盖本协议新增开放措施。
[⑩] 同上。
[⑪] 同上。
[⑫] 涵盖《安排》补充协议十中已有开放措施。

续表

具体承诺		1. 允许北京市等内地49个城市的居民个人赴澳旅游，并不迟于2004年7月1日在广东省全省范围实施①②。 2. 优化现有的广东省"144小时便利签证"政策，放宽预报出境口岸的规定，适时研究调整成团人数规定要求。③ 3. 允许澳门永久性居民中的中国公民参加内地导游人员资格考试，考试合格者依照相关规定领取导游人员资格证书及注册取得导游证；取得内地导游证的，依照有关规定可取得内地出境游领队证（不含赴台领队证）。④ 4. 经营赴台旅游的内地组团社可组织持有效《大陆居民往来台湾通行证》及旅游签注（签注字头为L）的游客以过境方式在澳门停留，以便利内地及澳门旅游业界推出"一程多站"式旅游产品。⑤ 5. 允许澳门服务提供者雇用的合同服务提供者以自然人流动的方式在内地提供本部门或分部门分类项下的服务⑥⑦
部门或 分部门		娱乐、文化和体育服务
		D. 体育和其他娱乐服务（CPC964）
		体育服务（CPC96411+96412+96413）
具体承诺		1. 允许澳门服务提供者以跨境交付的方式在内地提供本部门或分部门分类项下的服务⑧⑨。 2. 允许澳门服务提供者雇用的合同服务提供者以自然人流动的方式在内地提供本部门或分部门分类项下的服务⑩⑪
部门或 分部门		运输服务
		A. 海运服务
		国际运输（货运和客运）（CPC7211+7212，不包括沿海和内水运输服务） 集装箱堆场服务 其他
		H. 辅助服务
		b. 仓储服务（CPC742） c. 货物运输代理服务（CPC748+749，不包括货检服务）
具体承诺		1. 将广东、广西、福建、海南至澳门普通货物运输，以及在航澳门航线船舶变更船舶数据后继续从事澳门航线运输的审批下放至所在地省级交通运输主管部门。⑫ 2. 允许澳门服务提供者⑬雇用的合同服务提供者以自然人流动的方式在内地提供本部门或分部门分类项下的服务⑭⑮

① 内地49个城市包括：全广东省21个城市、北京、上海、天津、重庆、南京、苏州、无锡（江苏省）、杭州、宁波、台州（浙江省）、福州（市直辖区）、厦门、泉州（福建省）、成都（四川省）、济南（山东省）、大连、沈阳（辽宁省）、南昌（江西省）、长沙（湖南省）、南宁（广西壮族自治区）、海口（海南省）、贵阳（贵州省）、昆明（云南省）、石家庄（河北省）、郑州（河南省）、长春（吉林省）、合肥（安徽省）及武汉（湖北省）。

② 涵盖《安排》中已有开放措施。
③ 涵盖《安排》补充协议八中已有开放措施。
④ 涵盖《安排》补充协议五、补充协议六中已有开放措施。
⑤ 涵盖《安排》补充协议六中已有开放措施。
⑥ 旅行社和旅游经营者。
⑦ 涵盖《安排》补充协议十中已有开放措施。
⑧ 体育服务（CPC96411+96412+96413）。
⑨ 涵盖《安排》补充协议十中已有开放措施。
⑩ 体育服务（CPC96411+96412+96413）。
⑪ 涵盖《安排》补充协议十中已有开放措施。
⑫ 涵盖《安排》补充协议十中已有开放措施及本协议新增开放措施。
⑬ 在本部门中，澳门服务提供者应为企业法人。
⑭ 货物装卸服务、集装箱堆场服务、货物运输代理服务（CPC748+749，不包括货检服务）。
⑮ 涵盖《安排》补充协议十中已有开放措施。

续表

部门或分部门	3. 允许澳门服务提供者利用干线班轮船舶在内地港口自由调配自有和租用的空集装箱，但应办理有关海关手续①
部门或分部门	运输服务 C. 航空运输服务 机场管理服务（不包括货物装卸）（CPC74610） 其他空运支持性服务（CPC74690） 计算机订座系统（CRS）服务 空运服务的销售和营销服务
具体承诺	1. 允许澳门服务提供者以跨境交付形式提供中小机场委托管理服务，合同有效期不超过20年。② 2. 允许澳门服务提供者以跨境交付或境外消费形式提供机场管理培训、咨询服务。③ 3. 允许澳门服务提供者以跨境交付的方式为内地提供国际航线或香港、澳门、台湾地区航线机票销售代理服务④ 4. 允许澳门的航空公司在内地的办公地点或通过官方网站自行销售机票及酒店套票，无须通过内地销售代理。⑤ 5. 允许澳门服务提供者雇用的合同服务提供者在内地提供空运服务的销售和营销服务（仅限于航空运输销售代理），但不符合经营主体资格的不得从事此类服务活动⑥⑦
部门或分部门	运输服务 F. 公路运输服务 a. 客运服务（CPC7121＋7122） b. 货运服务（CPC7123） c. 商用车辆和司机的租赁（CPC7124） d. 公路运输设备的维修和保养服务（CPC6112＋8867） e. 公路运输的支持服务（CPC744）
具体承诺	1. 允许澳门服务提供者经营澳门至内地各省、市及自治区之间的货运"直通车"业务⑧⑨。 2. 为澳门司机参加内地机动车驾驶证考试设立计算机考试繁体字试题，并为澳门司机在珠海设立一个指定考试场地方便应试。⑩ 3. 允许澳门服务提供者雇用的合同服务提供者以自然人流动的方式在内地提供本部门或分部门分类项下的服务⑪⑫
部门或分部门	没有包括的其他服务 B. 其他服务（CPC97） 殡葬设施（CPC9703）

---

① 涵盖《安排》中已有开放措施。
② 涵盖《安排》补充协议中已有开放措施。
③ 同上。
④ 涵盖《安排》补充协议十中已有开放措施。
⑤ 涵盖《广东协议》中已有开放措施。
⑥ 适用世界贸易组织《服务贸易总协定〈关于空运服务的附件〉》的定义。
⑦ 涵盖《安排》补充协议十中已有开放措施。
⑧ "直通车"业务是指内地与澳门间的直达道路运输。在本部门中，提供"直通车"服务的澳门服务提供者应为企业法人。
⑨ 涵盖《安排》中已有开放措施。
⑩ 涵盖《安排》补充协议八中已有开放措施。
⑪ 公路卡车和汽车货运、城市间定期旅客服务、道路客货运站（场）。
⑫ 涵盖《安排》补充协议十中已有开放措施。

续表

具体承诺	允许澳门服务提供者雇用的合同服务提供者以自然人流动的方式在内地提供本部门或分部门分类项下的服务①
其他	专业技术人员资格考试②
具体承诺	1. 允许符合相关规定的澳门居民参加内地以下专业技术人员资格考试：注册建筑师、注册结构工程师、注册土木工程师（岩土）、监理工程师、造价工程师、注册城市规划师、房地产经纪人、注册消防工程师、注册安全工程师、注册核安全工程师、建造师、注册公用设备工程师、注册化工工程师、注册土木工程师（港口与航道）、注册设备监理师、勘察设计注册工程师、价格鉴证师、企业法律顾问、棉花质量检验师、拍卖师、公共卫生类别医师、执业药师、环境影响评价工程师、房地产估价师、注册电气工程师、注册税务师、注册资产评估师、假肢与矫形器制作师、矿业权评估师、注册咨询工程师（投资）、国际商务、土地登记代理人、珠宝玉石质量检验师；质量、翻译、计算机技术与软件、审计、卫生、经济、统计、会计专业技术资格。考试成绩合格者，发给相应的资格证书。③ 2. 允许澳门永久性居民参加内地土地估价师资格考试。成绩合格者，发给内地的《土地估价师资格证书》。④ 3. 允许符合相关规定的澳门永久性居民参加内地测绘师资格考试，成绩合格者，发给资格证书。⑤ 4. 允许符合相关规定的澳门居民在广东省报名参加全国执业兽医资格考试。考试成绩合格者，发给相应的资格证书⑥
其他	个体工商户⑦
具体承诺	允许澳门永久性居民中的中国公民依照内地有关法律、法规和行政规章，在内地各省、自治区、直辖市设立个体工商户，无须经过外资审批，不包括特许经营。营业范围为：谷物种植；蔬菜、食用菌等园艺作物种植；水果种植；坚果种植；香料作物种植；中药材种植；林业⑧；牲畜饲养；家禽饲养；水产养殖；灌溉服务；农产品初加工服务（不含籽棉加工）；其他农业服务；林业服务业；畜牧服务业；渔业服务业（需要水产苗种生产许可）；谷物磨制（不含大米、面粉加工）；肉制品及副产品加工（3000吨/年及以下的西式肉制品加工项目除外）；水产品冷冻加工，鱼糜制品及水产品干腌制加工（冷冻海水鱼糜生产线除外）；蔬菜、水果和坚果加工；淀粉及淀粉制品制造（年加工玉米30万吨以下、绝干收率在98%以下玉米淀粉湿法生产线除外）；豆制品制造；蛋品加工；焙烤食品制造；糖果、巧克力及蜜饯制造；方便食品制造；乳制品制造［日处理原料乳能力（两班）20吨以下浓缩、喷雾干燥等设施及200千克/小时以下的手动及半自动液体乳罐装设备除外］；罐头食品制造；味精制造；酱油、食醋及类似制品制造；其他调味品、发酵制品制造（食盐除外）；营养食品制造；冷冻饮品及食用冰制造；啤酒制造（生产能力小于1.8万瓶/时的啤酒灌装生产线除外）；葡萄酒制造；碳酸饮料制造［生产能力150瓶/分钟以下（瓶容在250毫升及以下）的碳酸饮料生产线除外］；瓶（罐）装饮用水制造；果菜汁及果菜饮料制造；含乳饮料和植物蛋白饮料制造；固体饮料制造；茶饮料及其他饮料制造；纺织业；窗帘布艺制品制造；纺织服装、服饰业；皮革、毛皮、羽毛及其制品和制鞋业；木材加工和木、竹、藤、棕、草制品业；家具制造业；造纸和纸制品业（宣纸生产除外）；文教办公用品制造；乐器制造；工艺美术制造（国家重点保

① 涵盖《安排》补充协议十中已有开放措施。
② 清单中所列考试项目可能根据国家减少职业资格许可和认定工作有关要求发生变化，具体项目以国务院公告为准。
③ 涵盖《安排》补充协议、《广东协议》中已有开放措施及本协议新增开放措施。
④ 涵盖《安排》补充协议七中已有开放措施。
⑤ 涵盖《安排》补充协议八中已有开放措施。
⑥ 涵盖《广东协议》中已有开放措施。
⑦ 对于个体工商户组织形式，内地对澳门服务提供者的全部开放承诺按新的国民经济行业分类标准（GB/T4754-2011）以正面清单形式列举。
⑧ 开展油茶、核桃、油橄榄、杜仲、油用牡丹、长柄扁桃等木本油料经济林种植业需经当地省级林业主管部门审批。

续表

保护野生动物的雕刻、加工、脱胎漆器生产、珐琅制品生产、墨锭生产除外）；体育用品制造；玩具制造；游艺器材及娱乐用品制造；日用化学产品制造；塑料制品业；日用玻璃制品制造；日用陶瓷制品制造；金属工具制造；搪瓷日用品及其他搪瓷制品制造；金属制日用品制造；自行车制造；非公路休闲车及零配件制造；电池制造；家用电力器具制造；非电力家用器具制造；照明器具制造；钟表与计时仪器制造；眼镜制造；日用杂品制造；林业产品批发；纺织、服装及家庭用品批发；文具用品批发；体育用品批发；其他文化用品批发；贸易代理；其他贸易经纪与代理；货物、技术进出口；零售业（烟草制品零售除外，并且不包括特许经营）；图书报刊零售；音像制品及电子出版物零售；工艺美术品及收藏品零售（文物收藏品零售除外）；道路货物运输；其他水上运输辅助活动，具体指港口货物装卸、仓储、港口供应（船舶物料或生活品）、港口设施、设备和港口机械的租赁、维修；装卸搬运和运输代理业（不包括航空客货运代理服务和国内水路运输代理业）；仓储业；餐饮业；软件开发；信息系统集成服务；信息技术咨询服务；数据处理和存储服务（仅限于线下的数据处理服务业务）；租赁业；社会经济咨询中的经济贸易咨询和企业管理咨询；广告业；知识产权服务（商标代理服务、专利代理服务除外）；包装服务；办公服务中的以下项目：标志牌、铜牌的设计、制作服务，奖杯、奖牌、奖章、锦旗的设计、制作服务；办公服务中的翻译服务；其他未列明商务服务业中的2个项目：公司礼仪服务：开业典礼、庆典及其他重大活动的礼仪服务，个人商务服务：个人形象设计服务、个人活动安排服务、其他个人商务服务；研究和试验发展（社会人文科学研究除外）；专业技术服务业；质检技术服务（动物检疫服务、植物检疫服务、检验检测和认证相关服务、特种设备检验检测服务除外）；工程管理服务（工程监理服务除外）；摄影扩印服务；科技推广和应用服务业；技术推广服务；科技中介服务；水污染治理（除环境质量监测、污染源检查服务）；大气污染治理（除环境质量监测、污染源检查服务）；固体废物治理（除环境质量监测、污染源检查服务）；其他污染治理中的降低噪音服务和其他环境保护服务（除环境质量监测、污染源检查服务）；市政设施管理（除环境质量监测、污染源检查服务）；环境卫生管理（除环境质量监测、污染源检查服务）；洗染服务；理发及美容服务[①]；洗浴服务；居民服务中的婚姻服务（不含婚介服务）；其他居民服务；机动车维修[①]；计算机和辅助设备修理；家用电器修理；其他日用产品修理业；建筑物清洁服务；其他未列明服务业；宠物服务（仅限在城市开办）；门诊部（所）；体育；其他室内娱乐活动中的以休闲、娱乐为主的动手制作活动（陶艺、缝纫、绘画等）；文化娱乐经纪人；体育经纪人；食品、饮料批发；一般旅馆；其他住宿业；房地产中介服务；自有房地产经营活动。[②]
2. 允许澳门永久性居民中的中国公民依照内地有关法律、法规和行政规章，设立个体工商户，取消从业人员人数、经营面积限制。[③]
3. 澳门永久性居民中的中国公民依照内地有关法律、法规和行政规章，设立个体工商户时，取消其身份核证要求[④]

表3　　　　　　　　电信领域开放措施（正面清单）[⑤]

部门或分部门	通信服务
	C. 电信服务
	语音电话服务
	集束切换（分组交换）数据传输服务

[①] 汽车、摩托车修理与维护。
[②] 涵盖《安排》、补充协议、补充协议二、补充协议三、补充协议四、补充协议五、补充协议六、补充协议七、补充协议八、补充协议九、补充协议十、《广东协议》中已有开放措施及本协议新增开放措施。
[③] 涵盖《安排》、补充协议、补充协议二、补充协议三、补充协议四、补充协议五、补充协议六、补充协议七、补充协议八、补充协议九中已有开放措施。
[④] 涵盖《安排》补充协议九中已有开放措施。
[⑤] 对电信服务部门（分部门）的商业存在和跨境服务模式，内地对澳门服务提供者的开放承诺沿用正面清单形式列举开放措施。本协议附件1表3涵盖《安排》及其所有补充协议、《广东协议》在电信服务部门（分部门）下的全部开放措施。

续表

	线路切换（电路交换）数据传输服务 电传服务 电报服务 传真服务 专线电路租赁服务 电子邮件服务 语音邮件服务 在线信息和数据调用服务 电子数据交换服务 增值传真服务，包括储存和发送、储存和调用 编码和规程转换服务 在线信息和/或数据处理（包括传输处理） 其他（寻呼、远程电信会议、移动远洋通信及空对地通信等）
具体承诺	1. 允许澳门服务提供者在内地设立合资或独资企业，提供下列电信服务，对澳门资股权比例不设限制①： 1）在线数据处理与交易处理业务（仅限于经营性电子商务网站）； 2）内地境内多方通信服务业务； 3）存储转发类业务； 4）呼叫中心业务； 5）因特网接入服务业务（仅限于为上网用户提供因特网接入服务）； 6）信息服务业务（仅限于应用商店）。 2. 允许澳门服务提供者在内地设立合资企业，提供下列电信服务，澳门资股权比例不得超过50%②： 1）在线数据处理与交易处理业务（经营性电子商务网站除外）； 2）内地境内因特网虚拟专用网业务； 3）因特网数据中心业务； 4）因特网接入服务业务（为上网用户提供因特网接入服务除外）； 5）信息服务业务（应用商店除外）。 3. 允许澳门服务提供者在广东省销售只能在澳门使用的固定/移动电话卡（不包括卫星电话卡）。③ 4. 允许澳门服务提供者雇用的合同服务提供者以自然人流动的方式在内地提供下列电信服务④： 1）在线数据处理与交易处理业务（仅限于经营性电子商务网站）； 2）呼叫中心业务； 3）因特网接入服务业务

表4　　　　　　　　　　文化领域开放措施（正面清单）⑤

部门或 分部门	商务服务
	F. 其他商务服务
	r. 印刷和出版服务（CPC88442）

---

① 涵盖《安排》、补充协议十、《广东协议》中已有开放措施及本协议新增开放措施。
② 涵盖《安排》补充协议四中已有开放措施。
③ 涵盖《安排》补充协议六中已有开放措施；须符合内地与澳门电信监管部门签订的关于在广东省销售澳门电话卡备忘录的规定。
④ 涵盖《安排》补充协议十中已有开放措施。
⑤ 对文化服务部门（分部门）的商业存在和跨境服务模式，内地对澳门服务提供者的开放承诺沿用正面清单形式列举开放措施。本协议附件1表4涵盖《安排》及其所有补充协议、《广东协议》在文化服务部门（分部门）下的全部开放措施。在本协议及其附件中，文化领域包括社会科学和人文科学的研究和开发服务（CPC852）、印刷和出版服务（CPC88442）、其他商务服务（CPC8790）中的光盘复制服务、电影和录像的制作和发行服务（CPC9611）、电影放映服务（CPC9612）、广播和电视服务（CPC9613）、广播和电视传输服务（CPC7524）、录音服务、其他视听服务、图书、报纸、杂志、文物的批发销售服务（CPC622）、图书、报纸、杂志、文物的零售服务（CPC631 + 632 + 6111 + 6113 + 6121）、其他分销服务中的文物拍卖服务、文娱服务（CPC9619）、新闻社服务（CPC962）、图书馆、档案馆、博物馆和其他文化服务（CPC963）等服务贸易部门、分部门（包括通过互联网提供的新闻、出版、视听节目、音像、游戏等文化信息服务、文物服务）。

续表

具体承诺	1. 允许澳门服务提供者在内地设立合资、合作企业,从事出版物和其他印刷品的印刷业务,合资企业中澳门服务提供者拥有的股权比例不超过49%,合作企业中内地方投资者应当占主导地位。其中,在前海、横琴试点设立合资企业,澳门服务提供者拥有的股权比例不超过70%。① 2. 允许澳门服务提供者在内地设立独资企业,提供包装装潢印刷品的印刷和装订服务。对澳门服务提供者在内地设立从事包装装潢印刷品的印刷企业的最低注册资本要求,比照内地企业实行。② 3. 允许澳门服务提供者在内地设立独资、合资或合作排校制作服务公司,从事图书的校对、设计、排版等印前工作。③ 4. 简化澳门图书进口审批程序,建立澳门图书进口绿色通道。④ 5. 允许澳门服务提供者雇用的合同服务提供者以自然人流动的方式在内地提供本部门或分部门分类项下的服务⑤
部门或分部门	分销服务 B. 批发销售服务(图书、报纸、杂志、文物的批发销售服务)
具体承诺	1. 允许澳门服务提供者以独资形式在内地设立的批发商业企业经营图书、报纸、杂志。⑥ 2. 对澳门服务提供者在内地设立从事出版物分销的企业的最低注册资本要求,比照内地企业实行⑦
部门或分部门	分销服务 C. 零售服务(图书、报纸、杂志、文物的零售服务)
具体承诺	1. 允许澳门服务提供者以独资形式在内地设立的零售商业企业经营图书、报纸、杂志。⑧ 2. 对于同一澳门服务提供者在内地累计开设店铺超过30家的,如经营商品包括图书、报纸、杂志等商品,且上述商品属于不同品牌,来自不同供应商,允许澳门服务提供者以独资、合资形式从事图书、报纸、杂志的零售服务。⑨ 3. 对澳门服务提供者在内地设立从事出版物分销的企业的最低注册资本要求,比照内地企业实行。⑩ 4. 允许澳门服务提供者雇用的合同服务提供者以自然人流动的方式在内地提供本部门或分部门分类项下的服务⑪
部门或分部门	通信服务 D. 视听服务 录像分销服务(CPC83202),录音制品的分销服务 电影院服务 华语影片和合拍影片 有线电视技术服务 合拍电视剧 电影或录像带制作服务(CPC96112) 其他

---

① 涵盖《安排》补充协议四、补充协议九、补充协议十中已有开放措施。
② 涵盖《安排》补充协议四、补充协议五中已有开放措施。
③ 涵盖《安排》补充协议六中已有开放措施。
④ 涵盖《安排》补充协议十中已有开放措施。
⑤ 指印刷及其辅助服务;涵盖《安排》补充协议十中已有开放措施。
⑥ 涵盖《安排》补充协议中已有开放措施。
⑦ 涵盖《安排》补充协议六中已有开放措施。
⑧ 涵盖《安排》补充协议中已有开放措施。
⑨ 涵盖《安排》补充协议二、补充协议三中已有开放措施及本协议新增开放措施。
⑩ 涵盖《安排》补充协议六中已有开放措施。
⑪ 涵盖《安排》补充协议十中已有开放措施。

具体承诺	录像、录音制品 1. 允许澳门服务提供者在内地以独资、合资形式提供音像制品（含后电影产品）的分销服务。① 2. 允许澳门服务提供者在内地设立独资、合资或合作企业，从事音像制品制作业务。② 3. 允许澳门影片因剧情需要，在影片中如有方言，可以原音呈现，但须加注标准汉语字幕。③ 4. 允许澳门服务提供者雇用的合同服务提供者以自然人流动的方式在内地提供本部门或分部门分类项下具体开放承诺的服务④ 电影院服务 5. 允许澳门服务提供者在内地设立的独资公司，在多个地点新建或改建多间电影院，经营电影放映业务⑤ 华语影片和合拍影片 6. 澳门拍摄的华语影片经内地主管部门审查通过后，由中国电影集团公司统一进口，由拥有《电影发行经营许可证》的发行公司在内地发行，不受进口配额限制。⑥ 7. 澳门拍摄的华语影片是指根据澳门特别行政区有关条例设立或建立的制片单位所拍摄的，拥有50%以上的影片著作权的华语影片。该影片主要工作人员组别⑦中澳门居民应占该组别整体员工数目的50%以上⑧ 8. 澳门与内地合拍的影片视为国产影片在内地发行。该影片以普通话为标准译制的其他中国民族语言及方言的版本可在内地发行。⑨ 9. 澳门与内地合拍的影片，澳门方主创人员⑩所占比例不受限制，但内地主要演员的比例不得少于影片主要演员总数的1/3；对故事发生地无限制，但故事情节或主要人物应与内地有关。⑪ 10. 允许内地与澳门合拍的影片经内地主管部门批准后在内地以外的地方冲印。⑫ 11. 允许国产影片及合拍片在澳门进行冲印作业。⑬ 12. 允许澳门服务提供者经内地主管部门批准，在内地试点设立独资公司，发行国产影片。⑭ 13. 允许澳门与内地合拍影片的方言话版本，经内地主管部门批准，在内地发行放映，但须加注标准汉语字幕。⑮ 14. 允许澳门影片的方言话版本，经内地主管部门审查通过后，由中国电影集团公司统一进口，由拥有《电影发行经营许可证》的发行公司在内地发行，但均须加注标准汉语字幕。⑯ 15. 允许国产影片（含合拍片）由内地第一出品单位提出申请并经国家广电总局批准后，在澳门进行后期制作。⑰

① 涵盖《安排》补充协议六中已有开放措施。
② 涵盖《安排》补充协议七中已有开放措施。
③ 涵盖《安排》补充协议十中已有开放措施。
④ 电影或录像带制作服务、电影或录像的分销服务，包括娱乐软件及录音制品分销服务；涵盖《安排》补充协议十中已有开放措施。
⑤ 涵盖《安排》补充协议二中已有开放措施。
⑥ 涵盖《安排》中已有开放措施及本协议新增开放措施。
⑦ 主要工作人员组别包括导演、编剧、男主角、女主角、男配角、女配角、监制、摄影师、剪辑师、美术指导、服装设计、动作/武术指导以及原创音乐。
⑧ 涵盖《安排》补充协议二中已有开放措施。
⑨ 涵盖《安排》中已有开放措施。
⑩ 主创人员是指导演、编剧、摄影和主要演员，主要演员是指主角和主要配角。
⑪ 涵盖《安排》中已有开放措施。
⑫ 涵盖《安排》补充协议中已有开放措施。
⑬ 涵盖《安排》补充协议十中已有开放措施。
⑭ 涵盖《安排》补充协议中已有开放措施。
⑮ 涵盖《安排》补充协议十中已有开放措施。
⑯ 涵盖《安排》补充协议十中已有开放措施及本协议新增开放措施。
⑰ 涵盖《安排》补充协议六中已有开放措施。

	续表
	16. 允许澳门服务提供者雇用的合同服务提供者以自然人流动的方式在内地提供本部门或分部门分类项下具体开放承诺的服务①有线电视技术服务 17. 允许澳门经营有线电视网络的公司经内地主管部门批准后，在内地提供有线电视网络的专业技术服务。② 合拍电视剧 18. 内地与澳门合拍的电视剧经内地主管部门审查通过后，可视为国产电视剧播出和发行。③ 19. 允许内地与澳门合拍电视剧集数与国产剧标准相同④ 20. 国家广电总局将各省、自治区或直辖市所属制作机构生产的有澳门演职人员参与拍摄的国产电视剧完成片的审查工作，交由省级广播电视行政部门负责。⑤ 21. 内地与澳门节目制作机构合拍电视剧立项的分集梗概，调整为每集不少于1500字⑥
部门或 分部门	娱乐、文化和体育服务 A. 文娱服务（除视听服务以外）（CPC9619）
具体承诺	1. 允许澳门服务提供者在内地设立独资、合资、合作经营的演出场所。⑦ 2. 允许澳门演艺经纪公司在内地设立分支机构。⑧ 3. 允许澳门服务提供者在内地设立独资、合资、合作经营的演出经纪机构。⑨ 4. 允许澳门服务提供者在内地以合资、合作方式，设立内地方控股的互联网文化经营单位或内地方占主导权益的合作互联网文化经营单位。⑩ 5. 允许澳门服务提供者在内地以独资、合资、合作方式，设立互联网上网服务营业场所或设立内地方占主导权益的合作互联网上网服务营业场所。⑪ 6. 允许澳门服务提供者在内地设立独资、合资、合作经营的画廊、画店、艺术品展览单位机构。⑫ 7. 允许澳门服务提供者在内地设立内地方控股的合资演出团体。⑬ 8. 允许澳门的演出经纪机构或文艺表演团体经广东省、上海市主管部门批准，以跨境交付方式试点在该省、市举办营业性演出活动。来内地举办演出的演出经纪机构或文艺表演团体应事先报文化部核准。⑭ 9. 允许澳门服务提供者在广东设立独资娱乐场所。⑮ 10. 在申请材料齐全的情况下，对进口澳门研发的网络游戏产品进行内容审查（包括专家审查）的工作时限为2个月。⑯ 11. 允许澳门服务提供者在内地从事游戏游艺设备的销售服务⑰ 12. 允许澳门服务提供者雇用的合同服务提供者以自然人流动的方式在内地提供本部门或分部门分类项下的服务⑱

---

① 电影或录像带制作服务、电影或录像的分销服务，包括娱乐软件及录音制品分销服务；涵盖补充协议十中已有开放措施。

② 涵盖《安排》补充协议九中已有开放措施。

③ 涵盖《安排》补充协议中已有开放措施。

④ 涵盖《安排》补充协议二中已有开放措施。

⑤ 涵盖《安排》补充协议三中已有开放措施。

⑥ 涵盖《安排》补充协议四中已有开放措施。

⑦ 涵盖《安排》补充协议中已有开放措施。

⑧ 同上。

⑨ 涵盖《安排》补充协议、补充协议四中已有开放措施。

⑩ 涵盖《安排》补充协议、补充协议七中已有开放措施。

⑪ 涵盖《安排》补充协议、补充协议七、补充协议九中已有开放措施。

⑫ 涵盖《安排》补充协议中已有开放措施。

⑬ 涵盖《安排》补充协议九中已有开放措施。

⑭ 涵盖《安排》补充协议四中已有开放措施。

⑮ 涵盖《安排》补充协议九、《广东协议》中已有开放措施及本协议新增开放措施。

⑯ 涵盖《安排》补充协议六中已有开放措施。

⑰ 涵盖《广东协议》中已有开放措施及本协议新增开放措施。

⑱ 涵盖《安排》补充协议十中已有开放措施。

续表

部门或分部门	娱乐、文化和体育服务
	C. 图书馆、档案馆、博物馆和其他文化服务（CPC963）
具体承诺	1. 进一步密切内地与澳门图书馆业的合作，探索合作开展图书馆服务。① 2. 允许澳门服务提供者以独资形式在内地为图书馆提供专业服务。② 3. 允许澳门服务提供者以独资形式在内地提供博物馆专业服务。③

附件 2　澳门向内地开放服务贸易的具体承诺[④]

附件 3　关于"服务提供者"定义及相关规定

一、根据《内地与澳门关于建立更紧密经贸关系的安排》（以下简称《安排》）及本协议，内地与澳门特别行政区就"服务提供者"定义及相关规定制定本附件。

二、除非本协议及其附件另有规定，本协议及其附件中的"服务提供者"指提供服务的任何人，其中：

（一）"人"指自然人或法人；

（二）"自然人"：

1. 对内地而言，指中华人民共和国公民；

2. 对澳门而言，指中华人民共和国澳门特别行政区永久性居民。

（三）"法人"指根据内地或澳门特别行政区适用法律适当组建或设立的任何法律实体，无论是否以盈利为目的，无论属私有还是政府所有，包括任何公司、基金、合伙企业、合资企业、独资企业或协会（商会）。

三、以法人形式提供服务的澳门服务提供者的具体标准：

（一）除法律服务部门外，澳门服务提供者申请在内地提供附件 1 中的有关服务时应：

1. 根据澳门特别行政区《商法典》《商业登记法典》或其他有关法规登记[⑤]。法规如有规定，应取得提供该服务的准照或许可。

---

① 涵盖《安排》补充协议八中已有开放措施。

② 同上。

③ 同上。

④ 根据本协议的有关规定实施，有关澳门保留的限制性措施和进一步开放措施经双方磋商后会列入本附件。

⑤ 在澳门登记的海外公司、办事处、联络处、"信箱公司"和特别成立用于为母公司提供某些服务的公司不属于本附件所指的澳门服务提供者。

2. 在澳门从事实质性商业经营。其判断标准为：

（1）业务性质和范围

拟在内地提供服务的澳门服务提供者在澳门提供服务的性质和范围，应符合本协议的规定，内地法律法规和行政规章对外商投资主体的业务性质和范围有限制性规定的从其规定。

（2）年限

澳门服务提供者应已在澳门登记并从事实质性商业经营 3 年以上（含 3 年），[①]其中：

提供建筑及相关工程服务的澳门服务提供者，应已在澳门登记并从事实质性商业经营 5 年以上（含 5 年）；提供房地产服务的澳门服务提供者在澳门从事实质性商业经营的年限不作限制；

提供银行及其他金融服务（不包括保险和证券）的澳门服务提供者，即澳门银行或财务公司，应根据澳门特别行政区《金融体系法律制度》获许可后，从事实质性商业经营 5 年以上（含 5 年）；或以分行形式经营 2 年并且以本地注册形式从事实质性商业经营 3 年以上（含 3 年）；

提供保险及其相关服务的澳门服务提供者，即澳门保险公司，应在澳门登记设立并从事实质性商业经营 5 年以上（含 5 年）；

提供航空运输地面服务的澳门服务提供者应已获得澳门从事航空运输地面服务业务的专门牌照，从事实质性商业经营 5 年以上（含 5 年），提供机场管理服务的澳门服务提供者如果是航空公司的关联企业，还应适用内地有关法规、规章；

提供第三方国际船舶代理服务的澳门服务提供者，应已在澳门登记设立并从事实质性商业经营 5 年以上（含 5 年）。

（3）所得补充税

澳门服务提供者在澳门从事实质性商业经营期间应依法缴纳所得补充税。

（4）业务场所

澳门服务提供者应在澳门拥有或租用业务场所从事实质性商业经营，其业务场所应与其业务范围和规模相符合。

提供海运服务的澳门服务提供者，所拥有的船舶总吨位应有 50% 以上（含 50%）在澳门注册。

---

① 自《安排》生效之日起，双方以外的服务提供者通过收购或兼并的方式取得澳门服务提供者 50% 以上股权满 1 年的，该被收购或兼并的服务提供者属于澳门服务提供者。

(5) 雇用员工

澳门服务提供者在澳门雇用的员工中在澳门居留不受限制的居民和按澳门有关法规获准在澳门定居的人士应占其员工总数的50%以上。

(二) 法律服务部门的澳门律师事务所，申请在内地提供附件1中的有关服务时应：

1. 根据澳门特别行政区有关法规登记设立为澳门律师事务所；
2. 有关律师事务所的独资经营者及所有合伙人应为澳门执业律师；
3. 有关律师事务所的主要业务范围应为在澳门提供本地法律服务；
4. 有关律师事务所、独资经营者或合伙人应依法缴纳所得补充税或职业税；
5. 有关律师事务所应在澳门从事实质性商业经营3年以上（含3年）；
6. 有关律师事务所应在澳门拥有或租用业务场所从事实质性商业经营。

四、除非本协议及其附件另有规定，以自然人形式提供服务的澳门服务提供者，应为中华人民共和国澳门特别行政区永久性居民。

五、内地服务提供者应符合本附件第二条的定义，其具体标准由双方磋商制定。

六、澳门服务提供者为取得本协议中的待遇，应提供：

(一) 在澳门服务提供者为法人的情况下，澳门服务提供者应提交经澳门有关机构（人士）核证的文件资料、声明，以及澳门特别行政区政府发出的证明书：

1. 文件资料（如适用）

(1) 澳门特别行政区商业及动产登记局发出的商业及动产登记证明副本；

(2) 澳门特别行政区财政局发出的营业税M/1格式申报书或职业税—第二组自由或专门职业—开业/更改资料申报表M1/M1A格式申报书副本；

(3) 澳门服务提供者过去3年（或5年）在澳门的公司年报或经审计的财务报表；

(4) 澳门服务提供者在澳门拥有或租用业务场所的证明文件正本或副本；①

(5) 澳门服务提供者过去3年（或5年）所得补充税申报表或职业税收益申报表及缴税证明的副本；在亏损的情况下，澳门服务提供者仍应提供有关所得补充税申报表或职业税收益申报表及所得补充税收益评定通知书M/5或职业税收益评定通知书M/16副本；

(6) 澳门服务提供者在澳门的雇员在社会保障基金供款凭单副本，以及有关文

---

① 申请在内地提供海运服务的澳门服务提供者，应另外提交文件或其副本（已核证）以证明其所拥有的船舶总吨位应有50%以上（含50%）在澳门注册。

件或其副本以证明该服务提供者符合本附件第三条第（一）2款第（5）项规定的百分比；

（7）其他证明澳门服务提供者在澳门从事实质性商业经营的有关文件或其副本，如澳门法例、附件1或本附件有关澳门业务性质和范围规定所需的牌照、许可或澳门有关部门、机构发出的确认信；

（8）从事物流、货代服务及仓储服务的澳门服务提供者应取得澳门特别行政区政府确认其具有提供综合运输服务资格的证明。

2. 声明

对于任何申请取得本协议中待遇的澳门服务提供者，其负责人应向澳门特别行政区政府作出声明。① 声明格式由内地和澳门特别行政区双方磋商确定。

3. 证明书

澳门服务提供者将本附件第六条第（一）款第1项、第2项规定的文件资料及声明提交澳门特别行政区经济局审核。经济局在认为必要的情况下，委托澳门特别行政区有关政府部门、机构或独立专业机构（人士）作出核实证明。② 经济局认为符合本附件规定的澳门服务提供者标准的，向其出具证明书。证明书内容及格式由内地和澳门特别行政区双方磋商确定。

（二）在澳门服务提供者为自然人的情况下，澳门服务提供者应提供澳门永久性居民的身份证明，其中属于中国公民的还应提供港澳居民来往内地通行证（回乡证）或澳门特别行政区护照。

（三）本附件第六条第（一）款、第（二）款规定的声明、自然人身份证明的复印件，以及经济局认为需要作出核实证明的文件资料，应经澳门特别行政区政府公证部门或内地认可的公证人核证，有关核证的资质与公证书使用的核验程序等由内地和澳门特别行政区双方磋商确定。

七、澳门服务提供者向内地审核机关申请取得本协议中的待遇，按以下程序进行：

（一）澳门服务提供者申请在内地提供附件1中的服务时，向内地审核机关提交本附件第六条规定的文件资料、声明和证明书；

（二）根据法律法规规定的审核权限，内地审核机关在审核澳门服务提供申请

---

① 任何人如作出虚假或不真实声明，将根据澳门法律承担法律责任。

② 在电信部门中，有关提供因特网数据中心业务、存储转发类业务、呼叫中心业务和信息服务业务的澳门服务提供者的业务性质和范围，经济局应委托澳门特别行政区政府电信主管部门作出核实证明。

时，一并对澳门服务提供者的资格进行核证；

（三）内地审核机关对澳门服务提供者的资格有异议时，应在规定时间内通知澳门服务提供者，并向商务部通报，由商务部通知澳门特别行政区经济局，并说明原因。澳门服务提供者可通过经济局向商务部提出书面理由，要求给予再次考虑。商务部应在规定时间内书面回复经济局。

八、已在内地提供服务的澳门服务提供者申请取得本协议中的待遇，应按照本附件第六条、第七条的规定申请。

附录 5

《内地与香港关于建立更紧密经贸关系的安排》投资协议[*]

序　言

为促进和保护内地[①]与香港特别行政区（以下简称"双方"）投资者在对方的投资，逐步减少或取消双方之间投资实质上所有歧视性措施，保护双方投资者权益，推动双方逐步实现投资自由化、便利化，进一步提高双方经贸交流与合作的水平，双方决定，在《内地与香港关于建立更紧密经贸关系的安排》（以下简称《安排》）框架下，签署内地与香港特别行政区（以下简称"香港"）投资协议如下。

第一章　初始条款

第一条　与《安排》的关系

一、本协议是《安排》的投资协议。

二、本协议第五条（国民待遇）、第六条（最惠待遇）、第七条（业绩要求）、第八条（高级管理人员、董事会成员与人员入境）不适用于《〈安排〉服务贸易协议》所涵盖的部门及任何形式投资的措施。

第二条　定义

在本协议内：

一、"投资"指所有由投资者直接或间接拥有或控制的、具有投资特征的各种资

---

[*] 资料来源：中华人民共和国商务部（http://www.mofcom.gov.cn/）。

[①] 内地系指中华人民共和国的全部关税领土。

产，投资特征包括：资本或其他资源的投入、收益或利润的预期和风险的承担。投资形式包括，但不限于：

（一）一家企业；

（二）企业的股份、股票和其他形式的参股；

（三）债券、信用债券、贷款和其他债务工具，包括由企业或一方发行的债务工具[①]；

（四）期货、期权及其他衍生工具；

（五）交钥匙、建筑、管理、生产、特许、收入分配及其他类似合同；

（六）知识产权；

（七）根据一方法律授予的执照、授权、许可及类似权益[②][③]；

（八）其他有形或无形资产、动产、不动产以及相关财产权利，如租赁、抵押、留置权及质押权；

为进一步明确，投资的资产形式上的任何变化并不影响其作为投资的性质。

二、"投资者"指寻求从事、正在从事或者已经从事一项涵盖投资的一方或其自然人或企业。

三、对于一方来说，"涵盖投资"指本协议生效时另一方投资者在前述一方境内直接或间接拥有或控制的已存在的投资，或在其后作出或取得的投资。

四、"自然人"，对内地而言，是指中华人民共和国公民；对香港而言，是指中华人民共和国香港特别行政区永久性居民。

五、"企业"指：

（一）根据一方法律组成或组织的实体，不论是否以营利为目的，不论私人拥有或政府拥有，也不论其责任是有限责任还是其他形式，例如公共机构、公司、基金会、代理、合作社、信托、社团、协会和类似实体，以及私人公司、企业、合伙、机构、合资企业和组织；

（二）任何此类实体的分支机构。

六、"措施"包括任何法律、法规、规定、程序、决定、要求、行政行为或

[①] 若干债务形式，如债券、信用债券及长期票据较可能具有投资特征；而其他债务形式，如由于货物或服务销售所得而即将到期的付款索偿，则具有投资特征的可能性较小。

[②] 个别种类的执照、授权、许可及类似工具（包括特许权，如具有此工具的性质）是否具有投资特征的资产，亦取决于例如持有人在一方法律下所享有权利的性质及范围等因素。在不构成具有投资特征资产的工具当中，包括并不产生受一方法律保障的任何权利的工具。为进一步明确，以上不影响与此类工具有关联的任何资产是否具有投资特征。

[③] "投资"此词并不包括司法或行政程序中的命令或判决。

实践。

七、"政府采购"指政府出于政府目的，以购买、租赁和无论是否享有购买选择权的租购，以及建设—运营—转让合同、公共工程特许合同等各种合同形式，取得商品或服务的使用权或获得商品或服务，或两者兼得的行为。其目的并非是商业销售或转售，或为商业销售或转售而在生产中使用、提供商品或服务。

八、"收益"是指由投资产生的款项，特别包括但不限于，利润、资本利得、分红、利息、特许权使用费、实物回报或其他收入。

九、"争端投资者"指依据第十九条（香港投资者与内地一方争端解决）、第二十条（内地投资者与香港一方争端解决）提出诉请的投资者。

十、"争端一方"指依据第十八条（本协议双方的争端解决）、第十九条（香港投资者与内地一方争端解决）、第二十条（内地投资者与香港一方争端解决）提出诉请所针对的一方。

十一、"争端方"指争端投资者或争端一方。

十二、《世界贸易组织协定》指于1994年4月15日在马拉喀什签署的《建立世界贸易组织马拉喀什协定》。

十三、《与贸易有关的知识产权协定》指《世界贸易组织协定》附件1所载的《与贸易有关的知识产权协定》，并经适用于双方的不时修改或修订，包括世界贸易组织总理事会授予该协定的任何条款的任何豁免。

十四、"税收协议"指防止双重征税的协议、协定、条约或安排，或其他与税收有关的双边或多边协议、协定、条约或安排。

十五、"竞争主管部门"指：

（一）对内地而言，国务院反垄断执法机构和反不正当竞争主管部门（执法机构），或其继任者；

（二）对香港而言，根据《竞争条例》（第619章）设立的竞争事务委员会，或其继任者。

十六、"受其竞争法律保护的信息"指：

（一）对内地而言，受《反垄断法》《价格法》和《反不正当竞争法》保护不得披露的信息，或其任何后续条款规定的信息；

（二）对香港而言，《竞争条例》（第619章）所保护的信息，或其任何后续条款规定的信息。

第三条　适用范围

一、本协议应适用于一方采取或维持的与另一方投资者和涵盖投资有关的措施。

二、本协议应适用于一方投资者在另一方于本协议生效前或生效后的投资，但不适用于本协议生效前已解决的本协议第十九条（香港投资者与内地一方争端解决）第一款及第二十条（内地投资者与香港一方争端解决）第一款所指的"投资争端"。

三、一方在本协议项下的义务应适用于任何由该方授权其行使监管职权、行政职权或其他政府职权的实体，例如，征收、授予许可证、审批商业交易或设定配额、征收税费或其他费用的权力。

第二章　实体性义务

第四条　最低标准待遇

一、一方应确保给予另一方投资者及其涵盖投资公正与公平待遇，并提供充分保护与安全。

二、本条第一款中：

（一）"公正与公平待遇"是指依照正当法律程序，一方不得在刑事、民事或行政裁定程序中拒绝司法，或实行明显的歧视性或专断性措施；

（二）"充分保护与安全"指一方应采取合理、必要的措施，为另一方投资者及其涵盖投资提供治安保护。

三、一项对本协议的其他条款的违反，不能认定为对本条的违反。

四、为进一步明确，一方采取或未采取某一行为且可能与投资者的期待不符，仅这一事实不构成对本条的违反，无论涵盖投资是否因此受到了损失或损害。

五、为进一步明确，一方没有发放或继续发放、维持一项补贴或赠款，或修改或减少一项补贴或赠款，仅这一事实不构成对本条的违反，无论涵盖投资是否因此受到了损失或损害。

第五条　国民待遇

一、一方给予另一方投资者在设立、取得、扩大、管理、经营、运营和销售或其他处置其境内投资方面的待遇，不得低于在类似情形下给予其本地投资者的待遇。

二、一方给予涵盖投资在设立、取得、扩大、管理、经营、运营和销售或其他处置其境内投资方面的待遇，不得低于在类似情形下给予其本地投资者投资的待遇。

第六条　最惠待遇

一、一方给予另一方投资者在设立、取得、扩大、管理、经营、运营和销售或其他处置其境内涵盖投资方面的待遇，不得低于在类似情形下给予其他方投资者的待遇。

二、一方给予涵盖投资在设立、取得、扩大、管理、经营、运营和销售或其他处置其境内投资方面的待遇，不得低于在类似情形下给予其他方投资者投资的待遇。

三、为进一步明确，本协议的规定不应解释为阻止一方对相邻国家或地区授予或给予优惠，以便利仅限于毗连边境地区的当地生产和消费的投资。

四、为进一步明确，本条第一款和第二款提及的"待遇"不包括其他投资协定、国际投资条约和其他贸易协定中的争端解决机制。

第七条　业绩要求

一、任何一方不得就其境内的涵盖投资在设立、取得、扩大、管理、经营、运营、销售或其他处置方面施加或强制执行以下要求，或者强制要求其承诺或保证：

（一）出口一定水平或比例的货物或服务；

（二）达到一定水平或比例的当地含量；

（三）购买、使用或优先选择其境内生产的货物，或者向其境内的人购买货物；

（四）以任何方式将进口产品的数量或价值与出口产品的数量或价值或与此投资有关的外汇流入金额相联系；

（五）通过以任何方式将该投资生产或提供的货物或服务与出口产品的数量或价值或外汇收入相联系，以限制该等货物或服务在其境内的销售；

（六）将特定的技术、生产流程或其他专有知识转移给其境内的人；

（七）仅从一方境内向一个特定区域市场或世界市场供应投资所生产的货物或提供的服务。

二、任何一方不得就其境内的涵盖投资在设立、取得、扩大、管理、经营、运营、销售或其他处置方面，要求以遵守下列要求作为获得或继续获得优惠的条件：

（一）达到一定水平或比例的当地含量；

（二）购买、使用或优先选择其境内生产的货物，或者向其境内的人购买货物；

（三）以任何方式将进口产品的数量或价值与出口产品的数量或价值或与此投资

有关的外汇流入金额相联系；

（四）通过以任何方式将该投资生产或提供的货物或服务与出口产品的数量或价值或外汇收入相联系，以限制该等货物或服务在其境内的销售。

三、（一）第一款不应被解释为阻止一方针对另一方的投资者在其境内的投资施加或强制执行以下要求，或者强制要求其承诺或保证：在该方境内确定生产地点、提供服务、培训或雇用员工、建设或扩大特定设施、开展研发，前提是该等措施与第一款第（六）项相符；

（二）第二款不应被解释为阻止一方将在其境内确定生产地点、提供服务、培训或雇用员工、建设或扩大特定设施、开展研发的要求，作为另一方的投资者在其境内的投资获得或者继续获得优惠的条件；

（三）第一款第（六）项不适用于以下情形或措施：

1. 一方根据《与贸易有关的知识产权协定》第三十一条授权使用一项知识产权的情形，或在《与贸易有关的知识产权协定》第三十九条的范围内且符合该条规定要求披露专有信息的措施；

2. 由司法机构或竞争主管机构施加或强制执行这种要求、承诺或保证，以救济在司法或者行政程序之中确定的一方竞争法项下的反竞争行为的情形。

（四）第一款第（一）、（二）、（三）项和第二款第（一）、（二）项不适用于关于出口促进和对外援助项目的货物或服务的资格要求。

（五）第一款第（二）、（三）、（六）和（七）项，以及第二款第（一）、（二）项不适用于政府采购。

（六）第二款第（一）项和第（二）项不适用于进口的一方施加的、与获得适用优惠关税或者优惠配额的产品资格所必须满足的货物成分相关的要求。

四、为进一步明确，第一款和第二款不适用于这些条款所列之外的其他承诺、保证或要求。

五、本条并不排除任何私人主体之间，而非由一方施加或要求的承诺、保证或要求的履行。

第八条 高级管理人员、董事会成员与人员入境

一、一方不得要求作为涵盖投资的该方企业任命具备某一特定国籍的人员担任高管职务。

二、一方可要求作为涵盖投资的该方企业的董事会或者其任何委员会的大部分

成员，具有特定的国籍或某一地方区域内特定居民身份，前提条件是该要求不得实质性损害投资者控制其投资的能力。

三、依据其关于入境和逗留的法律及政策，一方应当准许作为投资者涵盖投资的企业、其子公司或附属机构雇用的另一方自然人入境并作短暂停留，以担任管理、执行或专业职务。

第九条 不符措施

一、第五条（国民待遇）、第六条（最惠待遇）、第七条（业绩要求）、第八条（高级管理人员、董事会成员与人员入境）不适用于：

（一）1. 一方维持的任何现存的不符措施，由该一方在其附件2之第一部分（内地减让表）附表1或附件2之第二部分（香港减让表）的清单中列明；

2. 自本协议生效后，在销售或以其他方式处置某一现存政府拥有或出资的企业或某一现存政府机构中政府的股东权益或资产时维持或采取的措施，该措施禁止或限制对股东权益或资产的所有或控制，或者对高级管理人员或董事会人员施加国籍的要求。

（二）前述第（一）项中所指的不符措施的继续或即时延续；

（三）前述第（一）项中所指不符措施的修订，只要该修订与修订即刻前相比，不可更不符合第五条（国民待遇）、第六条（最惠待遇）、第七条（业绩要求）、第八条（高级管理人员、董事会成员与人员入境）的义务。

二、第五条（国民待遇）、第六条（最惠待遇）、第七条（业绩要求）、第八条（高级管理人员、董事会成员与人员入境）不适用于一方根据附件2之第一部分（内地减让表）附表2或附件2之第二部分（香港减让表）保留权利采取或维持的措施。

三、为进一步明确，对本协议涵盖的非服务业投资领域，就第五条（国民待遇）、第六条（最惠待遇）、第七条（业绩要求）、第八条（高级管理人员、董事会成员与人员入境）规定的义务，香港对内地投资者不增加任何限制性措施。双方通过磋商，拟订和实施香港对内地投资者及涵盖投资进一步开放的内容。有关具体承诺列入本协议附件2之第二部分（香港减让表）。

四、在不影响本协议其他条款及附件规定的前提下，为享受第五条（国民待遇）、第六条（最惠待遇）、第七条（业绩要求）、第八条（高级管理人员、董事会成员与人员入境）所规定的投资待遇，一方投资者须满足本协议附件1关于"投资者"定义的相关规定。

五、就知识产权而言，一方可按照符合双方均为成员方的或对双方均适用的与知识产权有关协定的方式，背离本协议第五条（国民待遇）、第六条（最惠待遇）、第七条（业绩要求）。

六、第五条（国民待遇）、第六条（最惠待遇）、第八条（高级管理人员、董事会成员与人员入境）不适用于：

（一）一方进行的政府采购；

（二）一方提供的补贴或赠款，包括政府支持贷款、担保与保险。

但一方法律就本款第（一）、（二）项另有规定的从其规定。

七、如各方对本协议附件2附表的范围有不同的理解，双方应通过依第十七条（投资工作小组）设立的投资工作小组作出解释。

第十条 特殊手续和信息要求

一、如果特殊手续要求不实质性损害一方根据本协议承担的对另一方投资者及涵盖投资的义务，则第五条（国民待遇）不应被解释为阻止一方采取或维持与投资者及涵盖投资相关的特殊手续的措施，例如，投资者须是一方居民的要求，或该涵盖投资须根据一方的法律合法组建的要求。

二、尽管有第五条（国民待遇）和第六条（最惠待遇）的规定，一方可仅为了信息或统计的目的，要求另一方的投资者或其涵盖投资提供与投资者或涵盖投资有关的信息。前述一方应保护商业机密信息防止因泄露而有损投资者或涵盖投资的竞争地位。本款不应被解释为阻碍一方获得或披露与公正和诚信适用法律有关的信息。

第十一条 征收

一、一方投资者的涵盖投资或投资收益均不得在另一方境内被征收，亦不得被采取具有相当于征收效果的措施（以下简称"征收"），基于公共目的、根据正当法律程序、以非歧视方式并给予补偿的情况除外。为进一步明确，本款应根据附件3来理解。

二、本条第一款所指的补偿应相当于采取征收前或征收为公众所知时（以较早者为准）被征收投资的实际价值[①]，并应包括直至补偿支付之时按通常商业利率计算的利息。补偿的支付应可以有效实现、自由转移，且不得迟延。根据实施征收一方

[①] 为进一步明确，实际价值应按被征收投资的市场价值为基础计算。

的法律，受影响的投资者应有权根据本款规定的原则，要求该方司法机构或其他独立机构迅速审查其案件及对其投资的估值。

三、本条不适用于有关知识产权强制许可的颁发，亦不适用于与知识产权相关的其他措施，只要该措施符合双方均为成员方的或对双方均适用的与知识产权有关的协定。

四、为进一步明确，一方没有发放或继续发放、维持一项补贴或赠款，或修改或减少一项补贴或赠款，仅这一事实不构成征收，无论涵盖投资是否因此受到了损失或损害。

第十二条 损失补偿

一、尽管有第九条（不符措施）第六款第（二）项的规定，一方投资者的涵盖投资，如果由于战争、紧急状态、叛乱、暴乱、自然灾难或其他类似事件而遭受损失，在恢复原状、赔偿、补偿或其他解决措施方面，另一方给予前述一方投资者的待遇，不得低于相似条件下给予其投资者或其他方投资者的待遇中最优者。

二、在不损害本条第一款的情况下，如果一方投资者在另一方境内，在本条第一款所述情况下遭受损失，是由于：

（一）该另一方征用该投资者的全部或部分涵盖投资；

（二）在并非必需的情形下，该另一方破坏该投资者的全部或部分涵盖投资，该另一方应当对此损失向投资者提供恢复原状或补偿，或在适当情况下同时提供恢复原状和补偿。补偿应当按照第十一条（征收）第二款规定的标准进行。

第十三条 代位

若一方或其代理机构依据其对投资者的涵盖投资授予的担保或保险合同向该投资者作了支付，则另一方应承认该投资者的任何权利或诉请均转移给前述一方或其代理机构。所代位的权利或诉请不得超过前述投资者原有权利或诉请。此权利可由一方行使，或由其授权的任何代理机构行使。

第十四条 转移[①]

一、一方应允许所有与涵盖投资有关的转移自由、无迟延地进出其境内。该等

[①] 第十四条（转移）不影响协议一方为了维护包括外汇、股票、债券和金融衍生品市场等在内的金融体系的稳定而对其资本账户进行管理的能力。

转移包括：

（一）资本的投入；

（二）利润、股息、资本所得、全部或部分出售或清算涵盖投资所得收入；

（三）利息、特许使用费、管理费以及技术援助和其他费用；

（四）根据合同所付的款项，包括贷款协议或雇佣合同；

（五）根据本协议第十一条（征收）、第十二条（损失补偿）所付的款项；

（六）本协议第三章（投资便利化及争端解决）所涉款项；

（七）在另一方境内从事与一项涵盖投资相关工作的一方自然人所获收入和报酬。

二、一方应允许与涵盖投资有关的转移以可自由使用的货币、按照转移时的市场汇率进行。

三、一方应允许与涵盖投资有关的实物回报以该方与涵盖投资或另一方的投资者之间达成的书面协议所授权或规定的方式进行。

四、尽管有第一至三款的规定，一方仍可通过公正、非歧视和善意地适用与下列事项有关的法律来阻止或延迟转移：

（一）破产、资不抵债或保护债权人权利；

（二）证券、期货、期权或衍生品的发行、买卖或交易；

（三）刑事犯罪；

（四）在为执法或金融监管部门提供必要协助时，对转移进行财务报告或备案；

（五）确保司法或行政程序中的判决或决定得到遵守。

五、在面临严重的国际收支平衡困难或威胁的情形下，一方可依据《国际货币基金组织协定》有关原则实施限制转移的措施。该限制措施的施行应当基于公正、非歧视的原则，仅能够暂时实施并应随该种情形的好转而逐步取消，且不得超过为应对该种情形所必要的程度。

六、第一至三款不应被解释为阻止协议一方采取或维持必要的措施以确保不违反本协议的法律得到遵守，包括防止欺诈的法律，前提是该类措施不以专断的或不合理的方式适用，并且不构成对国际贸易或投资的变相限制。

第三章 投资便利化及争端解决

第十五条 投资促进和便利化

一、一方应鼓励另一方的投资者在其境内投资。

二、为提高双方之间的投资便利化水平，一方承诺不时评估并逐步简化有关另一方的投资者在其境内投资的手续和要求。

三、双方同意相互提供投资便利，包括：

（一）一方对另一方投资者取得投资讯息、相关营运证照，以及人员进出和经营管理等提供便利；

（二）一方对另一方及其投资者举办说明会、研讨会及其他有利于投资的活动提供便利；

（三）一方将努力建立明确、统一的投资申请审查和批准的标准和程序，优化投资相关许可、资格要求和程序；

（四）一方将同意明确相关审批机构对投资申请进行审查和作出决定的合理时限，并及时将相关申请的审批结果告知申请者；

（五）一方应根据其法律要求，在投资申请不完备时，明确使申请完备所需的信息，并给予改正的机会；

（六）一方将鼓励、促进各自不同监管机构之间的合作协调，在可能情况下，建立"一站式"审批机构，依法明确各监管部门与审批相关的责任权限，及多机构共同审批情况下各机构的责任权限；

（七）一方应尽可能将投资者申请批准过程中承担的成本降到最低，收取的任何费用应与处理申请所需的行政成本相当；

（八）一方将尽可能使另一方投资者可以按照合理和非歧视的条件接入和使用公共基础设施。

第十六条 法律与政策的透明度

一、为促进理解与涵盖投资相关或影响涵盖投资的法律与政策，一方应：

（一）迅速公布这些法律与政策，并使其易于获得，包括通过电子方式；

（二）应要求，向另一方提供特定法律与政策的副本；

（三）应要求，与另一方磋商，以对特定法律与政策进行解释。

二、对于与投资准入条件相关的法律与政策，包括申请与注册程序、评估与审批标准、处理申请及作出决定的时间表，以及对决定的复议或申诉程序，一方应确保能够为另一方投资者所知悉。

三、鼓励一方：

（一）提前公布其计划采取的任何措施；

(二)向利害关系人及另一方提供对其计划采取的措施进行评论的合理机会。

第十七条 投资工作小组

一、双方同意在《安排》联合指导委员会机制下设立投资工作小组,由投资工作小组负责处理本协议相关事宜,由双方业务主管部门各自指定的联络人负责联络。

二、投资工作小组的职能包括:

(一)投资咨询:交换投资讯息、开展投资促进、推动投资便利化、提供与本协议相关事项的咨询;

(二)投资争端通报及协调处理:对于第十九条(香港投资者与内地一方争端解决)第一款或第二十条(内地投资者与香港一方争端解决)第一款所指的"投资争端",如双方认为有需要,一方应向其相关部门或机构通报及协调处理在其境内发生的"投资争端",或向另一方通报在前述一方境内的"投资争端";

(三)争端解决:协商解决双方之间关于本协议的解释、实施和适用的争端;

(四)协议解释:双方认为如有需要,可根据第九条(不符措施)第七款通过协商对本协议附件2附表作出解释;

(五)经双方同意的其他与本协议相关的工作。

三、投资工作小组的任何决定都应经双方一致同意做出,投资工作小组应将所做出的决定及时向《安排》联合指导委员会通报。

第十八条 本协议双方的争端解决

一、双方之间关于本协议的解释、实施和适用的任何争端,应由双方通过协商解决。

二、双方应按照本协议第十七条(投资工作小组)的工作机制进行协商解决。

第十九条 香港投资者与内地一方争端解决

一、香港投资者主张内地相关部门或机构违反本协议[①]所规定的义务,且该违反义务的行为与香港投资者或其涵盖投资相关,致该投资者或其涵盖投资受到损失或损害所产生的争端(以下简称"投资争端"),可依下列方式解决:

[①] 限于第四条(最低标准待遇)、第五条(国民待遇)、第六条(最惠待遇)、第七条(业绩要求)、第八条(高级管理人员、董事会成员与人员入境)第一款、第八条(高级管理人员、董事会成员与人员入境)第二款、第十一条(征收)、第十二条(损失补偿)、第十四条(转移)。

（一）争端双方友好协商解决；

（二）由内地的外商投资企业投诉受理机构依据内地一方有关规定协调解决；

（三）由本协议第十七条（投资工作小组）所设投资争端通报及协调处理职能推动解决；

（四）依据内地一方法律通过行政复议解决；

（五）因本协议①所产生的香港投资者与内地一方的投资争端，可由投资者提交内地一方调解机构通过调解方式解决；

（六）依据内地一方法律通过司法程序解决。

二、涉及本条第一款第（五）项的调解应遵守内地法律法规，充分发挥调解机制的作用和功能，使争议得以有效解决。内地方将就相关调解机制做出安排。

三、如香港投资者已选择依本条第一款第（四）项或第（六）项解决，除非符合内地一方相关规定，该香港投资者不得再就同一争端提交内地一方调解机构调解。

四、本协议生效前已进入司法程序的本条第一款所指的"投资争端"，除非当事双方同意并符合内地一方相关规定，不适用本条第一款第（五）项规定的调解程序。

五、如香港投资者已选择依本条第一款第（二）项至第（六）项中任一项解决，除非符合内地一方相关规定，该香港投资者不得再就同一争端提交内地外商投资企业投诉受理机构协调解决。

六、为进一步明确，在解决涉税争端时，在相关税收协议下的一方税收主管部门应负责判定税收协议是否管辖此类争端。涉税争端的解决方式限于《内地和香港特别行政区关于对所得避免双重征税和防止偷漏税的安排》第二十三条（协商程序）列明的方式。

第二十条　内地投资者与香港一方争端解决

一、内地投资者主张香港相关部门或机构违反本协议②所规定的义务，且该违反义务的行为与内地投资者或其涵盖投资相关，致该投资者或其涵盖投资受到损失或损害所产生的争端，可依下列方式解决：

（一）争端双方友好协商解决；

---

① 限于第四条（最低标准待遇）、第五条（国民待遇）、第六条（最惠待遇）、第七条（业绩要求）、第八条（高级管理人员、董事会成员与人员入境）第一款、第八条（高级管理人员、董事会成员与人员入境）第二款、第十一条（征收）、第十二条（损失补偿）、第十四条（转移）。

② 同上。

（二）由香港相关部门或机构所设立的投诉处理机制依据香港一方有关规定解决；

（三）由本协议第十七条（投资工作小组）所设投资争端通报及协调处理职能推动解决；

（四）因本协议①所产生的内地投资者与香港一方的投资争端，可由投资者提交香港一方调解机构通过调解方式解决；

（五）依据香港一方法律通过司法程序解决。

二、如内地投资者已选择依本条第一款第（五）项解决，除非符合香港一方相关规定，该内地投资者不得再就同一争端提交香港一方调解机构调解。

三、本协议生效前已进入司法程序的本条第一款所指的"投资争端"，除非当事双方同意并符合香港一方相关规定，不适用本条第一款第（四）项规定的调解程序。

四、为进一步明确，在解决涉税争端时，在相关税收协议下的一方税收主管部门应负责判定税收协议是否管辖此类争端。涉税争端的解决方式限于《内地和香港特别行政区关于对所得避免双重征税和防止偷漏税的安排》第二十三条（协商程序）列明的方式。

第四章　最终条款

第二十一条　拒绝授予利益

一、出现下列情形时，在包括按第三章（投资便利化及争端解决）启动任何程序后的任何时候，一方可拒绝将本协议的利益授予作为另一方企业的该另一方投资者及该投资者的涵盖投资：

（一）其他方的投资者拥有或控制该企业；

（二）拒绝授予利益的一方针对其他方采取或维持如下措施：

1. 阻止与该企业进行交易；

2. 若本协议的利益被授予该企业或其涵盖投资，将导致对该措施的违反或规避。

二、为进一步明确，一方可在包括按照第三章（投资便利化及争端解决）启动任何程序之后的任何时候，依据本条第一款拒绝授予本协议的利益。

---

① 限于第四条（最低标准待遇）、第五条（国民待遇）、第六条（最惠待遇）、第七条（业绩要求）、第八条（高级管理人员、董事会成员与人员入境）第一款、第八条（高级管理人员、董事会成员与人员入境）第二款、第十一条（征收）、第十二条（损失补偿）、第十四条（转移）。

第二十二条 例外

一、只要相关措施不以武断或不合理之方式适用,或不构成对贸易或投资之变相限制,本协议中任何规定均不应被解释为阻止一方采取或维持下述措施,包括环境措施:

(一)确保遵守与本协议条款无不一致的法律所必要的措施;

(二)保护人类、动物或植物生命或健康所必要的措施;

(三)与保护有生命或无生命的可耗尽自然资源相关的措施,如果此类措施与限制本地生产或消费的措施同时有效实施。

二、本协议中任何规定并不妨碍一方维持或采取与世界贸易组织规则相一致的例外措施。

三、(一)本协议中任何规定均不得被解释为要求一方提供或允许获得这样的信息,此类信息披露后将阻碍法律执行或有违该方保护政府机密、个人隐私或金融机构的金融事务和个人顾客账户信息保密性的法律。

(二)本协议中任何规定均不得被解释为,在本协议下任何争端解决过程中,要求一方提供或允许获得受其竞争法律保护的信息,或要求一方的竞争主管部门提供或允许获得任何其他秘密信息或保护不被披露的信息。

四、一方采取的符合依据《世界贸易组织协定》第九条第三款通过的决定的措施,应视为不违反本协议。投资者不得根据本协议提出该措施违反本协议的诉请。

五、本协议不应被解释为要求一方提供或允许获得一方认为有可能违背其根本安全利益的信息,或阻止一方采用该方认为是为保护其自身根本安全利益所必需的措施。

六、当因执行本协议对一方的产业或公共利益造成重大影响时,一方保留新设或维持与另一方投资者及涵盖投资有关的限制性措施的权利。

第二十三条 金融审慎

一、尽管本协议有其他规定,一方不应被阻止出于审慎原因而采取或维持与金融服务有关的措施。这些审慎原因[①]包括保护投资者、存款人、投保人或金融服务提供者对其负有信托义务的人或确保金融系统的完整与稳定。[②]

[①] "审慎原因"这一用语应理解为包括维持单个金融机构或金融体系的安全、稳固、稳健和财务责任,以及维护支付和清算系统的安全以及财务和运营的稳健性。

[②] 双方确认,如遇及判断某一具体措施是否属于第二十三条(金融审慎)第一款的范围的问题,应当由双方金融主管部门通过协商解决。

二、本协议的任何规定不适用于为执行货币或相关信贷政策或汇率政策而采取的普遍适用的非歧视性措施。①

三、"金融服务"应当与世界贸易组织《服务贸易总协定》的《关于金融服务的附件》第五款第（a）项中的金融服务具有相同的含义，并且该条款中"金融服务提供者"也包括《关于金融服务的附件》第五款第（c）项所定义的公共实体。

四、为进一步明确，本协议不应被解释为阻止一方在金融机构中适用或者执行为保证遵守与本协议无不一致的法律而采取的与另一方的投资者或者涵盖投资有关的必要措施，包括与防范虚假和欺诈做法或者应对金融服务合同违约影响有关的措施，但这些措施的实施方式不得在情形类似的国家（或地区）间构成任意的或者不合理的歧视，或者构成对金融机构的投资的变相限制。

第二十四条　税收

一、除本条规定外，本协议的其他任何规定不适用于税收措施。

二、本协议的任何规定不得影响一方在任何税收协议项下的权利与义务。如果本协议的规定与任何此类协议出现不一致，在不一致的范围内则应以该税收协议为准。

三、如披露某些信息将违反一方有关保护纳税人税收事务信息的法律规定，本协议的任何规定不得被理解为要求该方提供或允许获得此信息。

四、第十一条（征收）的相关规定应适用于税收措施。②

五、一方的措施是否为本条第一款所述税收措施的问题，仅可以由双方税收协议下的主管部门通过协商共同决定。双方税收协议下的主管部门的共同决定对依据本协议处理投资者诉请的任何程序具有约束力。

六、投资者不得根据本条第四款提出诉请，以下情况除外：

（一）投资者向双方税收协议下的主管部门提交了诉请通知的副本；

（二）在收到投资者的诉请通知 6 个月之后，双方税收协议下的主管部门未能就争议措施并非征收达成共同决定。

---

① 为进一步明确，为执行货币或相关信贷政策或汇率政策而采取的普遍适用的措施，不包括明确将规定了计价货币或货币汇率的合同条款宣布为无效或修改该种条款的措施。

② 为进一步明确，确保公平有效地课征或收取税赋而采取或执行的非歧视性税收保全和对于违法行为的处罚措施，不构成第十一条（征收）规定的征收。

第二十五条 环境措施[①]

双方均承认,通过放松环境措施来鼓励另一方投资者进行投资是不适当的。为此,一方不应豁免、违背或以其他方式减损此类环境措施去鼓励另一方投资者在前述一方境内设立、取得、扩大或保留投资。

第二十六条 不可贬损

一、本协议并不妨碍一方投资者利用另一方适用于该投资者及其涵盖投资并较本协议条款更有利的任何法律,或利用双方之间适用于该投资者及其涵盖投资并较本协议条款更有利的任何其他义务。

二、一方应遵守其对另一方投资者的涵盖投资已同意的任何其他义务。

第二十七条 附件及脚注

本协议附件及脚注构成本协议不可分割的组成部分。

第二十八条 增补和修正

根据需要,双方可以书面形式对本协议及附件的内容进行增补和修正。任何增补和修正在双方授权的代表签署后正式生效。

第二十九条 生效和实施

本协议自双方代表正式签署之日起生效,自 2018 年 1 月 1 日起实施。

本协议以中文书就,一式两份。

本协议于 2017 年 6 月 28 日在香港签署。

中华人民共和国　　　　中华人民共和国
　商务部副部长　　　　　香港特别行政区财政司司长

[①] 为本条款之目的,环境措施限于环境法律、法规、程序、要求或惯例。

附件1 关于"投资者"定义的相关规定[①]

一、香港企业以商业存在形式在内地进行投资的,在满足以下条件的情况下,可以构成本协议第二条(定义)第二款所规定的"投资者":

(一)根据香港特别行政区《公司条例》或其他有关条例注册或登记设立(在香港登记的海外公司、办事处、联络处、"信箱公司"和特别成立用于为母公司提供某些服务的公司不属于本附件所指的香港投资者),并取得有效商业登记证;

(二)在香港从事实质性商业经营。其判断标准为:

1. 年限

香港投资者应已在香港注册或登记设立并从事实质性商业经营3年以上(含3年)(自本协议生效之日起,双方以外的投资者通过收购或兼并的方式取得香港投资者50%以上股权满1年的,该被收购或兼并的投资者属于香港投资者);

2. 利得税

香港投资者在香港从事实质性商业经营期间依法缴纳利得税;

3. 业务场所

香港投资者应在香港拥有或租用业务场所从事实质性商业经营,其业务场所应与其在香港业务范围和规模相符合;

4. 雇用员工

香港投资者在香港雇用的员工中在香港居留不受限制的居民和持单程证来香港定居的内地人士应占其员工总数的50%以上。

为进一步明确,香港企业以非商业存在形式在内地进行投资的,无须满足本条第(一)项、第(二)项规定的条件。

二、除非本协议及其附件另有规定,香港自然人在内地进行投资的,仅中华人民共和国香港特别行政区永久性居民可构成本协议第二条(定义)第二款所规定的"投资者"。

三、为成为本协议第二条(定义)第二款项下的适格"投资者",香港投资者按本协议申请以商业存在形式在内地进行投资时应满足以下规定:

(一)企业形式的香港投资者应提交香港特别行政区政府工业贸易署(以下简称

[①] 为进一步明确,在不影响本协议其他条款及附件规定的前提下,为享受第五条(国民待遇)、第六条(最惠待遇)、第七条(业绩要求)、第八条(高级管理人员、董事会成员与人员入境)所规定的投资待遇,一方投资者须满足本协议附件1关于"投资者"定义的相关规定。

工业贸易署）发出的证明书。在申请证明书时，香港投资者须申报其在香港从事的业务性质和范围及其拟在内地投资的性质和范围，并将以下文件资料和法定声明提交工业贸易署审核：

1. 文件资料（如适用）

1）香港特别行政区公司注册处签发的公司注册证明书副本；

2）香港特别行政区商业登记证及登记册内资料摘录的副本；

3）香港投资者过去3年在香港的公司年报或经审计的财务报表；

4）香港投资者在香港拥有或租用业务场所的证明文件正本或副本；

5）香港投资者过去3年利得税报税表和评税及缴纳税款通知书的副本；在亏损的情况下，香港投资者须提供香港特别行政区政府有关部门关于其亏损情况的证明文件；

6）香港投资者在香港的雇员薪酬及退休金报税表副本，以及有关文件或其副本以证明该投资者符合本附件第一条第（二）款第4项规定的百分比；

7）其他证明香港投资者在香港从事实质性商业经营的有关文件或其副本，如香港法例或本附件有关香港业务性质和范围规定所需的牌照、许可或香港有关部门、机构发出的确认信。

2. 法定声明

对于任何申请取得本协议中待遇的香港投资者，其负责人应根据香港特别行政区《宣誓及声明条例》的程序及要求作出法定声明［任何人如按《宣誓及声明条例》故意作出虚假或不真实声明，将根据香港法律负刑事法律责任。］。声明格式由内地与香港特别行政区有关部门磋商确定。

3. 证明书申请表格

工业贸易署在认为必要的情况下，委托香港特别行政区有关政府部门、法定机构或独立专业机构（人士）作出核实证明。工业贸易署认为符合本附件规定的香港投资者标准的，向其发出证明书。证明书内容及格式由内地与香港特别行政区有关部门磋商确定。内地与香港特别行政区有关部门可磋商容许豁免证明书的情况，并予以公布。

（二）自然人形式的香港投资者应提供香港永久性居民的身份证明，其中属于中国公民的还应提供港澳居民来往内地通行证（回乡证）或香港特别行政区护照。

四、为成为本协议第二条（定义）第二款项下的适格"投资者"，香港投资者按本协议向内地审核机关申请以商业存在形式投资时，应按以下程序进行：

（一）香港投资者申请在内地从事附件2适用范围内的涵盖投资时，向内地审核机关提交本附件第三条规定的证明书；

（二）根据法律规定的审核权限，如内地审核机关在审核香港投资申请时认为有必要，可一并对香港投资者的资格进行核证。内地审核机关应在规定的时间内要求香港投资者提交本附件第三条规定的文件资料、法定声明，并应向商务部提交对香港投资者资格进行核证的书面理由；

（三）内地审核机关对香港投资者的资格有异议时，应在规定时间内通知香港投资者，并向商务部通报，由商务部通知工业贸易署，并说明原因。香港投资者可通过工业贸易署向商务部提出书面理由，要求给予再次考虑。商务部应在规定时间内书面回复工业贸易署。

五、内地投资者在香港投资的，须符合本协议第二条（定义）第二款的规定。

六、本附件中，"商业存在"指一方任何类型的商业或专业机构在另一方境内：

（一）设立、取得或经营一企业；

（二）设立或经营一分支机构或代表处。

附件 2

目录

第一部分　内地减让表

附表1（不可回退条款负面清单）

注释

附表1 条目1—专属经济区与大陆架开发

附表1 条目2—石油和天然气开采

附表1 条目3—矿产开采和冶炼

附表1 条目4—交通运输工具制造

附表1 条目5—政府授权专营

附表1 条目6—原子能

附表1 条目7—所有部门

附表1 条目8—所有部门

附表1 条目9—所有部门

附表2（可回退条款负面清单）

注释

附表2 条目1—原子能

附表 2 条目 2——传统工艺美术和中药

附表 2 条目 3——土地

附表 2 条目 4——所有部门

附表 2 条目 5——所有部门

附表 2 条目 6——所有部门

附表 2 条目 7——少数民族

第二部分 香港减让表

第一部分　内地减让表[①]

附表 1（不可回退条款负面清单）

注释

1. 根据第九条（不符措施），本附件内地一方的减让表规定了其不受如下全部或部分条款所规定的义务限制的现行措施：

1）第五条（国民待遇）；

2）第六条（最惠待遇）；

3）第七条（业绩要求）；

4）第八条（高级管理人员、董事会成员与人员入境）。

2. 每个减让条目规定了如下方面：

1）部门是指经双方商定的该条目所对应的部门；

2）所涉义务明确了前述第 1 段中提到的条款。根据第九条（不符措施）第一款第（一）项，此处提到的条款不适用于第 3 段所述的描述的不符之处；

3）描述列出了该条目的不符措施内容。

3. 根据第九条（不符措施）第一款第（一）项，并受限于第九条（不符措施）第一款第（三）项，一个条目中的所涉义务部分所列出的本协议的条款，不适用于该条目的描述部分的不符之处。

4. 在解释减让表条目时，应考虑该条目的所有部分，并应考虑制定该条目所对应的条款。除非在某一条目中另有明确标注，在解释一个条目时，描述部分优先于其他所有部分。

5. 在附表 1 和附表 2 的内容存在重叠的情况下，尽管一方基于第九条第一款和

[①] 为进一步明确，本部分减让表不适用于《〈安排〉服务贸易协议》所涵盖的部门及任何形式投资的措施。

本附件承担义务,该一方仍有权基于第九条第二款和附表2采取或维持有关措施。

6. 为本附件内地一方的减让表之目的:

1)香港投资者应符合本协议附件1的相关规定。

2)香港投资者不得投资是指香港投资者不得通过直接或间接的方式在内地进行投资,包括香港投资者不得直接或间接持有任何数量的股权、股份或其他形式的投资权益。

3)内地方控股是指,境外投资者(包括香港投资者)直接或间接的投资比例之和不超过49%的情形。

4)内地方相对控股是指内地方投资者在外商投资企业中的投资比例之和大于任何一方境外投资者的投资比例。

5)限于合资是指,仅允许双方投资者合资经营。

6)投资比例是指投资者及其关联方对单个企业直接或间接投资的累计投资或股权比例。

7)香港金融机构是指在香港注册并经所在地金融监管当局批准或者许可设立且实施监管的机构。

附表1 条目1—专属经济区与大陆架开发

部门	专属经济区与大陆架开发
所涉义务	国民待遇(第五条)
描述	香港的任何组织或者个人(含国际组织)对《专属经济区和大陆架法》规定的专属经济区和大陆架的自然资源进行开发活动或在大陆架上为任何目的进行钻探,须经中央政府或内地有关部门批准

附表1 条目2—石油和天然气开采

部门	石油和天然气开采
所涉义务	国民待遇(第五条)
描述	香港投资者只能通过与中央政府或内地有关部门批准的具有对外合作专营权的油气公司①签署产品分成合同方式进行石油、天然气、煤层气的开采。 就陆上石油、天然气、煤层气,在专营权向内地投资者全面开放时,允许香港投资者以合资、合作的方式从事陆上石油、天然气、煤层气的开发。 为进一步明确,香港投资者投资油页岩、油砂、页岩气等非常规资源的开发不受本条目所列措施的限制

---

① 为本条目之目的,"中央政府或内地有关部门批准的具有对外合作专营权的油气公司"是指中央政府或内地有关部门批准的分别负责对外合作开采陆上石油资源(石油天然气业务)、海洋石油资源(石油天然气业务)以及煤层气业务的公司。目前负责对外合作开采陆上石油业务的公司包括:中国石油天然气集团公司、中国石油化工集团公司;负责对外合作开采海洋石油业务的公司为中国海洋石油总公司;开采煤层气的公司包括中联煤层气有限责任公司、国务院指定的其他公司。上述公司在国务院批准的区域(海域)内享有与境外企业合作进行石油、天然气、煤层气勘探、开发、生产的专营权。

附表1	条目3—矿产开采和冶炼
部门	矿产开采和冶炼
所涉义务	国民待遇（第五条）
描述	1. 香港投资者不得投资稀土开采；投资稀土冶炼分离限于合资。 2. 香港投资者不得投资钨、钼、锡、锑、萤石开采。 3. 香港投资者投资石墨开采限于合资

附表1	条目4—交通运输工具制造
部门	交通运输工具制造
所涉义务	国民待遇（第五条） 业绩要求（第七条）
描述	1. 香港投资者投资汽车整车（乘用车和商用车）、专用车制造，内地方股比不低于50%。 2. 同一家香港投资者可在内地建立两家（含两家）以下生产同类（乘用车类、商用车类）整车产品的合资企业，如与内地方合资伙伴联合兼并内地其他汽车生产企业可不受两家的限制。 3. 香港投资者投资地面、水面效应飞机制造及无人机、浮空器制造，须由内地方控股

附表1	条目5—政府授权专营
部门	政府授权专营
所涉义务	国民待遇（第五条）
描述	香港投资者不得投资烟叶、卷烟、复烤烟叶、雪茄烟、烟丝及其他烟草制品①的生产

附表1	条目6—原子能
部门	原子能
所涉义务	国民待遇（第五条）
描述	香港投资者不得投资放射性矿产资源的开采、冶炼、纯化、转化、同位素分离，核燃料生产加工

附表1	条目7—所有部门
部门	所有部门
所涉义务	国民待遇（第五条）
描述	对本协议附件2之附表1、附表2中不符措施涉及的领域，内地有关部门将对香港投资者投资准入进行管理

---

① 为本条目之目的，烟草制品指全部或者部分由烟叶作为原材料生产的供抽吸、吸吮、咀嚼或者鼻吸的制品。

附表1	条目8—所有部门
部门	所有部门
所涉义务	国民待遇（第五条）
描述	1. 香港投资者在内地进行投资，应按规定办理外汇登记，并遵守有关账户开立、资金汇兑、收付及跨境证券投资额度等外汇管理规定。香港投资者使用人民币在内地进行投资的，应遵守跨境人民币业务管理有关规定。 2. 除以下段落另有规定外，香港投资者不得在内地的交易市场、公开市场或场外交易市场自行交易或通过他人交易①，或者通过其他方式在内地投资 1）货币市场工具（包括支票、汇票、存单） 2）外汇； 3）衍生产品，包括但不限于期货和期权； 4）汇率和利率工具，包括掉期和远期利率协议等产品； 5）可转让证券（B股除外）； 6）其他可转让票据和金融资产。 3. 尽管有本条第2款的规定，香港投资者在符合中央政府或内地有关部门规定的条件的情况下可开立相关证券账户和相关期货账户，包括但不限于： 1）合格境外机构投资者（包括QFⅡ和RQFⅡ）②； 2）在内地工作和生活的香港永久性居民； 3）参照内地外国投资者对上市公司战略投资制度进行投资的香港投资者； 4）作为内地上市公司股权激励对象的香港自然人； 5）从事内地特定品种期货交易的香港投资者； 6）参与沪港通、深港通的香港投资者的名义持有人（即香港中央结算有限公司）； 7）参与债券通的香港投资者的名义持有人（即香港金融管理局认可的香港地区债券登记托管结算机构）。 4. 尽管有本条第2款的规定，香港投资者在符合中央政府或内地有关部门规定的条件的情况下可投资银行间债券市场： 1）香港货币当局、国际金融组织、主权财富基金可在银行间市场投资债券现券、债券回购、债券借贷、债券远期，以及利率互换、远期利率协议等其他经中国人民银行许可的交易。 2）符合条件的香港商业银行、保险公司、证券公司、基金管理公司及其他资产管理机构等各类金融机构及其发行的产品，以及养老基金、慈善基金、捐赠基金等中长期机构投资者可在银行间债券市场开展债券现券等经中国人民银行许可的交易。 3）合格境外机构投资者（包括QFⅡ和RQFⅡ）可在银行间债券市场开展债券现券等经中国人民银行许可的交易。 4）已进入银行间债券市场的香港人民币业务清算行、香港参加行可开展债券回购交易。 5. 尽管有本条第2款的规定，香港投资者在符合中央政府或内地有关部门规定的条件下可参与内地银行间外汇市场从事外汇交易：香港货币当局、官方储备管理机构、国际金融组织、主权财富基金、人民币业务清算行、符合一定条件的人民币购售业务香港参加行

附表1	条目9—所有部门
部门	所有部门
所涉义务	国民待遇（第五条）
描述	1. 香港投资者不得以个人独资企业的形式在内地开展经营活动，也不得成为农民专业合作社成员。 2. 对于本协议附件2之附表1、附表2中含有"香港投资者不得投资""内地方控股""内地方相对控股"和有外资比例要求的行业、领域或业务，香港投资者不得设立外商投资合伙企业

---

① 为进一步明确，香港投资者不得成为证券交易所的普通会员和期货交易所的会员。

② 为本条目之目的，合格境外机构投资者（包括QFⅡ和RQFⅡ）从事证券、期货等交易时受到如下限制：须获得中国证监会的资格审批和国家外汇管理局的额度，须遵守相关资格审批、额度、持股股比、投资范围、资金汇兑、锁定期和资产比例限制等要求。

附表2（可回退条款"负面清单"）

注释

1. 根据第九条（不符措施），本附件内地一方的减让表列明了，针对具体部门、分部门或行为，内地可能维持已有的，或采取更新的或更具限制性的，与下列条款施加的义务不符的措施：

1）第五条（国民待遇）；

2）第六条（最惠待遇）；

3）第七条（业绩要求）；

4）第八条（高级管理人员、董事会成员与人员入境）。

2. 每个减让条目规定了如下方面：

1）部门是指由双方商定的该条目所对应的部门；

2）所涉义务明确了前述第1段中提到的条款。根据第九条（不符措施）第二款，此处提到的条款对于相关条目中列出的部门、分部门或行为的不符之处不适用；以及

3）描述列出了该条目的部门、分部门或行为的范围。

3. 根据第九条（不符措施）第二款，一个条目中的所涉义务部分所列出的本协议的条款，不适用于该条目描述部分列出的部门、分部门或行为。

4. 为本附件内地一方的减让表之目的，香港投资者应符合本协议附件1的相关规定。

附表2　　　　　　　　　　　　**条目1—原子能**

部门	原子能[①]
所涉义务	国民待遇（第五条） 业绩要求（第七条） 高级管理人员、董事会成员与人员入境（第八条）
描述	内地保留在乏燃料后处理，核设施退役及放射性废物处置，核进口业务方面采取措施的权利

附表2　　　　　　　　　　　**条目2—传统工艺美术和中药**

部门	传统工艺美术和中药
所涉义务	国民待遇（第五条） 业绩要求（第七条） 高级管理人员、董事会成员与人员入境（第八条）

---

① 为进一步明确，本条目不适用于香港投资者投资核电站的建设和经营以及同位素、辐射和激光技术。

描述	内地保留采取或维持任何关于宣纸及墨锭生产等传统工艺美术①的措施的权利；内地保留采取或维持任何关于中药饮片的蒸、炒、炙、煅等炮制技术的应用及中成药保密处方产品的生产的措施的权利

附表2　　　　　　　　　　　　条目3—土地

部门	土地
所涉义务	国民待遇（第五条） 业绩要求（第七条） 高级管理人员、董事会成员与人员入境（第八条）
描述	内地保留采取或维持任何关于限制香港投资者及其投资使用或承包经营农用地②的措施的权利

附表2　　　　　　　　　　　　条目4—所有部门

部门	所有部门
所涉义务	国民待遇（第五条）
描述	1. 内地保留基于外债管理制度对境内企业和个人举借外债采取措施的权利。 2. 尽管有本条第1款的规定，香港投资者可在内地全口径跨境融资宏观审慎管理政策框架下，向内地境内企业提供人民币和外币的融资

附表2　　　　　　　　　　　　条目5—所有部门

部门	所有部门
所涉义务	国民待遇（第五条）
描述	内地保留采取或维持任何关于内地投资者及其投资获得政策性金融、开发性金融服务③措施的权利

附表2　　　　　　　　　　　　条目6—所有部门

部门	所有部门
所涉义务	国民待遇（第五条） 业绩要求（第七条） 高级管理人员、董事会成员与人员入境（第八条）
描述	内地保留采取或维持任何关于政府直接或间接对企业出资所形成的各类权益的评估、转移和处置措施的权利。 为进一步明确，经交易后不再属于政府直接或间接对企业出资所形成的各类权益的资产评估、转移或处置，不适用本条目

---

① 为本条目之目的，传统工艺美术是指历史悠久，技艺精湛，世代相传，有完整的工艺流程，采用天然原材料制作，具有鲜明的民族风格和地方特色，在境内外享有盛誉的手工艺品种和技艺。

② 为本条目之目的，农用地是指直接用于农业生产的土地，包括耕地、林地、草地、农田水利用地、养殖水面等。

③ 为本条目之目的，于本协议生效时，政策性金融服务指由中国进出口银行、中国农业发展银行和中国出口信用保险公司提供的相关金融服务；开发性金融服务指由国家开发银行提供的相关金融服务。

附表2	条目7—少数民族
部门	少数民族①
所涉义务	国民待遇（第五条） 业绩要求（第七条） 高级管理人员、董事会成员与人员入境（第八条）
描述	内地保留采取或维持给予少数民族聚居区任何权利或优惠措施的权利，以平衡经济发展和维护社会公平

第二部分 香港减让表②③

附件3

征收

双方确认如下共同理解：

一、第十一条（征收）第一款描述了两种情形。第一种情形是直接征收，即投资被直接通过所有权的正式转移或完全没收而被直接征收。第二种情形是间接征收，即一方的一项行为或一系列行为虽然不构成所有权正式转移或完全没收，但具有与直接征收同等效果。

二、关于一方的一项行为或一系列行为在具体情况下是否构成间接征收的判定，需要在事实的基础上针对个案进行调查，需要考虑的因素包括但不限于：

（一）一方行为的经济影响，即使一方的一项行为或一系列行为对投资的经济价值有负面影响，这种影响本身并不能证明已经发生间接征收；

（二）该行为或该系列行为在何种程度上干预了作出投资的明显、合理期待；

（三）该行为或该系列行为的性质及目标。

三、除了在极少数的情况下，一方为保护正当社会公共福利目标，如公共道德、公共健康、安全和环境而设计并适用的非歧视性监管行为不构成间接征收。

---

① 为本条目之目的，少数民族是指经中央政府确认的56个民族中除汉族以外的，相对汉族人口较少的55个民族。

② 根据本协议的有关规定实施，有关香港保留的不符措施经双方磋商后会列入本附表。

③ 为进一步明确，本部分减让表不适用于《〈安排〉服务贸易协议》所涵盖的部门及任何形式投资的措施。

附录 6

《内地与香港关于建立更紧密经贸关系的安排》经济技术合作协议[*]

序 言

为促进内地[①]与香港特别行政区（以下简称"双方"）贸易投资便利化，全面提升双方经济技术交流与合作的水平，双方决定，就加强内地与香港特别行政区（以下简称"香港"）的经济和技术合作签署本协议。

第一章 与《安排》[②] 的关系

第一条 与《安排》的关系

一、双方决定在《安排》及其所有补充协议的基础上签署本协议。本协议是《安排》的经济技术合作协议。

二、《安排》第四章第十三条、第十四条、第十五条、第五章第十六条、第十七条及附件六的有关内容按照本协议执行。本协议条款与《安排》及其所有补充协议条款产生抵触时，以本协议条款为准。

三、双方重申《安排》中已有的合作，以及同意探索新的合作领域。

第二章 合作目标及机制

第二条 合作目标

一、双方同意，以互利共赢为原则，为进一步便利及促进双方之间的贸易投资，

---

[*] 资料来源：中华人民共和国商务部（http://www.mofcom.gov.cn/）。
① 内地系指中华人民共和国的全部关税领土。
② 《安排》系《内地与香港关于建立更紧密经贸关系的安排》的简称。

提升双方经贸合作水平，按照各自法律法规、政策目标和资源分配，加强经济技术合作。

二、鼓励香港参与"一带一路"建设，支持两地加强次区域经贸合作，进一步深化内地与香港在重点领域的合作，推动贸易投资便利化，促进两地共同发展。

第三条　合作机制

一、根据《安排》第六章第十九条，在联合指导委员会的指导和协调下，双方通过已有工作机制或成立新的工作组，建立沟通渠道和协商协调机制，相互通报重要政策信息，支持双方工商界之间的交流，共同推动相关领域合作与发展。

二、应一方的要求，双方可通过协商、增补及修订根据第二条进行合作的领域和具体合作内容。

第三章　深化"一带一路"建设经贸领域的合作

第四条　深化"一带一路"建设经贸领域的合作

双方同意采取以下措施，深化"一带一路"建设经贸领域的合作：

一、建立工作联系机制，加强两地关于"一带一路"建设信息的交流与沟通。

二、鼓励双方政府部门、行业组织和投资促进机构等建立多层次的信息沟通渠道，实现信息共享。

三、搭建交流平台，支持两地的半官方机构、非官方机构和业界在推动共建"一带一路"中发挥作用。

四、发挥香港在金融、专业服务、物流、贸易等方面的优势，支持香港业界参与各类园区的建设。

五、支持两地业界加强合作，联合参与"一带一路"重大项目建设，共同开拓"一带一路"沿线市场。支持香港为"一带一路"建设提供专业服务，包括以市场化的方式为内地企业拓展海外市场和投资项目提供专业的法律、争议解决、会计、税务等服务。支持两地在大型基建项目建设运营一体化方面的合作。

六、加强与"一带一路"建设相关的宣传活动。支持香港举办高层次"一带一路"主题论坛。鼓励香港投资促进机构、行业协会、业界组织开展与"一带一路"相关的研讨、培训等活动。

第四章 重点领域合作

第五条 金融合作

双方同意采取以下措施，进一步加强在银行、证券和保险领域的合作：

一、支持内地银行在审慎经营的前提下，利用香港的国际金融平台发展国际业务。

二、支持内地大型商业银行、股份制银行在商业可持续和风险可控的基础上，结合自身特点和发展实际，坚持自愿原则，审慎将其国际资金外汇交易中心移至香港。

三、支持内地银行在商业可持续和风险可控的基础上，结合自身特点和发展实际，坚持自愿原则，审慎开展在香港地区以收购方式发展网络和业务以及赴香港开设分支机构经营业务等活动。

四、为香港银行在内地中西部、东北地区和广东省开设分行设立绿色通道。

五、鼓励符合条件的香港银行到内地农村设立村镇银行。

六、促进跨境人民币资金双向流通机制及两地更紧密的金融合作，包括积极推动跨境投资业务的发展，扩大香港市场的人民币合格境外投资者（RQFⅡ）投资额度，推动人民币跨境支付系统（CIPS）作为跨境人民币资金结算主渠道，以进一步完善内地与香港跨境人民币结算基建。

七、内地将进一步完善境外上市的相关规定，支持符合香港上市条件的内地企业赴香港上市，为内地企业特别是中小企业到境外市场直接上市融资创造便利条件。

八、研究进一步放宽香港金融机构在内地设立合资证券公司、基金公司、期货公司和证券投资咨询公司的持股比例限制，降低准入门槛；视情况逐步增加香港金融机构在内地设立港资控股两地合资证券公司的家数。

九、研究在风险可控的前提下进一步有序扩大两地互联互通标的，设定建立互联互通下的投资者身份识别机制的时间表，相关条件具备后推出实施将交易型开放式基金（ETF）纳入标的范围的方案。积极支持推动包括债券市场在内的两地金融基础设施互联合作。

十、总结评估内地与香港基金互认进展情况，针对互认过程中出现的新情况、新问题，不断调整和优化互认规则和监管政策。

十一、支持符合条件的内地期货公司在香港设立的子公司在港依法开展业务。

十二、积极研究深化内地与香港商品期货市场合作的途径和方式，推动两地建立优势互补、分工合作、共同发展的期货市场体系。

十三、继续鼓励内地企业在香港发行人民币和外币债券，推动实现内地企业在香港发行人民币计价股票，利用香港平台筹集资金，并推动实现 H 股全流通。

十四、积极推动两地债券市场互联互通，包括积极推动两地交易所债券市场互联互通。支持香港发展针对内地金融市场的离岸风险管理业务，并研究两地债券、场外金融衍生品及大宗商品衍生品市场的互通模式。推动人民币跨境支付系统（CIPS）作为跨境人民币资金结算主渠道，以进一步完善内地与香港跨境人民币结算基建。

十五、内地本着尊重市场规律、提高监管效率的原则，支持符合条件的内地保险企业到香港上市。

十六、支持香港的保险公司设立营业机构或通过参股的方式进入市场，参与和分享内地保险市场的发展。加强双方在保险产品研发、业务经营和运作管理等方面的合作。

十七、积极支持符合资格的香港保险业者参与经营内地交通事故责任强制保险业务。内地将根据有关规定积极考虑，对香港保险业者提出的申请提供便利。

十八、内地在金融改革、重组和发展中支持充分利用和发挥香港金融中介机构的作用。

十九、双方加强金融监管部门的合作和信息共享。

第六条　旅游合作

双方同意采取以下措施，进一步加强在旅游领域的合作：

一、支持内地与香港旅游企业拓宽合作范畴，加强产业互动。推进内地与香港邮轮旅游合作发展，支持区域邮轮母港之间的互惠及协调合作，加强邮轮旅游线路开发、宣传推广和人才培训等合作。推进香港多元旅游平台建设。

二、利用海外旅游展览展会等平台开展联合宣传推广，进一步加强双方驻外旅游办事机构的合作。开展内地与香港旅游交流合作活动。

三、建立健全内地与香港旅游市场监管协调机制，推进市场监管信息交流、加强旅游执法协作，共同打击以不合理低价组织的团队游和其他违法违规行为。规范旅游企业经营行为，维护游客合法权益，共同推动内地与香港旅游市场健康有序发展。

四、深化粤港澳区域旅游合作，支持粤港澳大湾区世界级旅游目的地建设。发挥粤港澳对接广西、福建等内地沿海省份的重要节点作用，丰富"一程多站"旅游精品线路，联合开发海上丝绸之路旅游产品。

第七条 法律和争议解决合作

双方同意采取以下措施，进一步加强在法律和争议解决领域的合作：

一、支持两地法律和争议解决专业机构搭建合作交流平台，加强业务交流和协作。

二、支持香港建设亚太区国际法律及争议解决服务中心。

第八条 会计合作

双方同意采取以下措施，进一步加强在会计领域的合作：

一、完善两地会计准则和审计准则持续等效工作机制，共同在国际会计审计标准制定机构中发挥作用，促进高质量的国际相关准则的制定。

二、支持取得中国注册会计师资格的香港会计专业人士成为内地会计师事务所的合伙人，支持取得香港会计师资格的内地会计专业人士成为香港会计师事务所的合伙人。

三、支持两地会计业界在有关会计审计标准制定、会计行业管理制度建设中发挥作用，聘任香港会计专业人士担任会计咨询专家。

四、完善内地注册会计师考试和香港会计师专业资格考试部分科目互免机制。

五、深化内地与香港审计监管等效，进一步完善相互依赖的监管合作机制。

六、支持内地会计师事务所在香港设立代表处、分支机构，发展成员所。

七、鼓励两地会计师事务所在深化"一带一路"建设、内地企业境外上市审计等业务中加强合作和交流。

第九条 会展业合作

双方同意采取以下措施，进一步加强在会展领域的合作：

一、内地支持和配合香港举办大型国际会议和展览会。

二、为推动香港会展产业的发展，应香港特区政府要求，经国家主管部门同意，内地有关部门将为内地参展人员办理赴香港出入境证件及签注提供便利，以方便内地企业和人员参加在香港举办的会展活动。

三、支持两地会展产业领域相关的半官方机构、非官方机构和业界在促进两地会展产业合作中发挥作用。

第十条 文化合作

双方同意采取以下措施，进一步加强在文化产业领域的合作：

一、支持、加强两地在文化产业方面的交流与沟通，促进两地文化贸易发展。

二、在文化产业的法律法规制定和执行方面交换信息。

三、及时研究解决文化产业交流中出现的问题。

四、加强在考察、交流、展览等方面的合作。

五、共同探讨开拓市场和开展其他方面的合作。

六、支持两地文化产业领域相关的半官方机构、非官方机构和业界在促进两地文化合作中发挥作用。

第十一条 环保合作

双方同意采取以下措施，进一步加强在环保产业领域的合作：

一、加强两地在环保产业合作领域的交流与沟通。

二、在环保产业的法律法规制定和执行方面交换信息。

三、加强在培训、考察等方面的合作。

四、通过展会推介、举办研讨会等多种方式加强两地环保产业领域的合作。

五、探讨进一步促进营商便利化的合作建议，以支持两地环保产业发展。

六、支持和协助半官方机构、非官方机构和业界在促进两地环保合作中发挥作用。

第十二条 创新科技合作

双方同意采取以下措施，进一步加强在创新科技领域的合作：

一、加强两地在创新科技领域（包括技术贸易）的交流与合作，继续举办内地赴港科技展览。支持香港发展包括机器人技术、生物医药、智慧城市、金融科技等领域在内的创新科技产业，培育新兴产业。

二、两地共建平台，通过互补优势，发挥协同效应，积极联系并引进国际上优秀的科研机构和人才，促进内地、香港以及海外的机构和企业在科技研发和成果转化方面的交流和合作。

三、支持香港科研人员和机构参与国家科技计划，稳步推动实施合作研发项目工作，逐步推动香港科研机构和企业纳入国家创新科技体系。

四、依托国家重点实验室香港伙伴实验室、国家工程技术研究中心香港分中心、国家高新技术产业化基地香港伙伴基地等平台，加强两地在科学研究、高新技术研发、科技产业应用的合作；继续支持香港伙伴实验室和香港分中心的工作。

五、支持两地高新园区、众创空间的合作与交流，鼓励香港青年人创新创业，推动创新科技产业化。加强两地青年创业人才沟通交流，推动香港创业青年到内地考察参观，拓展"双创"合作，为青年人才提供发展空间。

六、支持和协助半官方机构、非官方机构和业界在推动两地创新科技合作中发挥作用。

第十三条 教育合作

双方同意采取以下措施，进一步加强在教育领域的合作：

一、加强两地在教育合作领域的交流与沟通。

二、加强教育信息的交流。

三、加强在培训、考察等方面的合作。

四、通过专业交流协作、举办研讨会等多种方式加强教育领域的合作。

五、支持内地教育机构与香港高等院校在内地合作办学，合作建设研究设施，培养本科或以上高层次人才。

第十四条 电子商务合作

双方同意采取以下措施，进一步加强在电子商务领域的合作：

一、在电子商务法规、规则、标准的研究和制定方面进行专项合作，创造良好的电子商务环境，推动并确保其健康发展。

二、在企业应用、推广、培训等方面加强交流与合作。发挥两地政府部门的推动和协调功能，推动相关政府部门和企业间相互交流，并通过建立示范项目，促进企业间开展电子商务。

三、加强在推行电子政务方面的合作，密切双方多层面电子政务发展计划的交流与合作。

四、开展经贸信息交流合作，拓展合作的广度和深度，以粤港澳为核心加强电子商务物流信息对接，支持区域内电子商务快速发展。

五、继续合作推广符合互认策略的电子签名证书，保障跨境电子交易安全可靠。

六、充分利用两地优势，推动重点行业和大宗商品的跨境电子商务发展。

七、加强两地在跨境数据流动方面的交流，组成合作专责小组共同研究可行的政策措施安排。

第十五条 中小企业合作

双方同意采取以下措施，进一步加强两地中小企业的交流与合作：

一、通过考察与交流，共同探讨支持中小企业发展的策略和扶持政策。

二、考察、交流双方为中小企业服务的中介机构的组织形式和运作方式，并推动中介机构的合作。

三、建立为两地中小企业提供信息服务的渠道，定期交换有关出版刊物，逐步实现双方信息网站数据库的对接和信息互换。

四、通过各种形式组织两地中小企业直接交流与沟通，促进企业间的合作。

五、支持和协助半官方机构、非官方机构在促进两地中小企业合作中发挥作用。

第十六条 知识产权合作

双方同意采取以下措施，进一步加强知识产权领域的合作：

一、在知识产权保护的法律法规的制定和执行方面交换信息和交流经验。

二、通过各种形式的交流，包括业务访问、交流活动、举办研讨会、出版有关刊物，向公众、业界及相关各方分享及推广有关知识产权保护、运用和贸易的资料与信息。

三、继续加强内地与香港在人才培养和人员培训领域的合作。

四、推动内地与香港在知识产权实施运用、知识产权中介服务、知识产权贸易，以及通过替代争议解决方式（包括仲裁或调解）处理知识产权纠纷方面的合作。

五、继续支持完善香港专利制度，为香港特区实施专利制度提供实质审查、复审、专利批予后的争议和自动化服务等方面的技术支持和帮助。

六、支持粤港双方在知识产权创造、运用、保护和贸易发展方面的合作，推动粤港两地知识产权宣传教育工作，助力高端知识产权服务业的发展。

第十七条 商标品牌合作

双方同意采取以下措施，进一步加强商标品牌合作：

一、国家工商行政管理总局港澳台办与香港知识产权署成立商标工作协调小组，作为双方固定的联系窗口，进一步加强商标品牌领域的交流与合作。

二、加强内地与香港在商标注册业务、商标保护工作以及有关《商标国际注册马德里协定有关议定书》事宜等方面的交流与合作。

三、双方在品牌保护的法律法规制定和执行方面交换信息；加强在培训、考察、出版刊物等方面的合作；通过网站宣传、展会推介、举办研讨会等多种方式加强两地品牌的推广促进。

第十八条 中医药产业合作

双方同意采取以下措施，进一步加强在中医药产业发展领域的合作：

一、相互通报各自在中药法规建设和中医药管理方面的情况，实现信息共享。

二、就中医药产业发展战略和行业发展导向等方面的信息资料加强沟通。

三、加强在中药注册管理方面的沟通与协调，实现中药规范管理，为两地的中药贸易提供便利。

四、支持两地中医药企业的合作，共同开拓国际市场。

五、加强中医药产业合作和贸易投资促进，大力发展中医药服务贸易。

六、支持和协助半官方和非官方机构在促进两地中医药产业合作中发挥作用。

第五章 次区域经贸合作

第十九条 深化泛珠三角区域经贸合作

一、发挥现有合作平台和联络机制的作用，继续深化泛珠三角区域经贸合作。

二、发挥香港作为国际金融、贸易和航运中心的优势，加强在泛珠三角区域内金融、商贸、科技、旅游等产业的合作，推动扩大相互投资，共同开拓国际市场。

三、推动泛珠三角区域企业利用香港平台，赴"一带一路"沿线国家和地区开展投资合作。

四、支持泛珠三角区域内地九省区发挥各自优势与香港共建各类合作园区。

五、在现有经贸合作基础上，积极推进粤港澳大湾区城市群建设。

第二十条 支持香港参与自由贸易试验区建设

一、利用两地经贸合作机制，加强双方就内地自由贸易试验区建设的政策通报和信息交流。

二、研究《安排》框架下在自由贸易试验区内进一步扩大对香港服务业开放。鼓励香港通过自由贸易试验区，积极参与国家重大发展战略。发挥中国（广东）自由贸易试验区"依托港澳、服务内地、面向世界"的战略定位优势，深入推进粤港服务贸易自由化。

三、鼓励香港中小微企业和青年到自由贸易试验区创业。

四、发挥香港在投资管理、贸易监管、金融创新等方面的优势，与内地自由贸易试验区改革开放相结合,创新发展模式,拓展合作空间。

第二十一条 深化香港与前海、南沙、横琴合作

一、发挥现有合作平台和联络机制的作用,推动深化香港与前海、南沙、横琴的合作。

二、支持前海、南沙、横琴在金融、交通航运、商贸、专业服务、科技等重点领域继续先行先试,进一步扩大对香港开放,探索与香港深化经济合作的新模式。

三、推进粤港人才合作示范区建设,支持香港青年到南沙、前海、横琴发展创业,例如粤港澳青年创业工场、青年梦工厂等。

第六章 贸易投资便利化

第二十二条 贸易投资促进

双方同意采取以下措施,进一步加强在贸易投资促进领域的合作:

一、通报和宣传各自对外贸易、吸收外资的政策法规,实现信息共享。

二、对解决双方贸易投资领域中存在的普遍性问题交换意见,进行协商。

三、在促进相互投资及向海外投资的方面加强沟通与协作。

四、在举办展览会、组织出境或出国参加展览会方面加强合作。

五、对双方共同关注的与贸易投资促进有关的其他问题进行交流。

六、支持和协助半官方和非官方机构在贸易投资促进领域中发挥作用,开展贸易投资促进活动。

第二十三条 质量监督检验检疫

双方同意采取以下措施,进一步加强在质量监督检验检疫领域的合作:

一、机电产品检验监督。为确保双方消费者的安全,双方通过已建立的联系渠道,加强信息互通与交流,并特别注重有关机电产品的安全信息和情报的交换,共同防范机电产品出现的安全问题。共同促进检验监督人员的培训合作。

双方将致力落实国家质量监督检验检疫总局与香港机电工程署于2003年2月12日签署的《机电产品安全合作安排》的有关工作。

二、动植物检验检疫和食品安全。利用双方现有检验检疫协调机制,加强在动植物检验检疫和食品安全方面的合作,以便双方更有效地执行各自有关法规。

双方同意积极推进《国家质检总局与香港商务及经济发展局关于进口葡萄酒经香港中转内地的检验安排谅解备忘录》的磋商进程,积极开展合作,在符合双方相关法律法规并确保安全的前提下,对经香港中转输内地葡萄酒产品采取便利通关等相关措施。

三、卫生检疫监管。双方利用现有渠道,定期通报两地的疫情信息,加强卫生检疫的学术交流与合作研究;探讨往返广东、深圳各口岸小型船舶的卫生监督问题;加强在热带传染病、病媒生物调查和防范,以及在生物医药类特殊物品卫生检疫监管和核生化物品检测、处置方面的合作。

四、双方主管部门利用现有合作渠道,加强认证认可领域制度创新方面的合作,支持认证认可、检验检测机构间开展技术交流与合作。

五、为保障两地消费品安全,加强两地在消费品安全领域的合作与交流,根据两地主管部门签署的制度安排及建立的沟通联系渠道,定期举行工作会议,同时开展消费品安全领域的技术交流与培训等合作。

六、积极推动香港检测实验室与已加入设有国家成员机构的认证检测国际多边互认体系(如 IECEE/CB 体系)的内地认证机构开展合作,成为该互认体系所接受的检测实验室。

七、积极考虑推荐一家符合条件的位于香港的认证机构作为中国国家认证机构(NCB)加入国际电工委员会电工产品合格测试与认证组织(IECEE)。

八、研究符合条件的香港企业在内地开设的认证机构,申请成为中国强制性产品认证(CCC)制度的指定认证机构。

第二十四条 透明度

双方同意采取以下措施,进一步加强在透明度领域的合作:

一、就投资、贸易及其他经贸领域法律、法规、规章的颁布、修订情况交换信息资料。

二、通过报刊、网站等多种媒体及时发布政策、法规信息。

三、举办和支持举办多种形式的经贸政策法规说明会、研讨会。

四、通过内地 WTO 咨询点、中国投资指南网站和中国贸易指南网站等为工商企业提供咨询服务。

第二十五条 专业人员资格的相互承认

一、双方同意在建筑及相关工程、房地产等领域开展专业人员资格的相互承认。

二、双方主管部门或行业机构将启动勘察设计注册电气工程师、勘察设计注册公用设备工程师资格互认的交流工作，开展勘察设计注册土木工程师（岩土）和测绘工作的技术交流。

三、双方成立工作专责小组，研究推进建筑领域专业人员资格互认后的注册和执业工作。

四、双方主管部门或行业机构将在已签署互认协议且条件成熟的领域，继续开展专业人员资格互认工作。

五、研究内地监理工程师与香港建筑测量师资格互认继续开展的相关事宜。双方主管部门或行业机构将启动内地监理工程师与香港建造工程师的专业人员资格（监理）相互承认以及香港建筑师取得内地监理工程师资格认可的交流工作。

六、双方主管部门或行业机构将开展两地风景园林专业的技术交流工作。

七、双方继续内地房地产估价师、造价工程师与香港产业测量师、工料测量师的资格互认工作。

八、继续推动内地房地产经纪人与香港地产代理的专业人员资格相互承认工作。

九、允许2009年3月31日及以前成为香港会计师公会正式会员的香港居民，在参加内地税务师资格考试时，可免试《财务与会计》科目。

十、双方主管部门或行业机构将研究、协商和制定相互承认专业人员资格的具体办法。

第七章　其他条款

第二十六条　生效

本协议自双方代表正式签署之日起生效。

本协议以中文书就，一式两份。

本协议于二〇一七年六月二十八日在香港签署。

中华人民共和国　　　　中华人民共和国
商务部副部长　　　　　香港特别行政区财政司司长

附录 7

《内地与香港关于建立更紧密经贸关系的安排》关于内地在广东与香港基本实现服务贸易自由化的协议
（建议升级版 V 2.0）*

内地在广东省向香港开放服务贸易的具体承诺[①]

表1　　　　　　　　对商业存在保留的限制性措施（"负面清单"）

部门	1. 商务服务
分部门	A. 专业服务 a. 法律服务（CPC861）
所涉及的义务	国民待遇
保留的限制性措施	商业存在 1. 独资设立的代表机构可办理涉及内地法律适用的法律事务，但必须聘用内地执业律师。 2. 与内地方以合作形式提供法律服务限于： 1）在广东省可由内地律师事务所向香港律师事务所驻内地代表机构派驻内地执业律师担任内地法律顾问，或由香港律师事务所向内地律师事务所派驻香港律师担任涉港或跨境法律顾问。 2）广东省内地律师事务所和已在内地设立代表机构的香港律师事务所按照协议约定进行联合经营的，在各自执业范围、权限内以分工协作方式开展业务合作。 3）在广东省前海、南沙、横琴试点与内地方以合伙方式联营，联营方式按照司法行政主管部门批准的具体规定执行，除以上1）和2）限制外，其余待遇和内地合伙法律服务机构的国民待遇等同
部门	1. 商务服务
分部门	A. 专业服务 b. 会计、审计和簿记服务（CPC862）
所涉及的义务	国民待遇
保留的限制性措施	商业存在 取得中国注册会计师资格的香港居民可在广东省担任合伙制会计师事务所合伙人；担任合伙人的香港居民需每年在内地居住且在该会计师事务所执业90天以上；担任合伙人的香港居民应按规定投保职业责任保险

---

* 资料来源：中华人民共和国商务部（http://www.mofcom.gov.cn/）。

① 部门分类使用世界贸易组织《服务贸易总协定》服务部门分类（GNS/W/120），部门的内容参考相应的联合国中央产品分类（CPC, United Nations Provisional Central Product Classification）。

续表

部门	1. 商务服务
分部门	A. 专业服务 c. 税收服务（CPC863）
所涉及的义务	国民待遇
保留的限制性措施	商业存在 实行国民待遇
部门	1. 商务服务
分部门	A. 专业服务 d. 建筑及设计服务（CPC8671）
	国民待遇
	商业存在 1. 实行国民待遇
部门	1. 商务服务
分部门	A. 专业服务 e. 工程服务（CPC8672）
所涉及的义务	国民待遇
保留的限制性措施	商业存在 1. 实行国民待遇
部门	1. 商务服务
分部门	A. 专业服务 f. 集中工程服务（CPC8673）
所涉及的义务	国民待遇
保留的限制性措施	商业存在 1. 实行国民待遇
部门	1. 商务服务
分部门	A. 专业服务 g. 城市规划和园林建筑服务（CPC8674）
所涉及的义务	国民待遇
保留的限制性措施	商业存在 实行国民待遇
部门	1. 商务服务
分部门	A. 专业服务 h. 医疗和牙科服务（CPC9312）
所涉及的义务	国民待遇
保留的限制性措施	商业存在 实行国民待遇
部门	1. 商务服务
分部门	A. 专业服务 i. 兽医服务（CPC932）
所涉及的义务	国民待遇
保留的限制性措施	商业存在 实行国民待遇
部门	1. 商务服务
分部门	A. 专业服务 j. 助产士、护士、理疗医师和护理员提供的服务（CPC93191）
所涉及的义务	国民待遇
保留的限制性措施	商业存在 不作承诺①

① 内地在此服务贸易部门（分部门）尚不存在商业存在模式。

续表

部门	1. 商务服务
分部门	A. 专业服务 k. 其他（专利代理、商标代理等）（CPC8921）
所涉及的义务	国民待遇
保留的限制性措施	商业存在 实行国民待遇
部门	1. 商务服务
分部门	B. 计算机及相关服务 a. 与计算机硬件安装有关的咨询服务（CPC841）
所涉及的义务	国民待遇
保留的限制性措施	商业存在 实行国民待遇
部门	1. 商务服务
分部门	B. 计算机及相关服务 b. 软件执行服务（CPC842）
所涉及的义务	国民待遇
保留的限制性措施	商业存在 实行国民待遇
部门	1. 商务服务
分部门	B. 计算机及相关服务 c. 数据处理服务（CPC843）
所涉及的义务	国民待遇
保留的限制性措施	商业存在 实行国民待遇
部门	1. 商务服务
分部门	B. 计算机及相关服务 d. 数据库服务（CPC844，网络运营服务和增值电信业务除外）
所涉及的义务	国民待遇
保留的限制性措施	商业存在 实行国民待遇
部门	1. 商务服务
分部门	B. 计算机及相关服务 e. 其他（CPC 845＋849）
所涉及的义务	国民待遇
保留的限制性措施	商业存在 实行国民待遇
部门	1. 商务服务
分部门	C. 研究和开发服务 a. 自然科学的研究和开发服务（CPC851）
所涉及的义务	国民待遇
保留的限制性措施	商业存在 1. 从事人体干细胞、基因诊断与治疗技术的开发和应用除外。 2. 从事稀有和特有的珍贵优良品种研发和相关繁殖材料的生产，转基因生物研发和转基因农作物种子、种畜禽、水产苗种的生产以及大熊猫基因资源开发活动除外。 3. 与内地方合作研究利用列入保护名录的畜禽遗传资源的，应当向省级人民政府畜牧兽医行政主管部门提出申请，同时提出国家共享惠益的方案；受理申请的省级畜牧兽医行政主管部门经审核，报国务院畜牧兽医行政主管部门批准。新发现的畜禽遗传资源在国家畜禽遗传资源委员会鉴定前，不可合作研究利用。从事农业转基因生物研究与试验的，应当经国务院农业行政主管部门批准
部门	1. 商务服务
分部门	C. 研究和开发服务 c. 边缘学科的研究和开发服务（CPC853）

续表

所涉及的义务	国民待遇
保留的限制性措施	商业存在 限于自然科学跨学科的研究与实验开发服务
部门	1. 商务服务
分部门	D. 房地产服务 a. 涉及自有或租赁房地产的服务（CPC821）
所涉及的义务	国民待遇
保留的限制性措施	商业存在 实行国民待遇。 为明晰起见，香港服务提供者在香港和内地承接的物业建筑面积，可共同作为评定其在内地申请物业管理企业资质的依据
部门	1. 商务服务
分部门	D. 房地产服务 b. 基于收费或合同的房地产服务（CPC822）
所涉及的义务	国民待遇
保留的限制性措施	商业存在 实行国民待遇。 为明晰起见，香港服务提供者在香港和内地承接的物业建筑面积，可共同作为评定其在内地申请物业管理企业资质的依据
部门	1. 商务服务
分部门	E. 无操作人员的租赁服务 a. 船舶租赁（CPC83103）
所涉及的义务	国民待遇
保留的限制性措施	商业存在 实行国民待遇
部门	1. 商务服务
分部门	E. 无操作人员的租赁服务 b. 航空器租赁（CPC83104）
所涉及的义务	国民待遇
保留的限制性措施	商业存在 实行国民待遇
部门	1. 商务服务
分部门	E. 无操作人员的租赁服务 c. 个人车辆（CPC83101）、货运车辆（CPC83102）及其他陆地运输设备（CPC83105）的租赁服务
所涉及的义务	国民待遇
保留的限制性措施	商业存在 实行国民待遇
部门	1. 商务服务
分部门	E. 无操作人员的租赁服务 c. 农业机械等设备租赁服务（CPC83106－83109）
所涉及的义务	国民待遇
保留的限制性措施	商业存在 实行国民待遇
部门	1. 商务服务
分部门	E. 无操作人员的租赁服务 e. 个人和家用物品等其他租赁服务（CPC832）
所涉及的义务	国民待遇

续表

保留的限制性措施	商业存在 实行国民待遇
部门	1. 商务服务
分部门	F. 其他商务服务 a. 广告服务（CPC871）
所涉及的义务	国民待遇
保留的限制性措施	商业存在 实行国民待遇
部门	1. 商务服务
分部门	F. 其他商务服务 b. 市场调研和公共民意测验服务（CPC864）
所涉及的义务	国民待遇
保留的限制性措施	商业存在 1. 提供公共民意测验服务和非市场调查的市场调研服务除外。 2. 申请涉外调查许可证，调查范围跨省、自治区、直辖市行政区域的，需向国家统计局提出。涉外调查许可证的有效期为三年
部门	1. 商务服务
分部门	F. 其他商务服务 c. 管理咨询服务（CPC865）
所涉及的义务	国民待遇
保留的限制性措施	商业存在 实行国民待遇
部门	1. 商务服务
分部门	F. 其他商务服务 d. 与管理咨询相关的服务（CPC866）
所涉及的义务	国民待遇
保留的限制性措施	商业存在 实行国民待遇
部门	1. 商务服务
分部门	F. 其他商务服务 e. 技术测试和分析服务（CPC8676）
所涉及的义务	国民待遇
保留的限制性措施	商业存在 实行国民待遇
部门	1. 商务服务
分部门	F. 其他商务服务 f. 与农业、狩猎和林业有关的服务（CPC881）
所涉及的义务	国民待遇
保留的限制性措施	商业存在 1. 设立经营农作物种子企业，须由内地方控股。 2. 从事大熊猫驯养繁殖、利用除外。 3. 从事象牙雕刻、加工、销售除外。 4. 从事森林火灾损失评估以及其他森林评估除外。 5. 不可获得林权证
部门	1. 商务服务
分部门	F. 其他商务服务 g. 与渔业有关的服务（CPC882）
所涉及的义务	国民待遇

续表

保留的限制性措施	商业存在 从事内地远洋渔业和内地捕捞业除外
部门	1. 商务服务
分部门	F. 其他商务服务 h. 与采矿业有关的服务（CPC883+5115）
所涉及的义务	国民待遇
保留的限制性措施	商业存在 实行国民待遇
部门	1. 商务服务
分部门	F. 其他商务服务 i. 与制造业有关的服务（CPC884 除 88442 外、CPC885）
所涉及的义务	国民待遇
保留的限制性措施	商业存在 提供与《外商投资产业指导目录》禁止类制造业有关的服务除外
部门	1. 商务服务
分部门	F. 其他商务服务 j. 与能源分配有关的服务（CPC887）
所涉及的义务	国民待遇
保留的限制性措施	商业存在 1. 从事电网、核电站的建设、经营须由内地方控股。 2. 在广东省 200 万人口以上的城市，从事城市燃气、热力和供排水管网的建设经营须由内地方控股
部门	1. 商务服务
分部门	F. 其他商务服务 k. 人员提供与安排服务（CPC872）
所涉及的义务	国民待遇
保留的限制性措施	商业存在 实行国民待遇
部门	1. 商务服务
分部门	F. 其他商务服务 l. 调查与保安服务（CPC873）
所涉及的义务	国民待遇
保留的限制性措施	商业存在 1. 从事调查服务除外。 2. 经设区的市级以上地方人民政府确定的关系国家安全、涉及国家秘密等治安保卫重点单位的保安服务除外。 3. 不允许设立或入股内地提供武装守护押运服务的保安服务公司
部门	1. 商务服务
分部门	F. 其他商务服务 m. 与工程相关的科学和技术咨询服务（CPC8675）
所涉及的义务	国民待遇
保留的限制性措施	商业存在 1. 不允许从事： 1）钨、锡、锑、钼、萤石的勘查。 2）稀土的勘查、选矿。 3）放射性矿产的勘查、选矿。 4）大地测量；测绘航空摄影；行政区域界线测绘；海洋测绘；地形图、世界政务地图、全国政区地图、省级及以下政区地图、全国性教学地图、地方性教学地图和真三维地图的编制；导航电子地图编制。

续表

	2. 不允许以独资形式从事： 1）特殊和稀缺煤类的勘查（须由内地方控股）。 2）贵金属（金族）的勘查。 3）金刚石、石墨等重要非金属矿的勘查。 4）锂矿的选矿。 5）设立测绘公司（须由内地方控股）
部门	1. 商务服务
分部门	F. 其他商务服务 n. 设备的维修和保养服务（个人和家用物品的维修，与金属制品、机械和设备有关的修理服务）（CPC633+8861-8866）
所涉及的义务	国民待遇
保留的限制性措施	商业存在 从事海洋工程装备（含模块）的修理须由内地方控股
部门	1. 商务服务
分部门	F. 其他商务服务 o. 建筑物清洁服务（CPC874）
所涉及的义务	国民待遇
保留的限制性措施	商业存在 实行国民待遇
部门	1. 商务服务
分部门	F. 其他商务服务 p. 摄影服务（CPC875）
所涉及的义务	国民待遇
保留的限制性措施	商业存在 实行国民待遇
部门	1. 商务服务
分部门	F. 其他商务服务 q. 包装服务（CPC876）
所涉及的义务	国民待遇
保留的限制性措施	商业存在 实行国民待遇
部门	1. 商务服务
分部门	F. 其他商务服务 s. 会议服务（CPC87909）
所涉及的义务	国民待遇
保留的限制性措施	商业存在 实行国民待遇
部门	1. 商务服务
分部门	F. 其他商务服务 t. 其他（CPC8790，光盘复制服务除外）
所涉及的义务	国民待遇
保留的限制性措施	商业存在 从事印章刻制服务除外。 为明晰起见，香港服务提供者可在广东省深圳市、广州市试点设立商业保理企业；设立的融资租赁公司，可兼营与主营业务有关的商业保理业务
部门	2. 通信服务
分部门	A. 邮政服务（CPC7511）
所涉及的义务	国民待遇

续表

保留的限制性措施	商业存在 不允许提供邮政服务
部门	2. 通信服务
分部门	B. 速递服务（CPC7512）
所涉及的义务	国民待遇
保留的限制性措施	商业存在 提供信件的内地境内快递业务、国家机关公文寄递业务除外
部门	3. 建筑和相关的工程服务
分部门	A. 建筑物的总体建筑工作（CPC512）
所涉及的义务	国民待遇
保留的限制性措施	商业存在 实行国民待遇
部门	3. 建筑和相关的工程服务
分部门	B. 民用工程的总体建筑工作（CPC513）
所涉及的义务	国民待遇
保留的限制性措施	商业存在 实行国民待遇
部门	3. 建筑和相关的工程服务
分部门	C. 安装和组装工作（CPC514＋516）
所涉及的义务	国民待遇
保留的限制性措施	商业存在 实行国民待遇
部门	3. 建筑和相关的工程服务
分部门	D. 建筑物的装修工作（CPC517）
所涉及的义务	国民待遇
保留的限制性措施	商业存在 实行国民待遇
部门	3. 建筑和相关的工程服务
分部门	E. 其他（CPC511＋515＋518）
所涉及的义务	国民待遇
保留的限制性措施	商业存在 实行国民待遇
部门	4. 分销服务
分部门	A. 佣金代理服务（CPC621）
所涉及的义务	国民待遇
保留的限制性措施	商业存在 实行国民待遇
部门	4. 分销服务
分部门	B. 批发销售服务（CPC622，图书、报纸、杂志、文物的批发服务除外）
所涉及的义务	国民待遇
保留的限制性措施	商业存在 实行国民待遇
部门	4. 分销服务
分部门	C. 零售服务（CPC631＋632＋6111＋6113＋6121，图书、报纸、杂志、文物的零售服务除外）
所涉及的义务	国民待遇

续表

保留的限制性措施	商业存在 提供烟草的零售服务除外
部门	4. 分销服务
分部门	D. 特许经营服务（CPC8929）
所涉及的义务	国民待遇
部门	4. 分销服务
分部门	E. 其他分销服务（文物拍卖除外）
所涉及的义务	国民待遇
保留的限制性措施	商业存在 设立、经营免税商店除外
部门	5. 教育服务
分部门	A. 初级教育服务（CPC921）
所涉及的义务	国民待遇
保留的限制性措施	商业存在 投资举办义务教育及军事、警察、政治、宗教等特殊领域教育机构除外
部门	5. 教育服务
分部门	B. 中等教育服务（CPC922）
所涉及的义务	国民待遇
保留的限制性措施	商业存在 投资举办义务教育及军事、警察、政治、宗教等特殊领域教育机构除外
部门	5. 教育服务
分部门	C. 高等教育服务（CPC923）
所涉及的义务	国民待遇
保留的限制性措施	商业存在 投资举办军事、警察、政治、宗教等特殊领域教育机构除外
部门	5. 教育服务
分部门	D. 成人教育服务（CPC924）
所涉及的义务	国民待遇
保留的限制性措施	商业存在 投资举办军事、警察、政治、宗教等特殊领域教育机构除外
部门	5. 教育服务
分部门	E. 其他教育服务（CPC929）
所涉及的义务	国民待遇
保留的限制性措施	商业存在 投资举办军事、警察、政治、宗教等特殊领域教育机构
部门	6. 环境服务
分部门	A. 排污服务（CPC9401）
所涉及的义务	国民待遇
保留的限制性措施	商业存在 实行国民待遇
部门	6. 环境服务
分部门	B. 固体废物处理服务（CPC9402）
所涉及的义务	国民待遇
保留的限制性措施	商业存在 实行国民待遇

续表

部门	6. 环境服务
分部门	C. 公共卫生及类似服务（CPC9403）
所涉及的义务	国民待遇
保留的限制性措施	商业存在 实行国民待遇
部门	6. 环境服务
分部门	D. 废气清理服务（CPC9404）
所涉及的义务	国民待遇
保留的限制性措施	商业存在 实行国民待遇
部门	6. 环境服务
分部门	E. 降低噪音服务（CPC9405）
所涉及的义务	国民待遇
保留的限制性措施	商业存在 实行国民待遇
部门	6. 环境服务
分部门	F. 自然和风景保护服务（CPC9406）
所涉及的义务	国民待遇
保留的限制性措施	商业存在 实行国民待遇
部门	6. 环境服务
分部门	G. 其他环境保护服务（CPC9409）
所涉及的义务	国民待遇
保留的限制性措施	商业存在 实行国民待遇
部门	7. 金融服务
分部门	A. 所有保险和与其相关的服务（CPC812） a. 人寿险、意外险和健康保险服务（CPC8121） b. 非人寿保险服务（CPC8129） c. 再保险和转分保服务（CPC81299） d. 保险辅助服务（保险经纪、保险代理、咨询、精算等）（CPC8140）
所涉及的义务	国民待遇
保留的限制性措施	商业存在 1. 香港保险公司及其经过整合或战略合并组成的集团进入内地保险市场须满足下列条件： 1）集团总资产25亿美元以上，其中任何一家香港保险公司的经营历史在15年以上，且其中任何一家香港保险公司在内地设立代表处1年以上； 2）所在地区有完善的保险监管制度，并且该保险公司已经受到所在地区有关主管当局的有效监管； 3）符合所在地区偿付能力标准； 4）所在地区有关主管当局同意其申请； 5）法人治理结构合理，风险管理体系稳健； 6）内部控制制度健全，管理信息系统有效； 7）经营状况良好，无重大违法违规记录。 2. 香港保险公司参股内地保险公司的最高股比不超过24.9%。境外金融机构向保险公司投资入股，应当符合以下条件： 1）财务状况良好稳定，最近三个会计年度连续盈利； 2）最近一年年末总资产不少于10亿美元； 3）国际评级机构最近三年对其长期信用评级为A级以上； 4）最近三年内无重大违法违规记录；

续表

	5）符合所在地金融监管机构的审慎监管指标要求。 3. 境外保险公司与内地境内的公司、企业合资在内地设立经营人身保险业务的合资保险公司（以下简称合资寿险公司），其中外资比例不可超过公司总股本的50%。境外保险公司直接或者间接持有的合资寿险公司股份，不可超过前款规定的比例限制。 4. 内地境内保险公司合计持有保险资产管理公司的股份不可低于50%。 5. 香港保险代理公司设立独资保险代理公司，为内地的保险公司提供保险代理服务，申请人须满足下列条件： 1）申请人必须为香港本地的保险专业代理机构； 2）经营保险代理业务5年以上，提出申请前3年的年均业务收入不低于25万港元，提出申请上一年度的年末总资产不低于25万港元； 3）申请前3年无严重违规、受处罚记录。 6. 香港的保险经纪公司设立独资保险代理公司，申请人须满足以下条件： 1）申请人在香港经营保险经纪业务5年以上； 2）提出申请前3年的年均保险经纪业务收入不低于25万港元，提出申请上一年度的年末总资产不低于25万港元； 3）提出申请前3年无严重违规和受处罚记录。 7. 香港的保险经纪公司设立独资保险经纪公司，须满足下列条件： 1）总资产1亿美元以上； 2）经营历史在15年以上； 3）在内地设立代表处1年以上。 8. 不允许设立保险公估机构。 9. 除经中国保监会批准外，外资保险公司不可与其关联企业从事下列交易活动： 1）再保险的分出或者分入业务； 2）资产买卖或者其他交易。 经批准与其关联企业从事再保险交易的外资保险公司应提交中国保监会所规定的材料
部门	7. 金融服务
分部门	B. 银行和其他金融服务（不含保险） a. 接受公众存款和其他需偿还的资金（CPC81115-81119） b. 所有类型的贷款，包括消费信贷、抵押贷款、保理和商业交易的融资（CPC8113） c. 金融租赁（CPC8112） d. 所有支付和货币汇兑服务（除清算所服务外）（CPC81339） e. 担保与承兑（CPC81199） f. 在交易市场、公开市场或其他场所自行或代客交易 f1. 货币市场票据（CPC81339） f2. 外汇（CPC81333） f3. 衍生产品，包括，但不限于期货和期权（CPC81339） f4. 汇率和利率契约，包括掉期和远期利、汇率协议（CPC81339） f5. 可转让证券（CPC81321） f6. 其他可转让的票据和金融资产，包括金银条块（CPC81339） g. 参与各类证券的发行（CPC8132） g. 货币经纪（CPC81339） i. 资产管理（CPC8119+81323） j. 金融资产的结算和清算，包括证券、衍生产品和其他可转让票据（CPC81339或81319） k. 咨询和其他辅助金融服务（CPC8131或8133） l. 提供和传输其他金融服务提供者提供的金融信息、金融数据处理和相关的软件（CPC8131）
所涉及的义务	国民待遇
保留的限制性措施	商业存在 1. 香港服务提供者投资银行业金融机构，应为金融机构或特定类型金融机构，具体要求： 1）设立外商独资银行的股东应当为金融机构，其中唯一或者控股股东应当为商业银行；拟设中外合资银行的香港股东应当为金融机构，且作为外方唯一或者主要股东时应当为商业银行；

续表

2）国有商业银行、股份制商业银行、城市商业银行、中国邮政储蓄银行的境外发起人或战略投资者应为金融机构；
3）农村商业银行、农村合作银行、农村信用（合作）联社、村镇银行、贷款公司的境外发起人或战略投资者应为银行；
4）信托公司的境外出资人应为金融机构；
5）金融租赁公司的境外发起人应为金融机构或融资租赁公司；
6）消费金融公司的境外主要出资人应为金融机构；
7）货币经纪公司的境外投资人应为货币经纪公司；
8）金融资产管理公司的境外战略投资者应为金融机构。
2. 投资下列金融机构须经审批，审批负责部门、流程节点、审批时限和细节条件要求必须通过政府官方网站以及官方媒体全文公开：
1）香港服务提供者投资入股内地国有商业银行、股份制商业银行、中国邮政储蓄银行、城市商业银行须经审批；
2）香港服务提供者投资入股农村商业银行、农村合作银行、农村信用（合作）联社、村镇银行、贷款公司须经审批；
3）香港服务提供者投资入股金融资产管理公司须经审批
4）外商独资银行、中外合资银行变更注册资本、变更股东或者调整股东持股比例须经审批；
5）外国银行变更内地外国银行分行营运资金须经审批。
6）征信机构经营征信业务，应当经国务院征信业监督管理部门批准。
7）设立金融信息服务企业需经国家互联网信息办公室、商务部、工商总局批准，取得《外国机构在中国境内投资设立企业提供金融信息服务许可证》。
3. 香港服务提供者投资银行业金融机构应符合总资产数量要求，具体包括：
1）拟设立外商独资银行的唯一或者控股股东、中外合资银行的外方唯一或者主要股东、外国银行分行的外国银行，提出设立申请前1年年末总资产不少于30亿美元；
2）国有商业银行、股份制商业银行、城市商业银行、中国邮政储蓄银行的境外发起人或战略投资者，最近1年年末总资产原则上不少于30亿美元；
3）农村商业银行、农村合作银行、村镇银行、贷款公司的境外发起人或战略投资者，最近1年年末总资产原则上不少于30亿美元。农村信用（合作）联社的境外发起人或战略投资者，最近1年年末总资产原则上不少于5亿美元；
4）信托公司的境外出资人，最近1年年末总资产原则上不少于5亿美元；
5）企业集团财务公司成员单位以外的战略投资者为境外金融机构的，其最近1年年末总资产原则上不少于5亿美元；
6）金融租赁公司的境外发起人，最近1年年末总资产原则上不少于5亿美元；
7）金融资产管理公司的境外战略投资者，最近1年年末总资产原则上不少于50亿美元。
4. 香港服务提供者投资下列银行业金融机构，受单一股东持股和合计持股比例限制，具体如下：
1）单个境外金融机构及被其控制或共同控制的关联方作为发起人或战略投资者向单个中资商业银行（包括：国有商业银行、股份制商业银行、城市商业银行、中国邮政储蓄银行）投资入股比例不可超过40%，多个境外金融机构及被其控制或共同控制的关联方作为发起人或战略投资者入股比例合计不可超过50%。前款所称投资入股比例是指境外金融机构所持份占中资商业银行股份总额的比例。境外金融机构关联方的持股比例应当与境外金融机构的持股比例合并计算。
2）单个境外银行及被其控制或共同控制的关联方作为发起人或战略投资者向单个农村商业银行、农村合作银行、农村信用（合作）联社投资入股比例不可超过40%，多个境外银行及被其控制或共同控制的关联方作为发起人或战略投资者入股比例合计不可超过50%。
3）单个境外机构向信托公司投资入股比例不可超过40%，多个境外机构投资入股比例合计不可超过50%。
4）单个境外机构向金融资产管理公司投资入股比例不可超过40%，多个境外机构投资入股比例合计不可超过50%。
5. 香港服务提供者设立的外国银行分行不可以经营下列外汇和人民币业务：不可以提供仅独资银行或合资银行主体才能提供的业务。不可以提供证券、保险业务

续表

6. 香港服务提供者设立的外国银行分行营运资金加准备金等项之和中的人民币份额与其人民币风险资产的比例不可低于4%。外国银行分行应当由总行无偿拨付不少于1亿元人民币或等值的自由兑换货币的营运资金，营运资金的15%应以指定的生息资产形式存在。 7. 香港服务提供者设立的外商独资银行、中外合资银行和外国银行分行经营人民币业务的，应当满足审慎性条件，并经批准。审批负责部门、流程节点、审批时限和细节条件要求必须通过政府官方网站以及官方媒体全文公开。 8. 外商独资银行、中外合资银行投资设立、参股、收购境内法人金融机构须经批准。审批负责部门、流程节点、审批时限和细节条件要求必须通过政府官方网站以及官方媒体全文公开。 9. 外商独资银行、中外合资银行及外国银行分行开展同业拆借业务，须经中国人民银行批准具备人民币同业拆借业务资格。中国人民银行须公布申请条件、审批流程和审批时限。外商独资银行、中外合资银行的最高拆入限额和最高拆出限额均不超过该机构实收资本的2倍，外国银行分行的最高拆入限额和最高拆出限额均不超过该机构人民币营运资金的2倍。 10. 不可从事代理支库业务。 11. 香港服务提供者投资货币经纪公司，应满足从事货币经纪业务10年以上、申请前连续三年盈利且每年税后净收益不低于250万美元、具有从事货币经纪服务所必需的全球机构网络和资讯通信网络的要求。 12. 境外机构参与发起设立金融资产管理公司须经批准。审批负责部门、流程节点、审批时限和细节条件要求必须通过政府官方网站以及官方媒体全文公开。 13. 设立融资租赁公司须满足下列条件： 1）外方股东的总资产不低于250万美元。 2）租赁财产附带的无形资产的价值不超过租赁财产价值。 14. 投资证券公司限于以下2种形式： 1）投资证券公司为合资形式时，包括：与境内股东依法共同出资设立合资证券公司；依法受让、认购内资证券公司股权，内资证券公司依法变更为合资证券公司。同一港资金融机构，或者受同一主体实际控制的多家港资金融机构，入股两地合资证券公司的数量不可超过一家。 2）境外投资者投资上市内资证券公司时，可以通过证券交易所的证券交易持有上市内资证券公司股份，或者与上市内资证券公司建立战略合作关系并经中国证监会批准持有上市内资证券公司股份，上市内资证券公司经批准的业务范围不变（在控股股东为内资股东的前提下，上市内资证券公司可不受至少1名内资股东的持股比例不低于49%的限制）。境外投资者依法通过证券交易所的证券交易持有或者通过协议、其他安排与他人共同持有上市内资证券公司5%以上股份的，应当符合对合资证券公司的境外股东资质条件的规定。 单个境外投资者持有（包括直接持有和间接控制）上市内资证券公司股份的比例不可超过40%；全部境外投资者持有（包括直接持有和间接控制）上市内资证券公司股份的比例不可超过50%。 15. 投资证券公司为合资形式时，除以下情形外，境外股东持股比例或者在外资参股证券公司中拥有的权益比例，累计（包括直接持有和间接控制）不超过49%。境内股东中应当至少有1名是内资证券公司，且持股比例或者在外资参股证券公司中拥有的权益比例不低于49% 1）符合设立内地与香港合资证券公司条件的港资金融机构可在广东省、深圳市各设立1家两地合资全牌照证券公司，港资合并持股比例最高可达75%，内地股东不限于证券公司； 2）符合设立内地与香港合资证券公司条件的港资金融机构可按照内地有关规定在内地批准的"在金融改革方面先行先试"的若干改革试验区内，各新设1家两地合资全牌照证券公司，内地股东不限于证券公司，港资合并持股比例不超过51%，且取消内地单一股东须持股49%的限制。 16. 除15（1）、15（2）情形外，合资证券公司的境外股东应当具备下列条件：至少1名是具备合法的金融业务经营资格的机构；持续经营3年以上。 在15（1）、15（2）情形下，合资证券公司的港资股东应当具备内地与香港设立合资证券公司相关规定所要求的资质条件。请公开相关规定。

续表

		17. 除15（1）、15（2）情形外，合资证券公司的经营范围限于：股票（包括人民币普通股、外资股）和债券（包括政府债券、公司债券）的承销与保荐；股票经纪；债券（包括政府债券、公司债券）的经纪和自营。 18. 港资金融机构可独资设立基金管理公司（允许入股两地合资基金公司的家数参照国民待遇实行"参一控一"）。 19. 投资期货公司限于合资形式，符合条件的香港服务提供者在合资期货公司中拥有的权益比例不可超过51%（含关联方股权）。 持有期货公司5%以上股权的境外股东应具备下列条件：依香港地区法律设立、合法存续的金融机构；近3年各项财务指标及监管指标符合香港地区法律的规定和监管机构的要求。 20. 港资金融机构可独资设立证券投资咨询机构。 允许符合外资参股证券公司境外股东资质条件的香港证券公司与内地具备设立子公司条件的证券公司，设立合资证券投资咨询机构。合资证券投资咨询机构作为内地证券公司的子公司，专门从事证券投资咨询业务，香港证券公司持股比例最高可达到49%。 21. 港资股东入股两地合资或独资证券公司、基金管理公司、期货公司、证券投资咨询机构，须以可自由兑换的货币出资
部门	7. 金融服务	
分部门	C. 其他	
所涉及的义务	国民待遇	
保留的限制性措施	商业存在 实行国民待遇	
部门	8. 与健康相关的服务和社会服务	
分部门	A. 医院服务（CPC9311）	
所涉及的义务	国民待遇	
保留的限制性措施	商业存在 实行国民待遇	
部门	8. 与健康相关的服务和社会服务	
分部门	B. 其他人类健康服务（CPC93192＋93193＋93199）	
所涉及的义务	国民待遇	
保留的限制性措施	商业存在 开展基因信息、血液采集、病理数据及其他可能危害公共卫生安全的服务除外	
部门	8. 与健康相关的服务和社会服务	
分部门	C. 社会服务（CPC933）	
所涉及的义务	国民待遇	
保留的限制性措施	商业存在 实行国民待遇	
部门	9. 旅游和与旅游相关的服务	
分部门	A. 饭店和餐饮服务（CPC641－643）	
所涉及的义务	国民待遇	
保留的限制性措施	商业存在 实行国民待遇	
部门	9. 旅游和与旅游相关的服务	
分部门	B. 旅行社和旅游经营者服务（CPC7471）	
所涉及的义务	国民待遇	
保留的限制性措施	商业存在 实行国民待遇	
部门	9. 旅游和与旅游相关的服务	
分部门	C. 导游服务（CPC7472）	

续表

所涉及的义务	国民待遇
保留的限制性措施	商业存在 实行国民待遇
部门	9. 旅游和与旅游相关的服务
分部门	D. 其他
所涉及的义务	国民待遇
保留的限制性措施	商业存在 实行国民待遇
部门	10. 娱乐、文化和体育服务
分部门	D. 体育和其他娱乐服务（CPC964）
所涉及的义务	国民待遇
保留的限制性措施	商业存在 实行国民待遇
部门	11. 运输服务
分部门	A. 海洋运输服务 a. 客运服务（CPC7211）
所涉及的义务	国民待遇
保留的限制性措施	商业存在 实行国民待遇
部门	11. 运输服务
分部门	A. 海洋运输服务 b. 货运服务（CPC7212）
所涉及的义务	国民待遇
保留的限制性措施	商业存在 实行国民待遇
部门	11. 运输服务
分部门	A. 海洋运输服务 c. 船舶和船员的租赁（CPC7213）
所涉及的义务	国民待遇
保留的限制性措施	商业存在 实行国民待遇
部门	11. 运输服务
分部门	A. 海洋运输服务 d. 船舶维修和保养（CPC8868）
所涉及的义务	国民待遇
保留的限制性措施	商业存在 实行国民待遇
部门	11. 运输服务
分部门	A. 海洋运输服务 e. 拖驳服务（CPC7214）
所涉及的义务	国民待遇
保留的限制性措施	商业存在 实行国民待遇
部门	11. 运输服务
分部门	A. 海洋运输服务 f. 海运支持服务（CPC745）
所涉及的义务	国民待遇

续表

保留的限制性措施	商业存在 实行国民待遇
部门	11. 运输服务
分部门	B. 内水运输服务 a. 客运服务（CPC7221）
所涉及的义务	国民待遇
保留的限制性措施	商业存在 实行国民待遇
部门	11. 运输服务
分部门	B. 内水运输服务 b. 货运服务（CPC7222）
所涉及的义务	国民待遇
保留的限制性措施	商业存在 实行国民待遇
部门	11. 运输服务
分部门	B. 内水运输服务 c. 船舶和船员的租赁（CPC7223）
所涉及的义务	国民待遇
保留的限制性措施	商业存在 实行国民待遇
部门	11. 运输服务
分部门	B. 内水运输服务 d. 船舶维修和保养（CPC8868）
所涉及的义务	国民待遇
保留的限制性措施	商业存在 实行国民待遇
部门	11. 运输服务
分部门	B. 内水运输服务 e. 拖驳服务（CPC7224）
所涉及的义务	国民待遇
保留的限制性措施	商业存在 实行国民待遇
部门	11. 运输服务
分部门	B. 内水运输服务 f. 内水运输的支持服务（CPC745）
所涉及的义务	国民待遇
保留的限制性措施	商业存在 实行国民待遇
部门	11. 运输服务
分部门	C. 航空运输服务 a. 客运服务（CPC731）
所涉及的义务	国民待遇
保留的限制性措施	商业存在 1. 设立经营公共航空客运公司，须由内地方控股，一家香港服务提供者（包括其关联企业）投资比例不可超过50%，公司法定代表人须为中国籍公民。 2. 设立经营从事公务飞行、空中游览、为工业服务的通用航空企业，限于与内地方合资、合作；设立经营从事农、林、渔业作业的通用航空企业，限于与内地方合资、合作。 3. 飞机驾驶员和机长等职位须为中国籍公民

续表

部门	11. 运输服务
分部门	C. 航空运输服务 b. 货运服务（CPC732）
所涉及的义务	国民待遇
保留的限制性措施	商业存在 1. 设立经营公共航空货运公司，须由内地方控股，一家香港服务提供者（包括其关联企业）投资比例不可超过50%，公司法定代表人须为中国籍公民。 2. 飞机驾驶员和机长等职位须为中国籍公民
部门	11. 运输服务
分部门	C. 航空运输服务 c. 带乘务员的飞机租赁服务（CPC734）
所涉及的义务	国民待遇
保留的限制性措施	商业存在 实行国民待遇
部门	11. 运输服务
分部门	C. 航空运输服务 d. 飞机的维修和保养服务（CPC8868）
所涉及的义务	国民待遇
保留的限制性措施	商业存在 实行国民待遇
部门	11. 运输服务
分部门	C. 航空运输服务 e. 空运支持服务（CPC746）
所涉及的义务	国民待遇
保留的限制性措施	商业存在 1. 投资和管理内地空中管制系统除外。 2. 投资民用机场，应由内地方控股。 3. 提供中小机场委托管理服务的合同有效期不超过20年；不允许以独资形式提供大型机场委托管理服务。（建议对中小机场和大机场进行明确定义） 为明晰起见，香港服务提供者申请设立独资、合资或合作航空运输销售代理企业时，可出具由内地的法人银行或中国航空运输协会推荐的担保公司提供的经济担保；也可由香港银行作担保，待申请获内地批准后，在规定时限内再补回内地的法人银行或中国航空运输协会推荐的担保公司提供的经济担保
部门	11. 运输服务
分部门	D. 航天运输服务（CPC733）
所涉及的义务	国民待遇
保留的限制性措施	商业存在 不允许提供航天运输服务
部门	11. 运输服务
分部门	E. 铁路运输服务 a. 客运服务（CPC7111）
所涉及的义务	国民待遇
保留的限制性措施	商业存在 设立经营铁路旅客运输公司，须由内地方控股
部门	11. 运输服务
分部门	E. 铁路运输服务 b. 货运服务（CPC7112）
所涉及的义务	国民待遇

续表

保留的限制性措施	商业存在 实行国民待遇
部门	11. 运输服务
分部门	E. 铁路运输服务 c. 推车和拖车服务（CPC7113）
所涉及的义务	国民待遇
保留的限制性措施	商业存在 实行国民待遇
部门	11. 运输服务
分部门	E. 铁路运输服务 d. 铁路运输设备的维修和保养服务（CPC8868）
所涉及的义务	国民待遇
保留的限制性措施	商业存在 实行国民待遇
部门	11. 运输服务
分部门	E. 铁路运输服务 e. 铁路运输的支持服务（CPC743）
所涉及的义务	国民待遇
保留的限制性措施	商业存在 从事干线铁路的建设、经营须由内地方控股
部门	11. 运输服务
分部门	F. 公路运输服务 a. 客运服务（CPC7121+7122）
所涉及的义务	国民待遇
保留的限制性措施	商业存在 提供香港与内地间及内地城市间定期旅客运输服务限于合资形式，香港服务提供者所持股份比例不可多于49%（以独资形式仅允许提供西部地区道路客运）
部门	11. 运输服务
分部门	F. 公路运输服务 b. 货运服务（CPC7123）
所涉及的义务	国民待遇
保留的限制性措施	商业存在 实行国民待遇
部门	11. 运输服务
分部门	F. 公路运输服务 c. 商用车辆和司机的租赁（CPC7124）
所涉及的义务	国民待遇
保留的限制性措施	商业存在 实行国民待遇
部门	11. 运输服务
分部门	F. 公路运输服务 d. 公路运输设备的维修和保养服务（CPC6112+8867）
所涉及的义务	国民待遇
保留的限制性措施	商业存在 实行国民待遇
部门	11. 运输服务
分部门	F. 公路运输服务 e. 公路运输的支持服务（CPC744）
所涉及的义务	国民待遇

续表

保留的限制性措施	商业存在 实行国民待遇
部门	11. 运输服务
分部门	G. 管道运输 a. 燃料传输（CPC7131）
所涉及的义务	国民待遇
保留的限制性措施	商业存在 实行国民待遇
部门	11. 运输服务
分部门	G. 管道运输 b. 其他货物的管道运输（CPC7139）
所涉及的义务	国民待遇
保留的限制性措施	商业存在 实行国民待遇
部门	11. 运输服务
分部门	H. 所有运输方式的辅助服务 a. 装卸服务（CPC741）
所涉及的义务	国民待遇
保留的限制性措施	商业存在 实行国民待遇
部门	11. 运输服务
分部门	H. 所有运输方式的辅助服务 b. 仓储服务（CPC742）
所涉及的义务	国民待遇
保留的限制性措施	商业存在 实行国民待遇
部门	11. 运输服务
分部门	H. 所有运输方式的辅助服务 c. 货运代理服务（CPC748）
所涉及的义务	国民待遇
保留的限制性措施	商业存在 实行国民待遇
部门	11. 运输服务
分部门	H. 所有运输方式的辅助服务 d. 其他（CPC749）
所涉及的义务	国民待遇
保留的限制性措施	商业存在 实行国民待遇
部门	11. 运输服务
分部门	I. 其他运输服务
所涉及的义务	国民待遇
保留的限制性措施	商业存在 实行国民待遇
部门	12. 没有包括的其他服务
分部门	A. 成员组织服务（CPC95） B. 其他服务（CPC97） C. 家政服务（CPC98） D. 国外组织和机构提供的服务（CPC99）
所涉及的义务	国民待遇
保留的限制性措施	商业存在 1. 提供工会、少数民族团体、宗教、政治等成员组织的服务除外。 2. 来内地设立境外组织和机构除外

表 2	跨境服务新增开放措施（正面清单）①
部门或分部门	1. 商务服务
	A. 专业服务
	a. 法律服务（CPC861）
具体承诺	允许取得内地律师资格的香港服务提供者从事涉及香港居民、法人的民事诉讼代理业务，具体可从事业务按《中华人民共和国司法部公告》（136号）执行
部门或分部门	1. 商务服务
	A. 专业服务
	b. 会计、审计和簿记服务（CPC862）
具体承诺	取得中国注册会计师资格的香港居民申请成为广东省会计师事务所合伙人时，已在香港取得的审计工作经验等同于相等时间的内地审计工作经验
部门或分部门	1. 商务服务
	A. 专业服务
	d. 建筑及设计服务（CPC8671）
	e. 工程服务（CPC8672）
	f. 集中工程服务（CPC8673）
	g. 城市规划和园林建筑服务（CPC8674）
具体承诺	1. 对于一级注册结构工程师继续教育中选修课部分，香港服务提供者可以在香港完成或由内地派师资授课，选修课继续教育方案须经内地认可。 2. 对于监理工程师继续教育中选修课部分，香港服务提供者可以在深圳市统一完成。 3. 允许香港服务提供者在广东省设立的建设工程设计企业聘用香港注册建筑师、注册结构工程师（在尚未取得内地专业资格的情况下），可以作为资质标准要求的主要专业技术人员进行考核，不能作为资质标准要求的注册人员进行考核。 4. 对于在广东省内，外商独资、合资城乡规划企业申报资质时，通过互认取得内地注册规划师资格，在上述企业工作的香港人士，在审查时可以作为必需的注册人员予以认定
部门或分部门	1. 商务服务
	A. 专业服务
	h. 医疗和牙科服务（CPC9312）
	j. 助产士、护士、理疗医师和护理员提供的服务（CPC93191）
	8. 与健康相关的服务和社会服务
	A. 医院服务（CPC9311） B. 其他人类健康服务（CPC93192+93193+93199）
具体承诺	对香港永久性居民申请注册内地执业药师按内地有关法律法规办理
部门或分部门	1. 商务服务
	F. 其他商务服务
	e. 技术测试和分析服务（CPC8676）
具体承诺	1. 在自愿性认证领域，允许经香港特区政府认可机构（香港认可处）认可的具备相关产品检测能力的香港检测机构与内地认证机构合作，对香港本地或内地生产或加工的产品进行检测。 2. 在强制性产品认证（CCC）领域，允许经香港特区政府认可机构（香港认可处）认可的具备中国强制性产品认证制度相关产品检测能力的香港检测机构，与内地指定机构开展合作，承担在港设计定型且在广东省加工或生产的音视频设备类产品的CCC检测任务
部门或分部门	1. 商务服务
	F. 其他商务服务
	k. 人员提供与安排服务（CPC872）
具体承诺	允许香港服务提供者在广东省直接申请设立独资海员外派机构并仅向中国香港籍船舶提供船员派遣服务，无须事先成立船舶管理公司

---

① 在跨境服务模式下，内地在广东省对香港服务提供者的开放承诺沿用正面清单形式列举新增开放措施。《安排》及其补充协议中涉及跨境服务的已有承诺仍然有效，将继续实施，与本协议附件产生抵触的，以本协议附件为准。

续表

部门或分部门	5. 教育服务 C. 高等教育服务（CPC923）
具体承诺	允许广东省对本省普通高校招收香港学生实施备案
部门或分部门	7. 金融服务 A. 所有保险和与其相关的服务（CPC812） a. 人寿险、意外险和健康保险服务（CPC8121） b. 非人寿保险服务（CPC8129） c. 再保险和转分保服务（CPC81299） d. 保险辅助服务（保险经纪、保险代理、咨询、精算等）（CPC8140）
具体承诺	1. 鼓励广东的保险公司以人民币结算分保到香港的保险或再保险公司。 2. 鼓励香港的保险公司继续扩大有关分出再保险业务到内地（包括广东省）再保险公司的规模。 3. 允许符合监管要求的广东保险公司委托香港保险公司在香港开展人民币保单销售业务，严格按照相关保险法律、法规和规章制度的规定，规范经营，促进双方保险市场发展
部门或分部门	7. 金融服务 B. 银行和其他金融服务（不含保险） a. 接受公众存款和其他需偿还的资金（CPC81115-81119） b. 所有类型的贷款，包括消费信贷、抵押贷款、保理和商业交易的融资（CPC8113） c. 金融租赁（CPC8112） d. 所有支付和货币汇兑服务（CPC81339） e. 担保与承兑（CPC81199） f. 在交易市场、公开市场或其他场所自行或代客交易 f1. 货币市场票据（CPC81339） f2. 外汇（CPC81333） f3. 衍生产品，包括，但不限于期货和期权（CPC81339） f4. 汇率和利率契约，包括调期和远期利、汇率协议（CPC81339） f5. 可转让证券（CPC81321） f6. 其他可转让的票据和金融资产，包括金银条块（CPC81339） g. 参与各类证券的发行（CPC8132） h. 货币经纪（CPC81339） i. 资产管理（CPC8119+81323） j. 金融资产的结算和清算，包括证券、衍生产品和其他可转让票据（CPC81339 或 81319） k. 咨询和其他辅助金融服务（CPC8131 或 8133） l. 提供和传输其他金融服务提供者提供的金融信息、金融数据处理和相关的软件（CPC8131）
具体承诺	1. 建立更多元化的离岸人民币产品市场，增加资金双向流动渠道。 2. 研究进一步降低 QDⅡ、QFⅡ和 RQFⅡ资格门槛，扩大投资额度。 3. 双方主管部门确认已签订的银行业专业人员职业资格互认合作协议，并进一步推进和扩展两地资格互认工作
部门或分部门	11. 运输服务 C. 航空运输服务 e. 空运支持服务（CPC746）
具体承诺	允许香港的航空公司在办公地点或通过官方网站自行销售机票及酒店套票，无须通过内地销售代理
其他	专业技术人员资格考试
具体承诺	允许符合相关规定的香港居民参加以下专业技术人员资格考试：注册消防工程师、勘察设计注册工程师、公共卫生类别医师、执业兽医专业技术资格。考试成绩合格者，发给相应的资格证书
其他	个体工商户①

---

① 对于个体工商户组织形式，内地在广东省对香港服务提供者的全部开放承诺按新的国民经济行业分类标准（GB/T 4754-2011）以正面清单形式列举。《安排》及其补充协议（含补充协议一至补充协议十）涉及个体工商户的已有开放承诺，以本协议附件为准。

具体承诺	允许香港永久性居民中的中国公民依照内地有关法律、法规和行政规章，在广东省设立个体工商户，无须经过外资审批，不包括特许经营。营业范围为：谷物种植；蔬菜、食用菌及园艺作物种植；水果种植；坚果种植；香料作物种植；中药材种植；林业；牲畜饲养；家禽饲养；水产养殖；灌溉服务；农产品初加工服务（不含植物油脂、大米、面粉加工、粮食收购、籽棉加工）；其他农业服务；林业服务业；畜牧服务业；渔业服务业（需要水产苗种生产许可）；谷物磨制；肉制品及副产品加工（3000吨/年及以下的西式肉制品加工项目除外）；水产品冷冻加工；鱼糜制品及水产品干腌制加工（冷冻海水鱼糜生产线除外）；蔬菜、水果和坚果加工；淀粉及淀粉制品制造（年加工玉米30万吨以下、绝干收率在98%以下玉米淀粉湿法生产线除外）；豆制品制造；蛋品加工；焙烤食品制造；糖果、巧克力及蜜饯制造；方便食品制造；乳制品制造［日处理原料乳能力（两班）20吨以下浓缩、喷雾干燥等设施及200千克/小时以下的手动及半自动液体乳罐装设备除外］；罐头食品制造；味精制造；酱油、食醋及类似制品制造；其他调味品、发酵制品制造（食盐除外）；营养食品制造；冷冻饮品及食用冰制造；啤酒制造（生产能力小于1.8万瓶/时的啤酒灌装生产线除外）；葡萄酒制造；碳酸饮料制造［生产能力150瓶/分钟以下（瓶容在250毫升及以下）的碳酸饮料生产线除外］；瓶（罐）装饮用水制造；果菜汁及果菜饮料制造；含乳饮料和植物蛋白饮料制造；固体饮料制造；茶饮料及其他饮料制造；纺织业；窗帘布艺制品制造；纺织服饰、服饰业；皮革、毛皮、羽毛及其制品和制鞋业；鞋帽制造、制鞋业；木材加工和木、竹、藤、棕、草制品业；家具制造业；造纸和纸制品业；文教办公用品制造；乐器制造；工艺美术制造（象牙雕刻、虎骨加工、脱胎漆器生产、珐琅制品生产、宣纸及墨锭生产除外）；体育用品制造；玩具制造；游艺器材及娱乐用品制造；日用化学产品制造；塑料制品业；日用玻璃制品制造；日用陶瓷制品制造；金属工具制造；搪瓷日用品及其他搪瓷制品制造；金属制日用品制造；自行车制造；非公路休闲车及零配件制造；电池制造；家用电力器具制造；非电力家用器具制造；照明器具制造；钟表与计时仪器制造；眼镜制造；日用杂品制造；林业产品批发；纺织、服装及家庭用品批发；文具用品批发；体育用品批发；其他文化用品批发；贸易经纪与代理（不含拍卖）；货物、技术进出口；零售业（烟草制品零售除外，并且不包括特许经营）；图书报刊零售；音像制品及电子出版物零售；工艺美术品及收藏品零售（文物收藏品零售除外）；道路货物运输；其他水上运输辅助活动，具体指港口货物装卸、仓储、港口供应（船舶物料或生活供应）；港口设施、设备和港口机械的租赁、维修；装卸搬运和运输代理业（不包括航空客货运代理服务）；仓储业；餐饮业；软件开发；信息系统集成服务；信息技术咨询服务；数据处理和存储服务（仅限于线下的数据处理服务业务）；租赁业；社会经济咨询中的经济贸易咨询和企业管理咨询；广告业（广告发布服务除外）、知识产权服务（商标代理服务、专利代理服务除外）；包装服务；办公服务中的以下项目：标志牌、铜牌的设计、制作服务，奖杯、奖牌、奖章、锦旗的设计、制作服务；办公服务中的翻译服务；其他未列明商务服务业中的2个项目：公司礼仪服务：开业典礼、庆典及其他重大活动的礼仪服务，个人商务服务：个人形象设计服务、个人活动安排服务、其他个人商务服务；研究和试验发展（社会人文科学研究除外）；专业技术服务业；质检技术服务；工程技术（规划管理、勘察、设计、监理除外）；摄影扩印服务；科技推广和应用服务业；技术推广服务；科技中介服务；污水处理及其再生利用（除环境质量监测、污染源检查服务）；大气污染治理（除环境质量监测、污染源检查服务）；固体废物治理（除环境质量监测、污染源检查服务）；其他污染治理中的降低噪音服务和其他环境保护服务（除环境质量监测、污染源检查服务）；市政设施管理（除环境质量监测、污染源检查服务）；环境卫生管理（除环境质量监测、污染源检查服务）；洗染服务；理发及美容服务；洗浴服务；居民服务中的婚姻服务（不含婚介服务）；其他居民服务业；机动车维修；计算机和辅助设备修理；家用电器修理；其他日用产品修理业；建筑物清洁服务；其他未列明服务业；宠物服务（仅限在城市开办）；门诊部（所）；体育；其他室内娱乐活动中的以休闲、娱乐为主的动手制作活动（陶艺、缝纫、绘画等）；文化娱乐经纪人；体育经纪人

表3　　　　　　　　　　　　电信领域新增开放措施（正面清单）①

部门或 分部门	2. 通信服务
	C. 电信服务

---

①　对电信服务部门（分部门）的商业存在和跨境服务模式，内地在广东省对香港服务提供者的开放承诺沿用正面清单形式列举新增开放措施。《安排》及其补充协议中涉电信服务部门及分部门的已有承诺仍然有效，将继续实施，与本协议附件产生抵触的，以本协议附件为准。

续表

	a. 语音电话服务 b. 集束切换（分组交换）数据传输服务 c. 线路切换（电路交换）数据传输服务 d. 电传服务 e. 电报服务 f. 传真服务 g. 专线电路租赁服务 h. 电子邮件服务 i. 语音邮件服务 j. 在线信息和数据调用服务 k. 电子数据交换服务 l. 增值传真服务，包括储存和发送、储存和调用 m. 编码和规程转换服务 n. 在线信息和/或数据处理（包括传输处理） o. 其他（寻呼、远程电信会议、移动远洋通信及空对地通信等）
具体承诺	商业存在 1. 允许香港服务提供者在广东省内设立合资或独资企业，提供内地境内多方通信业务，对香港服务提供者所占股权比例不设限制。 2. 允许香港服务提供者在广东省内设立合资或独资企业，提供存储转发类业务，对香港服务提供者所占股权比例不设限制。 3. 允许香港服务提供者在广东省内设立合资或独资企业，提供呼叫中心业务，对香港服务提供者所占股权比例不设限制。 4. 允许香港服务提供者在广东省内设立合资或独资企业，提供因特网接入服务业务（为上网用户提供因特网接入服务，服务范围仅在广东省内），对香港服务提供者所占股权比例不设限制。 5. 允许香港服务提供者在广东省内设立合资或独资企业，提供信息服务业务（应用商店），对香港服务提供者所占股权比例不设限制

表4　　　　　　　　　文化领域新增开放措施（正面清单）[①]

部门或 分部门	10. 娱乐、文化和体育服务
	A. 文娱服务（除视听服务以外）（CPC9619）
具体承诺	商业存在 1. 允许香港服务提供者在广东省新增的试点地区，独资设立娱乐场所。 2. 允许香港服务提供者从事游戏游艺设备的销售服务

[①] 对文化及相关服务部门（分部门）的商业存在和跨境服务模式，内地在广东省对香港服务提供者的开放承诺沿用正面清单形式列举新增开放措施。《安排》及其补充协议中涉及文化服务的已有承诺仍然有效，将继续实施，与本协议附件新增开放措施产生抵触的，以本协议附件为准。

在本协议及其附件中，文化领域包括社会科学和人文科学的研究和开发服务（CPC852）、印刷和出版服务（CPC88442）、其他商务服务（CPC8790）中的光盘复制服务、电影和录像的制作和发行服务（CPC9611）、电影放映服务（CPC9612）、广播和电视服务（CPC9613）、广播和电视传输服务（CPC7524）、录音服务、其他视听服务、图书、报纸、杂志、文物的零售服务（CPC631＋632＋6111＋6113＋6121）、其他分销服务中的文物拍卖服务、文娱服务（CPC9619）、新闻社服务（CPC962）、图书馆、档案馆、博物馆和其他文化服务（CPC963）等服务贸易部门、分部门（包括通过互联网提供的新闻、出版、视听节目、音像、游戏等文化信息服务、文物服务）。

附录8

《内地与香港关于建立更紧密经贸关系的安排》关于内地在广东与香港基本实现服务贸易自由化的协议[*]
（建议升级版 V 3.0）

内地在广东省向香港开放服务贸易的具体承诺[**]

表1　　　　　　　　对商业存在保留的限制性措施（"负面清单"）

部门	1. 商务服务
分部门	A. 专业服务 a. 法律服务（CPC861）
所涉及的义务	国民待遇
保留的限制性措施	商业存在 1. 独资设立的代表机构可办理涉及内地法律适用的法律事务，但必须聘用内地执业律师。 2. 与内地方以合作形式提供法律服务限于： 1）在广东省可由内地律师事务所向香港律师事务所驻内地代表机构派驻内地执业律师担任内地法律顾问，或由香港律师事务所向内地律师事务所派驻香港律师担任涉港或跨境法律顾问。 2）广东省内地律师事务所和已在内地设立代表机构的香港律师事务所按照协议约定进行联合经营的，在各自执业范围、权限内以分工协作方式开展业务合作。 3）在广东省前海、南沙、横琴试点与内地方以合伙方式联营，联营方式按照司法行政主管部门批准的具体规定执行，除以上1）和2）限制外，其余待遇和内地合伙法律服务机构的国民待遇等同
部门	1. 商务服务
分部门	A. 专业服务 b. 会计、审计和簿记服务（CPC862）
所涉及的义务	国民待遇

---

[*] 本项目组参考《内地与香港关于建立更紧密经贸关系》关于内地在广东与香港基本实现服务贸易自由化协议，编制升级版 V 3.0。

[**] 部门分类使用世界贸易组织《服务贸易总协定》服务部门分类（GNS/W/120），部门的内容参考相应的联合国中央产品分类（CPC, United Nations Provisional Central Product Classification）。

续表

保留的限制性措施	商业存在 取得中国注册会计师资格的香港居民可在广东省担任合伙制会计师事务所合伙人；担任合伙人的香港居民需每年在内地居住且在该会计师事务所执业 90 天以上；担任合伙人的香港居民应按规定投保职业责任保险
部门	1. 商务服务
分部门	A. 专业服务 c. 税收服务（CPC863）
所涉及的义务	国民待遇
保留的限制性措施	商业存在 实行国民待遇
部门	1. 商务服务
分部门	A. 专业服务 d. 建筑及设计服务（CPC8671）
	国民待遇
	商业存在 1. 实行国民待遇
部门	1. 商务服务
分部门	A. 专业服务 e. 工程服务（CPC8672）
所涉及的义务	国民待遇
保留的限制性措施	商业存在 1. 实行国民待遇
部门	1. 商务服务
分部门	A. 专业服务 f. 集中工程服务（CPC8673）
所涉及的义务	国民待遇
保留的限制性措施	商业存在 1. 实行国民待遇
部门	1. 商务服务
分部门	A. 专业服务 g. 城市规划和园林建筑服务（CPC8674）
所涉及的义务	国民待遇
保留的限制性措施	商业存在 实行国民待遇
部门	1. 商务服务
分部门	A. 专业服务 h. 医疗和牙科服务（CPC9312）
所涉及的义务	国民待遇
保留的限制性措施	商业存在 实行国民待遇
部门	1. 商务服务
分部门	A. 专业服务 i. 兽医服务（CPC932）
所涉及的义务	国民待遇
保留的限制性措施	商业存在 实行国民待遇
部门	1. 商务服务
分部门	A. 专业服务 j. 助产士、护士、理疗医师和护理员提供的服务（CPC93191）

续表

所涉及的义务	国民待遇
保留的限制性措施	商业存在 不作承诺①
部门	1. 商务服务
分部门	A. 专业服务 k. 其他（专利代理、商标代理等）（CPC8921）
所涉及的义务	国民待遇
保留的限制性措施	商业存在 实行国民待遇
部门	1. 商务服务
分部门	B. 计算机及相关服务 a. 与计算机硬件安装有关的咨询服务（CPC841）
所涉及的义务	国民待遇
保留的限制性措施	商业存在 实行国民待遇
部门	1. 商务服务
分部门	B. 计算机及相关服务 b. 软件执行服务（CPC842）
所涉及的义务	国民待遇
保留的限制性措施	商业存在 实行国民待遇
部门	1. 商务服务
分部门	B. 计算机及相关服务 c. 数据处理服务（CPC843）
所涉及的义务	国民待遇
保留的限制性措施	商业存在 实行国民待遇
部门	1. 商务服务
分部门	B. 计算机及相关服务 d. 数据库服务（CPC844，网络运营服务和增值电信业务除外）
所涉及的义务	国民待遇
保留的限制性措施	商业存在 实行国民待遇
部门	1. 商务服务
分部门	B. 计算机及相关服务 e. 其他（CPC845＋849）
所涉及的义务	国民待遇
保留的限制性措施	商业存在 实行国民待遇
部门	1. 商务服务
分部门	C. 研究和开发服务 a. 自然科学的研究和开发服务（CPC851）
所涉及的义务	国民待遇
保留的限制性措施	商业存在 1. 实行国民待遇

---

① 内地在此服务贸易部门（分部门）尚不存在商业存在模式。

续表

部门	1. 商务服务
分部门	C. 研究和开发服务 c. 边缘学科的研究和开发服务（CPC853）
所涉及的义务	国民待遇
保留的限制性措施	商业存在 限于自然科学跨学科的研究与实验开发服务
部门	1. 商务服务
分部门	D. 房地产服务 a. 涉及自有或租赁房地产的服务（CPC821）
所涉及的义务	国民待遇
保留的限制性措施	商业存在 实行国民待遇。 为明晰起见，香港服务提供者在香港和内地承接的物业建筑面积，可共同作为评定其在内地申请物业管理企业资质的依据
部门	1. 商务服务
分部门	D. 房地产服务 b. 基于收费或合同的房地产服务（CPC822）
所涉及的义务	国民待遇
保留的限制性措施	商业存在 实行国民待遇。 为明晰起见，香港服务提供者在香港和内地承接的物业建筑面积，可共同作为评定其在内地申请物业管理企业资质的依据
部门	1. 商务服务
分部门	E. 无操作人员的租赁服务 a. 船舶租赁（CPC83103）
所涉及的义务	国民待遇
保留的限制性措施	商业存在 实行国民待遇
部门	1. 商务服务
分部门	E. 无操作人员的租赁服务 b. 航空器租赁（CPC83104）
所涉及的义务	国民待遇
保留的限制性措施	商业存在 实行国民待遇
部门	1. 商务服务
分部门	E. 无操作人员的租赁服务 c. 个人车辆（CPC83101）、货运车辆（CPC83102）及其他陆地运输设备（CPC83105）的租赁服务
所涉及的义务	国民待遇
保留的限制性措施	商业存在 实行国民待遇
部门	1. 商务服务
分部门	E. 无操作人员的租赁服务 c. 农业机械等设备租赁服务（CPC83106–83109）
所涉及的义务	国民待遇
保留的限制性措施	商业存在 实行国民待遇
部门	1. 商务服务
分部门	E. 无操作人员的租赁服务 e. 个人和家用物品等其他租赁服务（CPC832）

续表

所涉及的义务	国民待遇
保留的限制性措施	商业存在 实行国民待遇
部门	1. 商务服务
分部门	F. 其他商务服务 a. 广告服务（CPC871）
所涉及的义务	国民待遇
保留的限制性措施	商业存在 实行国民待遇
部门	1. 商务服务
分部门	F. 其他商务服务 b. 市场调研和公共民意测验服务（CPC864）
所涉及的义务	国民待遇
保留的限制性措施	商业存在 1. 实行国民待遇
部门	1. 商务服务
分部门	F. 其他商务服务 c. 管理咨询服务（CPC865）
所涉及的义务	国民待遇
保留的限制性措施	商业存在 实行国民待遇
部门	1. 商务服务
分部门	F. 其他商务服务 d. 与管理咨询相关的服务（CPC866）
所涉及的义务	国民待遇
保留的限制性措施	商业存在 实行国民待遇
部门	1. 商务服务
分部门	F. 其他商务服务 e. 技术测试和分析服务（CPC8676）
所涉及的义务	国民待遇
保留的限制性措施	商业存在 实行国民待遇
部门	1. 商务服务
分部门	F. 其他商务服务 f. 与农业、狩猎和林业有关的服务（CPC881）
所涉及的义务	国民待遇
保留的限制性措施	商业存在 1. 设立经营农作物种子企业，须由内地方控股 2.
部门	1. 商务服务
分部门	F. 其他商务服务 g. 与渔业有关的服务（CPC882）
所涉及的义务	国民待遇
保留的限制性措施	商业存在 从事内地远洋渔业和内地捕捞业除外
部门	1. 商务服务
分部门	F. 其他商务服务 h. 与采矿业有关的服务（CPC883＋5115）
所涉及的义务	国民待遇

续表

保留的限制性措施	商业存在 实行国民待遇
部门	1. 商务服务
分部门	F. 其他商务服务 i. 与制造业有关的服务（CPC884 除 88442 外、CPC885）
所涉及的义务	国民待遇
保留的限制性措施	商业存在 提供与《外商投资产业指导目录》禁止类制造业有关的服务除外
部门	1. 商务服务
分部门	F. 其他商务服务 j. 与能源分配有关的服务（CPC887）
所涉及的义务	国民待遇
保留的限制性措施	商业存在 1. 从事电网、核电站的建设、经营必须合资。 2.
部门	1. 商务服务
分部门	F. 其他商务服务 k. 人员提供与安排服务（CPC872）
所涉及的义务	国民待遇
保留的限制性措施	商业存在 实行国民待遇
部门	1. 商务服务
分部门	F. 其他商务服务 l. 调查与保安服务（CPC873）
所涉及的义务	国民待遇
保留的限制性措施	商业存在 1. 从事调查服务除外。 2. 经设区的市级以上地方人民政府确定的关系国家安全、涉及国家秘密等治安保卫重点单位的保安服务除外。 3. 不允许设立或入股内地提供武装守护押运服务的保安服务公司
部门	1. 商务服务
分部门	F. 其他商务服务 m. 与工程相关的科学和技术咨询服务（CPC8675）
所涉及的义务	国民待遇
保留的限制性措施	商业存在 1. 不允许从事： 1）钨、锡、锑、钼、萤石的勘查。 2）稀土的勘查、选矿。 3）放射性矿产的勘查、选矿。 4）大地测量；测绘航空摄影；行政区域界线测绘；海洋测绘；地形图、世界政务地图、全国政区地图、省级及以下政区地图、全国性教学地图、地方性教学地图和真三维地图的编制；导航电子地图编制 1）
部门	1. 商务服务
分部门	F. 其他商务服务 n. 设备的维修和保养服务（个人和家用物品的维修，与金属制品、机械和设备有关的修理服务）（CPC633＋8861－8866）
所涉及的义务	国民待遇

续表

保留的限制性措施	商业存在 实行国民待遇
部门	1. 商务服务
分部门	F. 其他商务服务 o. 建筑物清洁服务（CPC874）
所涉及的义务	国民待遇
保留的限制性措施	商业存在 实行国民待遇
部门	1. 商务服务
分部门	F. 其他商务服务 p. 摄影服务（CPC875）
所涉及的义务	国民待遇
保留的限制性措施	商业存在 实行国民待遇
部门	1. 商务服务
分部门	F. 其他商务服务 q. 包装服务（CPC876）
所涉及的义务	国民待遇
保留的限制性措施	商业存在 实行国民待遇
部门	1. 商务服务
分部门	F. 其他商务服务 s. 会议服务（CPC87909）
所涉及的义务	国民待遇
保留的限制性措施	商业存在 实行国民待遇
部门	1. 商务服务
分部门	F. 其他商务服务 t. 其他（CPC8790，光盘复制服务除外）
所涉及的义务	国民待遇
保留的限制性措施	商业存在 实行国民待遇
部门	2. 通信服务
分部门	A. 邮政服务（CPC7511）
所涉及的义务	国民待遇
保留的限制性措施	商业存在 不允许提供邮政服务
部门	2. 通信服务
分部门	B. 速递服务（CPC7512）
所涉及的义务	国民待遇
保留的限制性措施	商业存在 提供信件的内地境内快递业务、国家机关公文寄递业务除外
部门	3. 建筑和相关的工程服务
分部门	A. 建筑物的总体建筑工作（CPC512）
所涉及的义务	国民待遇
保留的限制性措施	商业存在 实行国民待遇

续表

部门	3. 建筑和相关的工程服务
分部门	B. 民用工程的总体建筑工作（CPC513）
所涉及的义务	国民待遇
保留的限制性措施	商业存在 实行国民待遇
部门	3. 建筑和相关的工程服务
分部门	C. 安装和组装工作（CPC514＋516）
所涉及的义务	国民待遇
保留的限制性措施	商业存在、 实行国民待遇
部门	3. 建筑和相关的工程服务
分部门	D. 建筑物的装修工作（CPC517）
所涉及的义务	国民待遇
保留的限制性措施	商业存在 实行国民待遇
部门	3. 建筑和相关的工程服务
分部门	E. 其他（CPC511＋515＋518）
所涉及的义务	国民待遇
保留的限制性措施	商业存在 实行国民待遇
部门	4. 分销服务
分部门	A. 佣金代理服务（CPC621）
所涉及的义务	国民待遇
保留的限制性措施	商业存在 实行国民待遇
部门	4. 分销服务
分部门	B. 批发销售服务（CPC622，图书、报纸、杂志、文物的批发服务除外）
所涉及的义务	国民待遇
保留的限制性措施	商业存在 实行国民待遇
部门	4. 分销服务
分部门	C. 零售服务（CPC631＋632＋6111＋6113＋6121，图书、报纸、杂志、文物的零售服务除外）
所涉及的义务	国民待遇
保留的限制性措施	商业存在 实行国民待遇
部门	4. 分销服务
分部门	D. 特许经营服务（CPC8929）
所涉及的义务	国民待遇
保留的限制性措施	商业存在 实行国民待遇
部门	4. 分销服务
分部门	E. 其他分销服务（文物拍卖除外）
所涉及的义务	国民待遇
保留的限制性措施	商业存在 设立、经营免税商店除外
部门	5. 教育服务
分部门	A. 初级教育服务（CPC921）

续表

所涉及的义务	国民待遇
保留的限制性措施	商业存在 实行国民待遇
部门	5. 教育服务
分部门	B. 中等教育服务（CPC922）
所涉及的义务	国民待遇
保留的限制性措施	商业存在 实行国民待遇
部门	5. 教育服务
分部门	C. 高等教育服务（CPC923）
所涉及的义务	国民待遇
保留的限制性措施	商业存在 实行国民待遇
部门	5. 教育服务
分部门	D. 成人教育服务（CPC924）
所涉及的义务	国民待遇
保留的限制性措施	商业存在 实行国民待遇
部门	5. 教育服务
分部门	E. 其他教育服务（CPC929）
所涉及的义务	国民待遇
保留的限制性措施	商业存在 实行国民待遇
部门	6. 环境服务
分部门	A. 排污服务（CPC9401）
所涉及的义务	国民待遇
保留的限制性措施	商业存在 实行国民待遇
部门	6. 环境服务
分部门	B. 固体废物处理服务（CPC9402）
所涉及的义务	国民待遇
保留的限制性措施	商业存在 实行国民待遇
部门	6. 环境服务
分部门	C. 公共卫生及类似服务（CPC9403）
所涉及的义务	国民待遇
保留的限制性措施	商业存在 实行国民待遇
部门	6. 环境服务
分部门	D. 废气清理服务（CPC9404）
所涉及的义务	国民待遇
保留的限制性措施	商业存在 实行国民待遇
部门	6. 环境服务
分部门	E. 降低噪音服务（CPC9405）
所涉及的义务	国民待遇

续表

保留的限制性措施	商业存在 实行国民待遇
部门	6. 环境服务
分部门	F. 自然和风景保护服务（CPC9406）
所涉及的义务	国民待遇
保留的限制性措施	商业存在 实行国民待遇
部门	6. 环境服务
分部门	G. 其他环境保护服务（CPC9409）
所涉及的义务	国民待遇
保留的限制性措施	商业存在 实行国民待遇
部门	7. 金融服务
分部门	A. 所有保险和与其相关的服务（CPC812） 人寿险、意外险和健康保险服务（CPC8121） 非人寿保险服务（CPC8129） 再保险和转分保服务（CPC81299） 保险辅助服务（保险经纪、保险代理、咨询、精算等）（CPC8140）
所涉及的义务	国民待遇
保留的限制性措施	商业存在 1. 香港保险公司及其经过整合或战略合并组成的集团进入内地保险市场须满足下列条件： 2）符合所在地区偿付能力标准； 3）所在地区有关主管当局同意其申请； 4）法人治理结构合理，风险管理体系稳健； 5）内部控制制度健全，管理信息系统有效； 6）经营状况良好，无重大违法违规记录。 2. 香港保险公司参股内地保险公司的最高股比不超过24.9%。境外金融机构向保险公司投资入股，应当符合以下条件： 1）最近三年内无重大违法违规记录； 2）符合所在地金融监管机构的审慎监管指标要求。 3. 香港保险代理公司设立独资保险代理公司，为内地的保险公司提供保险代理服务，申请人须满足下列条件： 1）申请人必须为香港本地的保险专业代理机构； 2）申请前3年无严重违规、受处罚记录 4. 香港的保险经纪公司设立独资保险代理公司，申请人须满足以下条件： 1）提出申请前3年无严重违规和受处罚记录。 5. 除经中国保监会批准外，外资保险公司不可与其关联企业从事下列交易活动： 1）再保险的分出或者分入业务； 2）资产买卖或者其他交易。 经批准与其关联企业从事再保险交易的外资保险公司应提交中国保监会所规定的材料
部门	7. 金融服务
分部门	B. 银行和其他金融服务（不含保险） a. 接受公众存款和其他需偿还的资金（CPC81115-81119） b. 所有类型的贷款，包括消费信贷、抵押贷款、保理和商业交易的融资（CPC8113） c. 金融租赁（CPC8112） d. 所有支付和货币汇兑服务（除清算所服务外）（CPC81339） e. 担保与承兑（CPC81199） f. 在交易市场、公开市场或其他场所自行或代客交易 f1. 货币市场票据（CPC81339） f2. 外汇（CPC81333）

续表

	f3. 衍生产品，包括，但不限于期货和期权（CPC81339） f4. 汇率和利率契约，包括掉期和远期利、汇率协议（CPC81339） f5. 可转让证券（CPC81321） f6. 其他可转让的票据和金融资产，包括金银条块（CPC81339） g. 参与各类证券的发行（CPC8132） h. 货币经纪（CPC81339） i. 资产管理（CPC8119＋81323） j. 金融资产的结算和清算，包括证券、衍生产品和其他可转让票据（CPC81339 或 81319） k. 咨询和其他辅助金融服务（CPC8131 或 8133） l. 提供和传输其他金融服务提供者提供的金融信息、金融数据处理和相关的软件（CPC8131）
所涉及的义务	国民待遇
保留的限制性措施	商业存在 1. 投资下列金融机构须经审批，审批负责部门、流程节点、审批时限和细节条件要求必须通过政府官方网站以及官方媒体全文公开。 2. 香港服务提供者设立的外国银行分行不可以经营下列外汇和人民币业务：不可以提供仅独资银行或合资银行主体才能提供的业务。不可以提供证券、保险业务。 3. 香港服务提供者设立的外商独资银行、中外合资银行和外国银行分行经营人民币业务的，应当满足审慎性条件，并经批准。审批负责部门、流程节点、审批时限和细节条件要求必须通过政府官方网站以及官方媒体全文公开。 4. 外商独资银行、中外合资银行投资设立、参股、收购境内法人金融机构须经批准。审批负责部门、流程节点、审批时限和细节条件要求必须通过政府官方网站以及官方媒体全文公开 5. 外商独资银行、中外合资银行及外国银行分行开展同业拆借业务，须经中国人民银行批准具备人民币同业拆借业务资格。中国人民银行须公布申请条件、审批流程和审批时限。外商独资银行、中外合资银行的最高拆入限额和最高拆出限额均不超过该机构实收资本的 2 倍，外国银行分行的最高拆入限额和最高拆出限额均不超过该机构人民币营运资金的 2 倍。境外机构参与发起设立金融资产管理公司须经批准。审批负责部门、流程节点、审批时限和细节条件要求必须通过政府官方网站以及官方媒体全文公开。 6. 投资证券公司限于以下 2 种形式： 1）投资证券公司为合资形式时，包括：与境内股东依法共同出资设立合资证券公司；依法受让、认购内资证券公司股权，内资证券公司依法变更为合资证券公司。同一港资金融机构，或者受同一主体实际控制的多家港资金融机构，入股两地合资证券公司的数量不可超过一家。 2）境外投资者投资上市内资证券公司时，可以通过证券交易所的证券交易持有上市内资证券公司股份，或与上市内资证券公司建立战略合作关系并经中国证监会批准持有上市内资证券公司股份，上市内资证券公司经批准的业务范围不变（在控股股东为内资股东的前提下，上市内资证券公司可不受至少 1 名内资股东的持股比例不低于 49% 的限制）。 境外投资者依法通过证券交易所的证券交易持有或者通过协议、其他安排与他人共同持有上市内资证券公司 5% 以上股份的，应当符合对合资证券公司的境外股东资质条件的规定。 单个境外投资者持有（包括直接持有和间接控制）上市内资证券公司股份的比例不可超过 40%；全部境外投资者持有（包括直接持有和间接控制）上市内资证券公司股份的比例不可超过 50%。 在 15（1）、15（2）情形下，合资证券公司的港资股东应当具备内地与香港设立合资证券公司相关规定所要求的资质条件。请公开相关规定。 7. 除 15（1）、15（2）情形外，合资证券公司的经营范围限于：股票（包括人民币普通股、外资股）和债券（包括政府债券、公司债券）的承销与保荐；股票经纪；债券（包括政府债券、公司债券）的经纪和自营。 8. 港资金融机构可独资设立基金管理公司（允许入股两地合资基金公司的家数参照国民待遇实行"参一控一"）。 9. 投资期货公司限于合资形式，符合条件的香港服务提供者在合资期货公司中拥有的权益比例不可超过 51%（含关联方股权）。 10. 港资金融机构可独资设立证券投资咨询机构。

续表

	允许符合外资参股证券公司境外股东资质条件的香港证券公司与内地具备设立子公司条件的证券公司,设立合资证券投资咨询机构。合资证券投资咨询机构作为内地证券公司的子公司,专门从事证券投资咨询业务,香港证券公司持股比例最高可达到49%。 11. 港资股东入股两地合资或独资证券公司、基金管理公司、期货公司、证券投资咨询机构,须以可自由兑换的货币出资
部门	7. 金融服务
分部门	C. 其他
所涉及的义务	国民待遇
保留的限制性措施	商业存在 实行国民待遇
部门	8. 与健康相关的服务和社会服务
分部门	A. 医院服务(CPC9311)
所涉及的义务	国民待遇
保留的限制性措施	商业存在 实行国民待遇
部门	8. 与健康相关的服务和社会服务
分部门	B. 其他人类健康服务(CPC93192+93193+93199)
所涉及的义务	国民待遇
保留的限制性措施	商业存在 开展基因信息、血液采集、病理数据及其他可能危害公共卫生安全的服务除外
部门	8. 与健康相关的服务和社会服务
分部门	C. 社会服务(CPC933)
所涉及的义务	国民待遇
保留的限制性措施	商业存在 实行国民待遇
部门	9. 旅游和与旅游相关的服务
分部门	A. 饭店和餐饮服务(CPC641-643)
所涉及的义务	国民待遇
保留的限制性措施	商业存在 实行国民待遇
部门	9. 旅游和与旅游相关的服务
分部门	B. 旅行社和旅游经营者服务(CPC7471)
所涉及的义务	国民待遇
保留的限制性措施	商业存在 实行国民待遇
部门	9. 旅游和与旅游相关的服务
分部门	C. 导游服务(CPC7472)
所涉及的义务	国民待遇
保留的限制性措施	商业存在 实行国民待遇
部门	9. 旅游和与旅游相关的服务
分部门	D. 其他
所涉及的义务	国民待遇
保留的限制性措施	商业存在 实行国民待遇
部门	10. 娱乐、文化和体育服务
分部门	D. 体育和其他娱乐服务(CPC964)

续表

所涉及的义务	国民待遇
保留的限制性措施	商业存在 实行国民待遇
部门	11. 运输服务
分部门	A. 海洋运输服务 a. 客运服务（CPC7211）
所涉及的义务	国民待遇
保留的限制性措施	商业存在 实行国民待遇
部门	11. 运输服务
分部门	A. 海洋运输服务 b. 货运服务（CPC7212）
所涉及的义务	国民待遇
保留的限制性措施	商业存在 实行国民待遇
部门	11. 运输服务
分部门	A. 海洋运输服务 c. 船舶和船员的租赁（CPC7213）
所涉及的义务	国民待遇
保留的限制性措施	商业存在 实行国民待遇
部门	11. 运输服务
分部门	A. 海洋运输服务 d. 船舶维修和保养（CPC8868）
所涉及的义务	国民待遇
保留的限制性措施	商业存在 实行国民待遇
部门	11. 运输服务
分部门	A. 海洋运输服务 e. 拖驳服务（CPC7214）
所涉及的义务	国民待遇
保留的限制性措施	商业存在 实行国民待遇
部门	11. 运输服务
分部门	A. 海洋运输服务 f. 海运支持服务（CPC745）
所涉及的义务	国民待遇
保留的限制性措施	商业存在 实行国民待遇
部门	11. 运输服务
分部门	B. 内水运输服务 a. 客运服务（CPC7221）
所涉及的义务	国民待遇
保留的限制性措施	商业存在 实行国民待遇
部门	11. 运输服务
分部门	B. 内水运输服务 b. 货运服务（CPC7222）

续表

所涉及的义务	国民待遇
保留的限制性措施	商业存在 实行国民待遇
部门	11. 运输服务
分部门	B. 内水运输服务 c. 船舶和船员的租赁（CPC7223）
所涉及的义务	国民待遇
保留的限制性措施	商业存在 实行国民待遇
部门	11. 运输服务
分部门	B. 内水运输服务 d. 船舶维修和保养（CPC8868）
所涉及的义务	国民待遇
保留的限制性措施	商业存在 实行国民待遇
部门	11. 运输服务
分部门	B. 内水运输服务 e. 拖驳服务（CPC7224）
所涉及的义务	国民待遇
保留的限制性措施	商业存在 实行国民待遇
部门	11. 运输服务
分部门	B. 内水运输服务 f. 内水运输的支持服务（CPC745）
所涉及的义务	国民待遇
保留的限制性措施	商业存在 实行国民待遇
部门	11. 运输服务
分部门	C. 航空运输服务 a. 客运服务（CPC731）
所涉及的义务	国民待遇
保留的限制性措施	商业存在 1. 公司法定代表人须为中国籍公民。飞机驾驶员和机长等职位须为中国籍公民
部门	11. 运输服务
分部门	C. 航空运输服务 b. 货运服务（CPC732）
所涉及的义务	国民待遇
保留的限制性措施	商业存在 1. 公司法定代表人须为中国籍公民。 2. 飞机驾驶员和机长等职位须为中国籍公民
部门	11. 运输服务
分部门	C. 航空运输服务 c. 带乘务员的飞机租赁服务（CPC734）
所涉及的义务	国民待遇
保留的限制性措施	商业存在 实行国民待遇
部门	11. 运输服务
分部门	C. 航空运输服务 d. 飞机的维修和保养服务（CPC8868）

续表

所涉及的义务	国民待遇
保留的限制性措施	商业存在 实行国民待遇
部门	11. 运输服务
分部门	C. 航空运输服务 e. 空运支持服务（CPC746）
所涉及的义务	国民待遇
保留的限制性措施	商业存在 1. 投资和管理内地空中管制系统除外。 为明晰起见，香港服务提供者申请设立独资、合资或合作航空运输销售代理企业时，可出具由内地的法人银行或中国航空运输协会推荐的担保公司提供的经济担保；也可由香港银行作担保，待申请获内地批准后，在规定时限内再补回内地的法人银行或中国航空运输协会推荐的担保公司提供的经济担保
部门	11. 运输服务
分部门	D. 航天运输服务（CPC733）
所涉及的义务	国民待遇
保留的限制性措施	商业存在 不允许提供航天运输服务
部门	11. 运输服务
分部门	E. 铁路运输服务 a. 客运服务（CPC7111）
所涉及的义务	国民待遇
保留的限制性措施	商业存在 设立经营铁路旅客运输公司，须由内地方控股
部门	11. 运输服务
分部门	E. 铁路运输服务 b. 货运服务（CPC7112）
所涉及的义务	国民待遇
保留的限制性措施	商业存在 实行国民待遇
部门	11. 运输服务
分部门	E. 铁路运输服务 c. 推车和拖车服务（CPC7113）
所涉及的义务	国民待遇
保留的限制性措施	商业存在 实行国民待遇
部门	11. 运输服务
分部门	E. 铁路运输服务 d. 铁路运输设备的维修和保养服务（CPC8868）
所涉及的义务	国民待遇
保留的限制性措施	商业存在 实行国民待遇
部门	11. 运输服务
分部门	E. 铁路运输服务 e. 铁路运输的支持服务（CPC743）
所涉及的义务	国民待遇
保留的限制性措施	商业存在 从事干线铁路的建设、经营须由内地方控股

续表

部门	11. 运输服务
分部门	F. 公路运输服务 a. 客运服务（CPC7121+7122）
所涉及的义务	国民待遇
保留的限制性措施	商业存在 实行国民待遇

部门	11. 运输服务
分部门	F. 公路运输服务 b. 货运服务（CPC7123）
所涉及的义务	国民待遇
保留的限制性措施	商业存在 实行国民待遇

部门	11. 运输服务
分部门	F. 公路运输服务 c. 商用车辆和司机的租赁（CPC7124）
所涉及的义务	国民待遇
保留的限制性措施	商业存在 实行国民待遇

部门	11. 运输服务
分部门	F. 公路运输服务 d. 公路运输设备的维修和保养服务（CPC6112+8867）
所涉及的义务	国民待遇
保留的限制性措施	商业存在 实行国民待遇

部门	11. 运输服务
分部门	F. 公路运输服务 e. 公路运输的支持服务（CPC744）
所涉及的义务	国民待遇
保留的限制性措施	商业存在 实行国民待遇

部门	11. 运输服务
分部门	G. 管道运输 a. 燃料传输（CPC7131）
所涉及的义务	国民待遇
保留的限制性措施	商业存在 实行国民待遇

部门	11. 运输服务
分部门	G. 管道运输 b. 其他货物的管道运输（CPC7139）
所涉及的义务	国民待遇
保留的限制性措施	商业存在 实行国民待遇

部门	11. 运输服务
分部门	H. 所有运输方式的辅助服务 a. 装卸服务（CPC741）
所涉及的义务	国民待遇
保留的限制性措施	商业存在 实行国民待遇

续表

部门	11. 运输服务
分部门	H. 所有运输方式的辅助服务 b. 仓储服务（CPC742）
所涉及的义务	国民待遇
保留的限制性措施	商业存在 实行国民待遇
部门	11. 运输服务
分部门	H. 所有运输方式的辅助服务 c. 货运代理服务（CPC748）
所涉及的义务	国民待遇
保留的限制性措施	商业存在 实行国民待遇
部门	11. 运输服务
分部门	H. 所有运输方式的辅助服务 d. 其他（CPC749）
所涉及的义务	国民待遇
保留的限制性措施	商业存在 实行国民待遇
部门	11. 运输服务
分部门	I. 其他运输服务
所涉及的义务	国民待遇
保留的限制性措施	商业存在 实行国民待遇
部门	12. 没有包括的其他服务
分部门	A. 成员组织服务（CPC95） B. 其他服务（CPC97） C. 家政服务（CPC98） D. 国外组织和机构提供的服务（CPC99）
所涉及的义务	国民待遇
保留的限制性措施	商业存在 1. 提供工会、少数民族团体、宗教、政治等成员组织的服务除外。 2. 来内地设立境外组织和机构除外

表2　　　　　　　　　　跨境服务新增开放措施（正面清单）[①]

部门或 分部门	1. 商务服务
	A. 专业服务
	a. 法律服务（CPC861）
具体承诺	允许取得内地律师资格的香港服务提供者从事涉及香港居民、法人的民事诉讼代理业务，具体可从事业务按《中华人民共和国司法部公告》（136号）执行

[①] 在跨境服务模式下，内地在广东省对香港服务提供者的开放承诺沿用正面清单形式列举新增开放措施。《安排》及其补充协议中涉及跨境服务的已有承诺仍然有效，将继续实施，与本协议附件产生抵触的，以本协议附件为准。

续表

部门或分部门	1. 商务服务
	A. 专业服务
	b. 会计、审计和簿记服务（CPC862）
具体承诺	取得中国注册会计师资格的香港居民申请成为广东省会计师事务所合伙人时，已在香港取得的审计工作经验等同于相等时间的内地审计工作经验

部门或分部门	1. 商务服务
	A. 专业服务
	d. 建筑及设计服务（CPC8671）
	e. 工程服务（CPC8672）
	f. 集中工程服务（CPC8673）
	g. 城市规划和园林建筑服务（CPC8674）
具体承诺	1. 对于一级注册结构工程师继续教育中选修课部分，香港服务提供者可以在香港完成或由内地派师资授课，选修课继续教育方案须经内地认可。 2. 对于监理工程师继续教育中选修课部分，香港服务提供者可以在深圳市统一完成。 3. 允许香港服务提供者在广东省设立的建设工程设计企业聘用香港注册建筑师、注册结构工程师（在尚未取得内地专业资格的情况下），可以作为资质标准要求的主要专业技术人员进行考核，不能作为资质标准要求的注册人员进行考核。 4. 对于在广东省内，外商独资、合资城乡规划企业申报资质时，通过互认取得内地注册规划师资格，在上述企业工作的香港人士，在审查时可以作为必需的注册人员予以认定

部门或分部门	1. 商务服务
	A. 专业服务
	h. 医疗和牙科服务（CPC9312）
	j. 助产士、护士、理疗医师和护理员提供的服务（CPC93191）
	8. 与健康相关的服务和社会服务
	A. 医院服务（CPC9311）
	B. 其他人类健康服务（CPC93192＋93193＋93199）
具体承诺	对香港永久性居民申请注册内地执业药师按内地有关法律法规办理

部门或分部门	1. 商务服务
	F. 其他商务服务
	e. 技术测试和分析服务（CPC8676）
具体承诺	1. 在自愿性认证领域，允许经香港特区政府认可机构（香港认可处）认可的具备相关产品检测能力的香港检测机构与内地认证机构合作，对香港本地或内地生产或加工的产品进行检测。 2. 在强制性产品认证（CCC）领域，允许经香港特区政府认可机构（香港认可处）认可的具备中国强制性产品认证制度相关产品检测能力的香港检测机构，与内地指定机构开展合作，承担在港设计定型且在广东省加工或生产的音视频设备类产品的 CCC 检测任务

部门或分部门	1. 商务服务
	F. 其他商务服务
	k. 人员提供与安排服务（CPC872）
具体承诺	允许香港服务提供者在广东省直接申请设立独资海员外派机构并仅向中国香港籍船舶提供船员派遣服务，无须事先成立船舶管理公司

部门或分部门	5. 教育服务
	C. 高等教育服务（CPC923）
具体承诺	允许广东省对本省普通高校招收香港学生实施备案

部门或分部门	7. 金融服务
	A. 所有保险和与其相关的服务（CPC812）
	a. 人寿险、意外险和健康保险服务（CPC8121）
	b. 非人寿保险服务（CPC8129）
	c. 再保险和转分保服务（CPC81299）
	d. 保险辅助服务（保险经纪、保险代理、咨询、精算等）（CPC8140）

续表

具体承诺	1. 鼓励广东的保险公司以人民币结算分保到香港的保险或再保险公司。 2. 鼓励香港的保险公司继续扩大有关分出再保险业务到内地（包括广东省）再保险公司的规模。 3. 允许符合监管要求的广东保险公司委托香港保险公司在香港开展人民币保单销售业务，严格按照相关保险法律、法规和规章制度的规定，规范经营，促进双方保险市场发展
部门或分部门	7. 金融服务 B. 银行和其他金融服务（不含保险） a. 接受公众存款和其他需偿还的资金（CPC81115－81119） b. 所有类型的贷款，包括消费信贷、抵押贷款、保理和商业交易的融资（CPC8113） c. 金融租赁（CPC8112） d. 所有支付和货币汇兑服务（CPC81339） e. 担保与承兑（CPC81199） f. 在交易市场、公开市场或其他场所自行或代客交易 f1. 货币市场票据（CPC81339） f2. 外汇（CPC81333） f3. 衍生产品，包括，但不限于期货和期权（CPC81339） f4. 汇率和利率契约，包括调期和远期利、汇率协议（CPC81339） f5. 可转让证券（CPC81321） f6. 其他可转让的票据和金融资产，包括金银条块（CPC81339） g. 参与各类证券的发行（CPC8132） h. 货币经纪（CPC81339） i. 资产管理（CPC8119＋81323） j. 金融资产的结算和清算，包括证券、衍生产品和其他可转让票据（CPC81339或81319） k. 咨询和其他辅助金融服务（CPC8131或8133） l. 提供和传输其他金融服务提供者提供的金融信息、金融数据处理和相关的软件（CPC8131）
具体承诺	1. 建立更多元化的离岸人民币产品市场，增加资金双向流动渠道。 2. 研究进一步降低QDⅡ、QFⅡ和RQFⅡ资格门槛，扩大投资额度。 3. 双方主管部门确认已签订的银行业专业人员职业资格互认合作协议，并进一步推进和扩展两地资格互认工作
部门或分部门	11. 运输服务 C. 航空运输服务 e. 空运支持服务（CPC746）
具体承诺	允许香港的航空公司在办公地点或通过官方网站自行销售机票及酒店套票，无须通过内地销售代理
其他	专业技术人员资格考试
具体承诺	允许符合相关规定的香港居民参加以下专业技术人员资格考试：注册消防工程师、勘察设计注册工程师、公共卫生类别医师、执业兽医专业技术资格。考试成绩合格者，发给相应的资格证书
其他	个体工商户①
具体承诺	允许香港永久性居民中的中国公民依照内地有关法律、法规和行政规章，在广东省设立个体工商户，无需经过外资审批，不包括特许经营。营业范围为：谷物种植；蔬菜、食用菌及园艺作物种植；水果种植；坚果种植；香料作物种植；中药材种植；林业；牲畜饲养；家禽饲养；水产养殖；灌溉服务；农产品初加工服务（不含植物油脂、大米、面粉加工、粮食收购、籽棉加工）；其他农业服务；林业服务业；畜牧服务业；渔业服务业（需要水产苗种生产许可）；谷物磨制；肉制品及副产品加工（3000吨/年及以下的西式肉

---

① 对于个体工商户组织形式，内地在广东省对香港服务提供者的全部开放承诺按新的国民经济行业分类标准（GB/T 4754－2011）以正面清单形式列举。《安排》及其补充协议（含补充协议一至补充协议十）涉及个体工商户的已有开放承诺，以本协议附件为准。

续表

肉制品加工项目除外）；水产品冷冻加工；鱼糜制品及水产品干腌制加工（冷冻海水鱼糜生产线除外）；蔬菜、水果和坚果加工；淀粉及淀粉制品制造（年加工玉米30万吨以下、绝干收率在98%以下玉米淀粉湿法生产线除外）；豆制品制造；蛋品加工；焙烤食品制造；糖果、巧克力及蜜饯制造；方便食品制造；乳制品制造［日处理原料乳能力（两班）20吨以下浓缩、喷雾干燥等设施及200千克/小时以下的手动及半自动液体乳罐装设备除外］；罐头食品制造；味精制造；酱油、食醋及类似制品制造；其他调味品、发酵制品制造（食盐除外）；营养食品制造；冷冻饮品及食用冰制造；啤酒制造（生产能力小于1.8万瓶/时的啤酒灌装生产线除外）；葡萄酒制造；碳酸饮料制造［生产能力150瓶/分钟以下（瓶容在250毫升及以下）的碳酸饮料生产线除外］；瓶（罐）装饮用水制造；果菜汁和果菜饮料制造；含乳饮料和植物蛋白饮料制造；固体饮料制造；茶饮料及其他饮料制造；纺织业；窗帘布艺制品制造；纺织服饰、服饰业；皮革、毛皮、羽毛及其制品和制鞋业；鞋帽制造、制鞋业；木材加工和木、竹、藤、棕、草制品业；家具制造业；造纸和纸制品业；文教办公用品制造；乐器制造；工艺美术制造（象牙雕刻、虎骨加工、脱胎漆器生产、珐琅制品生产、宣纸及墨锭生产除外）；体育用品制造；玩具制造；游艺器材及娱乐用品制造；日用化学产品制造；塑料制品业；日用玻璃制品制造；日用陶瓷制品制造；金属工具制造；搪瓷日用品及其他搪瓷制品制造；金属制日用品制造；自行车制造；非公路休闲车及零配件制造；电池制造；家用电力器具制造；非电力家用器具制造；照明器具制造；钟表与计时仪器制造；眼镜制造；日用杂品制造；林业产品批发；纺织、服装及家庭用品批发；文具用品批发；体育用品批发；其他文化用品批发；贸易经纪与代理（不含拍卖）；货物、技术进出口；零售业（烟草制品零售除外，并且不包括特许经营）；图书报刊零售；音像制品及电子出版物零售；工艺美术品及收藏品零售（文物收藏品零售除外）；道路货物运输；其他水上运输辅助活动，具体指港口货物装卸、仓储，港口供应（船舶物料或生活品），港口设施、设备和港口机械的租赁、维修；装卸搬运和运输代理业（不包括航空客货运代理业）；仓储业；餐饮业；软件开发；信息系统集成服务；信息技术咨询服务；数据处理和存储服务（仅限于线下的数据处理服务业务）；租赁业；社会经济咨询中的经济贸易咨询和企业管理咨询；广告业（广告发布服务除外）、知识产权服务（商标代理服务、专利代理服务除外）；包装服务；办公服务中的以下项目：标志牌、铜牌的设计、制作服务，奖杯、奖牌、奖章、锦旗的设计、制作服务；办公服务中的翻译服务；其他未列明商务服务业中的2个项目：公司礼仪服务：开业典礼、庆典及其他重大活动的礼仪服务，个人商务服务：个人形象设计服务、个人活动安排服务、其他个人商务服务；研究和试验发展（社会人文科学研究除外）；专业技术服务业；质检技术服务；工程技术（规划管理、勘察、设计、监理除外）；摄影扩印服务；科技推广和应用服务业；技术推广服务；科技中介服务；污水处理及其再生利用（除环境质量监测、污染源检查服务）；大气污染治理（除环境质量监测、污染源检查服务）；固体废物治理（除环境质量监测、污染源检查服务）；其他污染治理中的降低噪音服务和其他环境保护服务（除环境质量监测、污染源检查服务）；市政设施管理（除环境质量监测、污染源检查服务）；环境卫生管理（除环境质量监测、污染源检查服务）；洗染服务；理发及美容服务；洗浴服务；居民服务中的婚姻服务（不含婚介服务）；其他居民服务业；机动车维修；计算机和辅助设备修理；家用电器修理；其他日用产品修理业；建筑物清洁服务；其他未列明服务业；宠物服务（仅限在城市开办）；门诊部（所）；体育；其他室内娱乐活动中的以休闲、娱乐为主的动手制作活动（陶艺、缝纫、绘画等）；文化娱乐经纪人；体育经纪人

表3　　　　　　　　　电信领域新增开放措施（正面清单）[①]

部门或分部门	2. 通信服务
	C. 电信服务

[①] 对电信服务部门（分部门）的商业存在和跨境服务模式，内地在广东省对香港服务提供者的开放承诺沿用正面清单形式列举新增开放措施。《安排》及其补充协议中涉及电信服务部门及分部门的已有承诺仍然有效，将继续实施，与本协议附件产生抵触的，以本协议附件为准。

	a. 语音电话服务 b. 集束切换（分组交换）数据传输服务 c. 线路切换（电路交换）数据传输服务 d. 电传服务 e. 电报服务 f. 传真服务 g. 专线电路租赁服务 h. 电子邮件服务 i. 语音邮件服务 j. 在线信息和数据调用服务 k. 电子数据交换服务 l. 增值传真服务，包括储存和发送、储存和调用 m. 编码和规程转换服务 n. 在线信息和/或数据处理（包括传输处理） o. 其他（寻呼、远程电信会议、移动远洋通信及空对地通信等）
具体承诺	商业存在 1. 允许香港服务提供者在广东省内设立合资或独资企业，提供内地境内多方通信业务，对香港服务提供者所占股权比例不设限制。 2. 允许香港服务提供者在广东省内设立合资或独资企业，提供存储转发类业务，对香港服务提供者所占股权比例不设限制。 3. 允许香港服务提供者在广东省内设立合资或独资企业，提供呼叫中心业务，对香港服务提供者所占股权比例不设限制。 4. 允许香港服务提供者在广东省内设立合资或独资企业，提供因特网接入服务业务（为上网用户提供因特网接入服务，服务范围仅在广东省内），对香港服务提供者所占股权比例不设限制。 5. 允许香港服务提供者在广东省内设立合资或独资企业，提供信息服务业务（应用商店），对香港服务提供者所占股权比例不设限制

表4　　　　　　　　　文化领域新增开放措施（正面清单）①

部门或 分部门	10. 娱乐、文化和体育服务
	A. 文娱服务（除视听服务以外）（CPC9619）
具体承诺	商业存在 1. 允许香港服务提供者在广东省新增的试点地区，独资设立娱乐场所。 2. 允许香港服务提供者从事游戏游艺设备的销售服务

---

① 对文化及相关服务部门（分部门）的商业存在和跨境服务模式，内地在广东省对香港服务提供者的开放承诺沿用正面清单形式列举新增开放措施。《安排》及其补充协议中涉及文化服务的已有承诺仍然有效，将继续实施，与本协议附件新增开放措施产生抵触的，以本协议附件为准。

在本协议及其附件中，文化领域包括社会科学和人文科学的研究和开发服务（CPC852）、印刷和出版服务（CPC88442）、其他商务服务（CPC8790）中的光盘复制服务、电影和录像的制作和发行服务（CPC9611）、电影放映服务（CPC9612）、广播和电视服务（CPC9613）、广播和电视传输服务（CPC7524）、录音服务、其他视听服务、图书、报纸、杂志、文物的零售服务（CPC631+632+6111+6113+6121）、其他分销服务中的文物拍卖服务、文娱服务（CPC9619）、新闻社服务（CPC962）、图书馆、档案馆、博物馆和其他文化服务（CPC963）等服务贸易部门、分部门（包括通过互联网提供的新闻、出版、视听节目、音像、游戏等文化信息服务、文物服务）。